U0883451

冯白驹和他的战友们

于进题

中共海南省委党史研究室 编

李福顺 楚军红 著

中共党史出版社

图书在版编目(CIP)数据

冯白驹和他的战友们/李福顺,楚军红著;中共海南省委党史研究室编.—北京:中共党史出版社,2016.1

ISBN 978-7-5098-3174-8

Ⅰ.①冯… Ⅱ.①李… ②楚… ③中… Ⅲ.①冯白驹(1903～1973)—生平事迹 Ⅳ.①K825.2

中国版本图书馆 CIP 数据核字(2015)第 170222 号

出版发行:中共党史出版社
责任编辑:陈海平
复　　审:姚建萍
终　　审:汪晓军
责任校对:龚秀华
责任印制:谷智宇
责任监制:贺冬英
社　　址:北京市海淀区芙蓉里南街6号院1号楼
邮　　编:100080
网　　址:www.dscbs.com
经　　销:新华书店
印　　刷:北京盛通印刷股份有限公司
开　　本:160mm×220mm　1/16
字　　数:300 千字
印　　张:24.25　7 面前插
印　　数:1—3080 册
版　　次:2016 年 1 月第 1 版
印　　次:2016 年 1 月第 1 次印刷

ISBN 978-7-5098-3174-8
定　　价:39.00 元

冯白驹（1903—1973）

母瑞革命根据地创建人——王文明、冯白驹铜像

白沙起义纪念碑

五指山革命根据地纪念碑

冯白驹故居

《艰苦岁月》雕塑

冯白驹将军雕像

V

序

冯白驹，是海南革命史上的一个不朽名字。他被周恩来总理誉为“琼崖人民的一面旗帜”，是海南人民的骄傲。在艰苦的革命岁月，冯白驹同志领导琼崖党政军民坚定信念、坚守孤岛、浴血奋战，创造了“23年红旗不倒”的光辉历史。

曾和冯白驹一起并肩战斗的战友们，很多血洒沙场长眠青山；坚持到和平年代的，大多也已安然辞世。但岁月流逝并没有带走我们对冯白驹同志和他战友们的无限敬仰和深切怀念，他们的丰功伟绩、崇高精神，依然如巍巍五指山，屹立在海南各族人民心中。

是历史责任使然，是社会责任使然，也是对革命先辈的崇敬之情使然，《冯白驹和他的战友们》作者李福顺、楚军红同志冒着海南的炎炎酷热，先后历经四年时间，深入到海南的山山水水、黎村苗寨考察革命遗址，追寻冯白驹和他战友们的足迹，走访健在的革命老人、英烈后代，带着感动和敬意完成了这部作品。

书中展示了在漫长的革命战争时期，以冯白驹同志为代表的琼崖共产党人，虽然处于敌强我弱、孤悬海外的不利环境，但凭借坚定的共产主义信仰和革命必胜的信心，把人民群众视为真正的靠山，正所谓“山不藏人人藏人”，经历了无数次血与火的考验。尤其是在1932年秋，琼崖红军第二次反“围剿”斗争失败，琼崖革命进入低潮，冯白驹同志带领100多人的队伍驻扎母瑞山，坚持了8个多月艰苦卓绝的战斗，最后仅存的25位革命战士胜利突围，保存了琼崖革命火种。新中国成立后，雕塑大师潘鹤以这段峥嵘岁月为题材，创作了雕塑《艰苦岁月》，成为了感动和激励国人的红色经典。

《冯白驹和他的战友们》充满了革命正能量，体现了琼崖革命先辈矢志不渝的坚定信念，与人民群众同呼吸、共命运、同甘苦、共患难的革命情怀，勇于牺牲、无私奉献的高尚情操，等等，这些都值得我们后人永远铭记和学习。当前海南正进入到实现科学发展、绿色崛起，全面深化改革的关键时期，要学习、传承、发扬好这些优良作风和革命传统，激励全省人民紧密团结在以习近平同志为总书记的党中央周围，万众一心，改革攻坚、创新实干，全面建设国际旅游岛，谱写美丽中国海南篇章，以此告慰冯白驹同志和与他并肩战斗的革命先辈们。

是为序。

中共海南省委书记、省人大常委会主任 罗保铭

2014年9月

目　录

开 篇

中国的南海，烟波浩渺，碧波间镶嵌着一枚贝壳状的岛屿——海南岛。岛上青山起伏，河流纵横，椰林蜿蜒，满目葱茏。因为它长夏无冬，稻熟三季，自夏商至清朝，络绎不绝的移民迁徙涌入，开荒种地，繁衍生息，把中原文化移植到这个海岛上，给千年来海浪拍岸、雨打芭蕉的古老吟唱中增添了新的曲调。因为它地处偏远，孤悬天涯海角，这里又成了历代封建统治者眼中的蛮荒之地，是贬谪罪人的流放地，谪吏遣臣无以计数。他们跋山涉水，颠沛流离，似飘蓬被刮到天地寂寥的海岛，立即陷入“食无肉，病无药，居无室，出无友，冬无炭，夏无寒泉”的困境，很多人饮恨了此残生。就是这样一片土地，既给人以生机，又置人于死地；既能慷慨赐人以福祉，又能剥夺一切身外之物乃至生命。

然而，惊涛拍岸，大浪淘沙，这正是仁人志士的土壤，这正是英雄豪杰的舞台。自古以来，千古风流人物在海南岛上演了一幕幕可歌可泣的戏剧，谱写了一首首大气磅礴的史诗——唐代鉴真和尚为弘扬佛法，四次东渡日本，均失败。第五次又遇台风，在海上漂流 14 天，被刮到海南岛的振州，在这里讲经传道，但自此双目失明，却矢志不渝，第六次渡海终于成功。宋代文豪苏轼，以62岁的病弱之躯被贬海南儋州，那里连书籍也不易见到，苏轼认他乡作故乡，开辟学府，自编经义，自讲诗书，培育一代人才，结束了海南岛无人登科及第的历史。元代女子黄道婆，少时不甘受辱，搭商船漂泊至崖州，寄居30多年，海南人厚待于她，教她纺织，得了真传的江南女子把黎族人的纺织技术连同工具一起带回了故乡松江，继而传遍长江流域。明代清官海南琼山人海瑞，刚直不阿，廉洁清正，面对腐败不堪的朝廷，携棺上书，视死如归。死后灵柩归里，百姓为他穿上丧服，拜者百里不绝……"大道之行也，天下为公"。在海南这片美丽而荒凉、富饶而贫穷的土地上，一代代先贤踩着前人的足迹，为了心中的"大道"，奋不顾身，前仆后继。

中国"自古以来就有埋头苦干的人，有拼命硬干的人，有为民请命的人，有舍身求法的人……这就是中国的脊梁"。历史翻到了19世纪中期。第二次鸦片战争之后，海口被迫向英、法、德、意、奥等国开关，西方列强"以利所在，莫不垂涎"，从此，海南岛上，鸦片走私贸易猖獗，资本主义国家大肆掠夺岛上资源，清政府赋税沉重，海南岛传统的自给自足的农业经济面临崩溃，古老的手工业迅速瓦解。光绪年间就多次爆发了汉、黎族人民大规模起义。到了20世纪初，海南岛与祖国大陆一样，各种矛盾激化，战乱频繁，民不聊生，百业凋敝，黑云笼罩，危机四伏。

就在这时，一面红旗倏然扬起，如同一簇耀眼的火苗，虽微弱，却划破了沉沉夜空。这就是中国共产党领导的、冯白驹和他的战友们用生命铸成的琼崖革命武装。这面红旗从土地革命战争打到抗日战争，打到解放战争，血迹斑斑，风霜雨雪，从琼山、澄迈、乐会……打到母瑞山，打到五指山，再到大海边的临高，汇入渡海大军的十万旌旗之中，星星之火终成燎原之势！再看这面红旗，已是弹痕累累，烈火硝烟。但是，它的旗杆是琼崖革命者的铁骨打造的，它的颜色是琼崖革命者的鲜血染成的，因此，它23年不倒，穿云破雾，猎猎迎风，永远插在海南岛上，永远插在海南人的心里！

今天，当风和日丽、鸟语花香的海南岛以它最美的姿态展现在全世界面前的时候，我们有必要回首往事，重新拉开历史的帷幕。

第一章

石匠的儿子举起了镰刀铁锤

∨

石匠的儿子冯裕球后来参加了革命，

改名为“白驹”。

一个更广阔的天地正等着他驰骋千里。

1/ 人生道路上的关键几步

1903 年 6 月 7 日（农历五月十二日）深夜，海南岛琼山县大山乡长泰村一个石匠的家里传出一阵婴儿的啼哭，那声音格外响亮，像是要唱破长夜，唤来曙光。冯石匠家添了个男婴，虽然生逢乱世，但做父母的还是很欢喜，当即给孩子起名，乳名公孙，辈名裕球，学名继周。这个孩子长大后，走上了一条不同寻常的道路，当他在更广阔的天地中驰骋时，他又给自己起了一个名字——冯白驹。

冯家是个几代同堂的大家庭。祖父冯文学是个忠厚善良、勤劳朴实的农民，父亲冯运熙排行老大，分家后除种一点水田和旱地外，还和族兄弟以及妻室儿女采石。冯白驹上有一个姐姐，下有一个弟弟，弟弟叫冯裕深，后来成了他的战友。冯白驹稍大一些，也成了小石匠。冯运熙手艺好，一家人辛勤劳作，生活略有节余。

父亲冯运熙身材高大，浓眉大眼，会几套拳脚功夫，在长泰村一带武艺超群。他富于正义感，路见不平拔刀相助，敢于替穷苦人伸张正义，对仗势欺人的邪恶势力毫不畏惧，受到乡亲的尊重，邻里许多事都找他出头解决。19 世纪中期，洪秀全领导的太平天国运动波及海

冯白驹（1903—1973）

南岛。1853 年，这里曾爆发了响应太平天国运动的天地会起义，4000 多民众起来参加。1857 年，又有 2000 多名起义军围攻当地清政府统治者。清朝末年，反抗封建压迫的民间组织“三点会”（取太平天国领袖洪秀全的“洪”字偏旁命名）在大山乡一带秘密活动时，冯运熙成为“三点会”的成员，年幼的冯白驹还随父亲一道去与“三点会”的会友秘密接头。在他幼小的心灵里，父亲就是一座山，巍然耸立。他立志长大后要做父亲这样有本事受人尊重的人。

儿子慢慢长大，父亲是有见识的人，他心里早已有了盘算。一个春天的早上，冯白驹正在院外加布树上玩耍，听到母亲在树下喊：“公孙，快下来，妈妈给你做了新衣服。”

母亲给他穿上用土蓝布做的新衣服，为儿子理着乱蓬蓬的头发，笑着说：“今天，爸领你去上学，高兴不？”“妈，高兴。”

冯运熙领着儿子，踏着石板路向岭脚乡的私塾走去。路上，父亲一遍遍地叮嘱儿子：“要听先生的话，认真读书，别贪玩，将来有出息，光宗耀祖。”冯白驹边听边使劲点头。晨雾中，扶桑花开得正红，两个人心里都揣着希望。

读完私塾，父亲看出儿子是块读书的料。1916 年春，13 岁的冯白驹考入南渡江下游东岸的云龙高小。一个崭新的世界从此在这个少年眼前展开。

云龙高小是所有名望的新式学校，海外和大陆的新思潮随着海风吹进了校园，年轻人对新事物异常敏感，他们最早接受了反对封建势力、追求民主自由的观念，学生社团陆陆续续成立了。冯白驹聪明好学，性格稳重踏实，不爱夸夸其谈，和同学相处得很好。冯白驹有个同学叫李爱春，也是琼山人，他热情开朗，是个学生头儿。一天晚上，他召集冯白驹和十几位同学来到教室里，大家热烈地讨论着，决定组织一个团体。李爱春站起来兴奋地说：“我们都有理想、有朝气、

冯白驹少年时代就读的云龙高等小学旧址。

志趣相投，愿为国家强盛、民族独立、社会进步而有所作为，现在，我宣布：同志互助社正式成立。”下边的同学拼命鼓掌。李爱春接着说：“大家要共同遵守这样几条公约：第一，不论将来走向社会后干什么，都要互相帮助，有难同当，有福同享；第二，对做恶事的人，绝不留情；第三，破除封建旧习俗，出嫁的妇女不生儿育女不到夫家与丈夫安家立业的陋习要革除。”

李爱春的演讲赢得了热烈的喝彩，一张张略带稚气的面孔光彩照人，冯白驹置身同学中，心里感到从未有过的踏实，他第一次明白了什么叫作“集体”。

1919 年，对于冯白驹来说是关键的一年，他考上了琼山中学，他的天地更广阔了。对于中国来说，也是关键的一年，北京爆发了开辟中国历史新时代的五四运动。3000 多名学生集会于天安门前，高呼“外争国权，内惩国贼”的口号游行示威。这个口号的内容，海南岛的青年学生并不陌生。

自 1858 年清政府与外国侵略者签订了中英《天津条约》，列强就以征服者的姿态闯进了海南岛。他们在岛上倾销鸦片，倾销洋货，拐卖劳工，掠夺资源。甲午战争后，日本侵略者的触角也伸进了海南岛。他们把大量的东洋货运到岛上，使原有的手工业者无以为生，纷纷破产。他们还勾结奸商，窃取西沙群岛的磷矿资源。五四运动像一簇火苗点燃了一堆干柴，海南学生立即响应。5 月 7 日，府城学生接到北京学联通电后，群情激愤，奔走相告，纷纷投入到爱国运动中去。第二天，冯白驹和 1000 多名学生聚集在琼崖中学大礼堂开会，宣读了北京学生联合会通电，并决定第二天府城各校学生到海口游行示威。第二天早晨，府城各校学生在海口大街上游行，高呼：“打倒日本帝国主义！”“誓死收回青岛！”“惩办卖国贼曹汝霖、陆宗舆、章宗祥！”“废除亡国的二十一条！”“大家一齐起来抵制日货！”口号声响彻云天。

琼山中学旧址（上图）和新貌（下图）。

队伍浩浩荡荡前进，沿街群众深受震动。冯白驹和同学们在大街小巷的店铺里登记、封存日货，把奸商押到街上示众，把查处的日货堆在沙滩上焚烧，大火烧了三天三夜，火光冲天，照着年轻而兴奋的面孔。

自然也有人不喜欢学生们的行为。冯白驹的国文老师是前清的贡生，他不许学生上街“胡闹”，强迫他们留在学校里读八股文。冯白驹领头抗议，带着全班同学像一股风似的走了。老儒生只能望着空空的教室叹气。

在学生运动中，琼崖十三属学联成立，选举钟衍林为理事长，王文明、杨善集为常务理事。冯白驹是琼山中学学生运动的骨干，还担负了府海学联的一部分领导工作。

在这次运动中，冯白驹结识了宣传民主革命思想的先驱者杨善集、王文明等人，他们都是学生领袖，曾经在海口办刊物，发表文章，探索救国救琼的道路，冯白驹深受影响。几年后，他们又成为琼崖最早的一批中国共产党人。

轰轰烈烈的五四运动过去了。年轻的冯白驹明白了一个事实：中国正处在一个大时代，自己正处在一个大时代，广阔天地正等着他去驰骋。人生是短暂的，个人是渺小的，只有把生命交付给祖国，投身到民族的解放事业中，活得才有意义、有价值。

1923 年，冯白驹中学毕业了。他面临着生活道路的选择。他回到家乡，在石场跟父亲采石。身在石场，心却想着外面的世界。这时的冯白驹已经成亲。说起他的婚事，在乡里也曾轰动一时。17 岁的时候，他与私塾周先生的女儿周惠兰结婚。婚后，按旧俗，新媳妇应该回娘家居住，直到有了孩子才回到夫家。冯白驹做了一件“出格”的事，他突然赶着牛车来到岳丈家，硬要接妻子回家。岳丈当然不答应，自己是个教书先生，怎能坏了祖宗的规矩？这不是要被人笑话吗！谁知这个女婿却不买账，竟敢顶撞岳丈，据理力争：“社会在进步，不合理的旧俗必须废除，我要接惠兰回家。”岳丈生气地骂他：“你这个逆子！”老先生哪拦得住，冯白驹终于将妻子接回了家。回家的路上，一抹笑意浮现在脸上，他想起了云龙高小的那个夜晚。他履行了同志互助社的约定。

父亲见儿子累得满头大汗，便说：“裕球，放下锤歇歇吧。”父子俩坐在石头上谈开了。父亲说：“跟着我撬石头，有什么出息，给活人盖房子，给死人立石碑，管人家的生死，自己的生死没人管，这就是石匠的命。你中学毕业，有学问，你把老婆接回来，不能守着老婆采一辈子石。人生在世，要图个出息。你堂兄正在筹钱，想买个县长的职位，我也投了份钱，希望他当上县长后为你在县衙门里谋个好差事。”父亲本以为儿子会很高兴，没想到，儿子却一口回绝了，他说：“我不想做这样的事。”父亲看着儿子，眼前的裕球竟有些陌生。不久，有个姓李的同学找来，告诉冯白驹自己用钱买了个营长的职位，他认为冯白驹是同学中最有才能的，想聘请他当连长。父亲十分兴奋，对冯白驹说：“只要你有出息，我攒下来的几个血汗钱都供给你，当官、投军，文武都成。”冯白驹却说：“我都不干。”父亲大惑不解：“你不去衙门，也不当连长，你到底想干什么？”“我要到外面读大学，长见识，长学问，为社会办更多的事。”

冯白驹的想法不是没有缘由的。20 世纪初，海南岛兴起一股外出求学的风气，到 20 年代形成高潮。当时赴外地读书的海南学子达 1000 多人，徐成章、周士第、杨善集、王文明、李爱春等都到广州、上海、北京、南洋甚至苏联求学，他们感受了时代的脉搏，接受了新思想新知识。1921 年中国共产党成立后，这批优秀的青年知识分子向党靠拢，并陆续成为党的中坚力量，日后，他们又把先进的思想带回海南，成为我党的播种机。

父亲盘算了几日，见儿子志向远大，求学心切，便咬咬牙：大不了自己再苦几年，借些钱供儿子去大城市读书，日后儿子学成，衣锦还乡，自己也就熬出头了。他同意了冯白驹的要求。

年轻的冯白驹揣着对新生活的向往离开了故乡，迈着轻快的步子头也不回地奔向远方。他先到南京报考东南大学，却没有考上，很沮丧，只好留下来复习功课准备再考。每天一头扎在书堆里，没白天没黑夜地苦读。有时候，他抬起头来，迷茫地望着灰蒙蒙的窗外发呆，在故乡时那火热的斗争，那青春飞扬的生活怎么好像离他越来越远了呢？这是自己想要的吗？那阵子，他心里很苦闷，很矛盾。他不知道这一步走得对不对。但不管怎样，这是自己的选择，只能咬牙坚持。经过一番努力，1925 年夏天，他考上了上海大夏大学预科。

冯白驹在正确的时候来到了正确的地方。1925 年的上海，是中国共产党领导的工人运动的中心。蔡和森、刘少奇等人率领上海工人起来反抗资本家的剥削压榨，工人运动风生水起，高潮不断。这一年的 5 月 30 日，上海爆发了震惊中外的五卅惨案，在我党的领导下，工人学生罢工罢课罢市，上街游行示威，声势浩大。在上海大夏大学预科班读书的冯白驹，在街上目睹了日本兵、英国兵开枪阻拦游行队伍，看到了帝国主义的残忍，卖国政府的无能，封建军阀的腐败。自从来到上海，他与进步同学交往密切，阅读了传播马克思主义的《向导》、《新青年》等许多书刊，明白了革命的道理，初步了解了马克思主义、共产主义，了解了中国共产党。他思考着，探索着。

一个学期刚结束，他就接到了一封家信，信上说今年稻谷歉收，石场停业，债台高筑，日子艰难，实在无力供他读书了，要他回来另谋生计。

1925 年冬，寒风、冷雨、浊浪抽打着上海滩。

独立风雨中的冯白驹，望着卷起阵阵惊涛骇浪、苍茫无际的大海，思考着自己的出路。为什么穷人想读书都读不成，而富人却能随心所

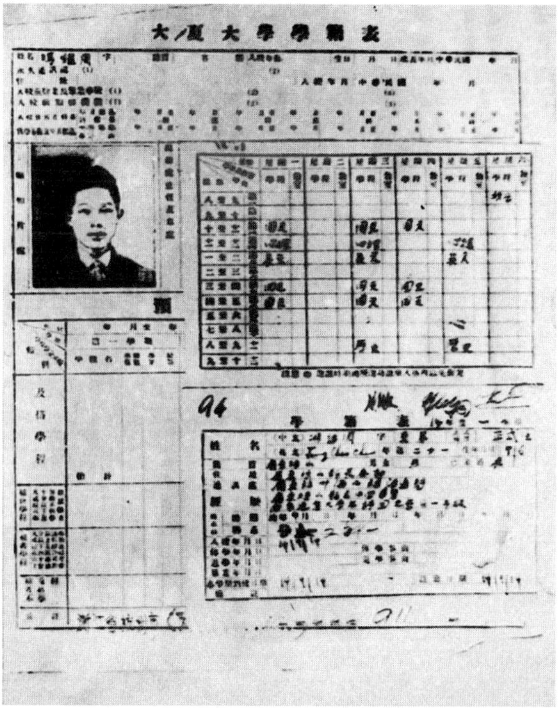

冯白驹就读上海大夏大学的学籍表。

徐成章（1892—1928）

欲？受苦人的出路在哪里？中国的出路在哪里？知识救国的理想被残酷的现实击碎，满腔热血何处洒，拳拳忠心何处安？

他看到，在大海的远处，有一座灯塔，引导着船舶航行，指示危险区域。他想：指导我的灯塔又在哪儿呢？

阴云密布的天空忽然划过一道闪电，像是上苍给冯白驹的启示，他想起了一个人。在家乡读书时，他认识了徐成章。徐成章是琼崖年轻人心目中的大英雄。他是琼山县人，1892年出身在一个贫苦农民家庭。少年时受到孙中山民主革命思想的影响，参加秘密反清活动，组织革命军讨伐袁世凯，创办报刊介绍社会主义学说，1922年加入了中国共产党。1924年，共产党直接创建并掌握的第一支革命武装——铁甲车队成立，徐成章任队长。他冒着枪林弹雨，镇压地主武装，支援农民运动，神勇非常。冯白驹听说他在黄埔军校当教官，便决定去找他。读书不成，干脆投笔从戎，“宁为百夫长，胜作一书生”！

冯白驹来到向往已久的广州黄埔军校。黄埔军校位于广州市黄埔区长洲岛内，在珠江中央，四面环水，环境幽静。岛内筑有多处炮台，与鱼珠炮台、沙路炮台形成三足鼎立之势，能把守控制江面，易守难攻，便于学习与练武。

冯白驹见到了心中的英雄，激动得话都说不出来了。徐成章在异地他乡见到来自家乡的学生，也非常高兴。

“老师，我想报考黄埔军校！”冯白驹满脸通红，急切地脱口而出。

“为什么？”

“要改变旧制度，创造新世界！”

“你先休息一下，我去打饭，晚饭后我们去散步。”徐成章没有马上答复冯白驹的要求。

晚饭后，徐成章领着冯白驹登上长洲岛最高处的望海崖。橘黄色的晚霞将海面映照得金光闪闪。冯白驹顿觉心旷神怡，心情松弛了许

李爱春（1901—1927）

多。但他没忘此行的目的，再次向徐成章提出：

“徐老师，我想报考黄埔军校。”

“我希望你回家乡琼崖。”徐成章认真地说。

冯白驹愕然。

“在教室里从书本上学习理论知识是重要的，但在实际的斗争中学习提高更重要。”徐成章望着辽阔的大海，继续引导，“琼崖已燃起革命的烽火，非常需要革命领导者，像你这样有知识的青年，正是革命斗争迫切需要的。我希望你回咱们琼崖干革命，将来我也要回琼崖的。”

“徐老师，我明白你的意思了，如果我回琼崖，该怎么做呢？”

“你与高小时的同学李爱春联系，他现在在广州，会给你安排的。”

冯白驹与李爱春相见了。同学相逢，格外亲切。两个人互相诉说了分开后各自的情况，李爱春开门见山地说：“我现在担任国民党琼山县党部书记，中共党组织委派我回琼崖开展革命斗争，我正缺得力助手，你思想进步，又有组织能力，我想请你和我一起回琼崖搞革命。”

冯白驹没有马上答应，他有很多问题不明白，就一个一个地问，李爱春一一解答：为什么自己既是共产党员又是国民党员，共产党的纲领性质，农民运动应该怎么搞，最后又拿出《共产党宣言》给冯白驹看。冯白驹心里豁亮了，他似乎看到一条通衢大道伸向远方。他激动地一把握住李爱春的手，说：“我可找到救星了，我跟你走！”

李爱春说：“救星是共产党，咱们跟着共产党走！”

1926年，琼崖的革命形势一片大好。这年1月，南征的国民革命军彻底打垮了军阀邓本殷，全琼被革命军收复。统一战线建立后，共产党利用合法地位发动组织工农青妇群众运动，并积极发展建立我党的基层组织，中共广东区委（注）先后派来了王文明、罗汉、冯平等人开展建党活动。1926年2月，中共琼崖特别支部成立，接着，全岛11

个县先后成立了县、乡党的支部或小组。

也就在这一年年初，冯白驹回到了家乡。全家老幼都把希望寄托在他身上，热望他能在国民党政府中找到一官半职，光宗耀祖，让整天趴在石头上的父亲能伸伸腰，让家里家外忙得像陀螺似的母亲喘口气，家中的日子翻个身，不再受那些大户人家的气。然而，冯白驹的选择竟和家族的希望相反。他顾不了这个家，顾不了养育他的父母，甚至连在上海读书时家里为他借的债都无力偿还。他要把自己交出去，交给更多的人，为大家谋生存，而不是为一家谋幸福。父母眼里的期盼熄灭了，老人对他由失望而不满，骂他、怨他。他低着头一声不吭，心里也很难过。望着父亲被石头磨得粗糙不堪的双手，望着母亲因操劳而过早染白的鬓发，胸口阵阵疼痛。他知道自己对不起父母，对不起这个家，但是能怎么办呢？孔子说："士而怀居，不足为士矣。"他已经不属于自己了，他已经把整个身心都交付给革命了。

经李爱春向党组织推荐，冯白驹被派往海口郊区领导农民运动。4月，海口市郊农民协会办事处成立，冯白驹任办事处主任。这是冯白驹漫长革命生涯中迈出的第一步。

20世纪初，海南岛的地主阶级占有百分之七八十的土地，地租占收获物的一半以上，大批农民在地主、官府的盘剥压榨下，被迫典押、出卖土地，沦为佃雇农。农民的仇恨已经像将要爆发的火山，一触即发。海南岛虽然与大陆隔着一道海峡，但并不像人们想象的那么闭塞，大则受全国政局影响，小则受广东省影响。1925年1月，中国共产党第四次代表大会召开。这次会议上，明确提出了农民是无产阶级的同盟军，要大力开展农民运动。随着国民革命军收复海南岛，一批青年骨干回来了，其中就有30多名毕业于广州农民运动讲习所。1926年，广东省农民协会又向海南岛派出一批农运特派员。他们多数是当地人，熟悉海南的风土人情。提起广东的农民运动，不能不说彭湃，毛泽东曾称他是“农民运动大王”。彭湃是广东汕尾海丰县人，他于1923年1月1日建立了海丰县农会，1925年创办了广州农民运动讲习所，将自己积累的斗争经验传授给就要奔赴第一线的青年们。他写的《海丰农民运动记》，此时成了冯白驹最好的课本，每个夜晚清晨，冯白驹家的油灯都和星星一起同亮同灭。冯白驹是土生土长的琼山人，他的根在这里，他熟悉水深火热中的农民，熟悉他们的语言，他们的想法，懂得他们的苦难，他们的需求。自此，海口郊区的村村寨寨、田野阡陌，常能看到一个瘦瘦高高、面容清俊的年轻人戴着竹笠，打着赤脚，走村串户，在农民的牛棚里、瓜架下和农民促膝交谈，了解群众的疾苦和要求，向他们宣传革命道理，启发他们的斗争觉悟，并用活生生的例子说明农民的苦难不是什么命运不好，不是什么上天注定的，而是土豪劣绅、封建势力压迫和剥削的结果。他鼓励农民团结一致，加入农会，伸张自己的权利，同土豪劣绅作斗争，只有这样才能铲除受苦受难的根源。冯白驹边学边干，很快得到了农民的信任。

2／燕翼贻谋

海口市有个竹林村，这里有大片青翠的竹林、澄澈的水塘。绿竹掩映之间，有座二进三间的四合院，坐北向南，是典型的琼北民居。房子的梁柱是用印尼坤甸木做的，屋脊屋檐都绘着草龙纹饰，大气漂亮。大门两侧有副对联：“瑞日芝兰香宅第，春光棠棣振家馨。”横批是“燕翼贻谋”。“燕翼贻谋”出自《诗经·大雅·文王有声》，意思是为后嗣做好打算。这座宅子的主人姓邱，是个盐商，邱家老小住在新华北路的商铺，祖宅建成后一直空着。老宅的主人——邱爵一兴修这座宅院的时候，正是1919年，中国革命风起云涌之时。邱秉衡是这个富商之家的长子，受参加革命的舅舅叶文龙的影响开始接受革命思

中共琼崖第一次代表大会在海口市竹林村邱宅（今海口市龙华区竹林里 131 号）召开。

图为大会召开地旧址。

想。1925年，省港大罢工爆发。大学还未毕业的邱秉衡赶回海口，参加琼崖各界援助省港大罢工的斗争。这个热血青年对共产党也有所了解。

1926年，中共广东区委派特派员杨善集回到海南岛，他与当地党的主要干部会合，举办党员训练班，培养党的骨干。这时的海南岛，虽有琼崖特支，但因形势发展很快，急需建立全岛性的集中统一的党的领导机构。这已是水到渠成的事了。其时，需要找一处活动场所。有同志找到邱秉衡，他想到了竹林村的祖宅，空置、僻静的祖宅正是理想的活动场所。开始，父亲邱爵一不同意，经邱秉衡反复劝说，深受儒家思想熏陶的邱爵一最终被儿子为国为民的大义所打动。于是，中共琼崖第一次代表大会得以在邱家祖宅举行。为了保证会议的安全召开，邱秉衡担负联络和站岗放哨的任务。他坐在一进院子里佯装看书，两耳倾听着院外。

会议在二进院上房里召开，由王文明主持。

王文明站起来说："我首先向大家介绍，中共广东区委特派员杨善集同志出席会议并作指导。参加今天会议的代表有11人，代表琼崖240多名党员。下面首先请杨善集同志传达中共第四次全国代表大会精神和广东区委的指示。"大家的目光一齐投向了杨善集，倾听他的演讲。

这次会议根据党的四大有关决议和决定，确定了琼崖党的主要任务是大力发展党的组织，在工人、农民和知识分子中吸收先进分子入党；分析了当时全国和琼崖的革命形势，通过了关于职工运动、农民运动、军事工作等决议；选举产生了琼崖党组织的最高领导机构——中国共产党琼崖地方委员会。地委委员13名，由王文明任书记。琼崖革命事业从此有了一个坚强的领导核心，这是琼崖革命史上具有划时代意义的重大事件。从此，琼崖革命进入了一个新的阶段，从过去

1926 年 4 月，冯白驹被委任为海口市郊农民协会办事处主任。

7 月，领导成立海口市郊第二区仲恺乡农民协会。

图为仲恺乡农民协会旧址和仲恺乡农民协会会旗。

分散的自发的革命运动，进入了有中国共产党领导、有了明确政治目标的自觉的革命运动。

会议结束后，王文明紧紧握着邱秉衡的手，只说了两个字：“感谢！”一切尽在不言中。然后，他从容迈出大门，回头与邱秉衡道别。他又看到了门楣上“燕翼贻谋”四个字，不禁若有所思：今天在这里发生的一切，不就是为子孙后代谋福利吗？

1926 年参加中共琼崖一大会议的 12 名党员只有两位见证了海南的解放，其余 10 人都在新中国成立前先后牺牲了。

冯白驹的同窗好友李爱春是这次重要会议的代表之一，也是中国共产党琼崖地方委员会委员。他回去后，向冯白驹传达了中共琼崖一大精神。这个晚上，冯白驹久久不能入睡，在他心里，早就把自己和共产党连在一起了，他渴望早日成为她的一员，为她献身。冯白驹根据会议通过的开展工农运动的决议调整了自己的工作计划。在冯白驹的领导、组织和宣传下，海口市郊乡村的农民很快组织起来，建立农会，开展减租减息、反霸斗争。至 1926 年下半年，海口市郊乡村的农会像雨后春笋般相继成立，农民运动轰轰烈烈地开展起来。

农会办事处和地委机关都设在海口，地委书记王文明对这个年轻的农会主任很关心，给了他很多具体的指导，还告诉他，要放下学生架子，到农民中去，取得他们的信任，才能做好工作。王文明的指点对冯白驹启发很大。农民运动很快就从经济斗争发展到政治斗争，冯白驹组织农民揭露土豪横行乡里的恶霸行为，押着他们游街示众，打掉他们的威风。罪大恶极的土豪则被押送政府，要求严惩。冯白驹在五村领导农民与恶霸地主吴为藩的斗争，在海府地区影响极大。吴为藩是个地主兼资本家，他勾结军阀，抢占乡民被潮水冲垮的大片土地，还逼着农民把祖先的坟迁走，农民敢怒不敢言。现在有农会撑腰，有冯白驹领头干，农民们跃跃欲试。冯白驹组织几百农民，拿着大刀木棍，沿途高呼口号，到县衙告状。他们冲进县政府，控诉吴为藩的罪状。开始，县长何春帆存心袒护，多方为之辩解。冯白驹毫不畏惧，向何春帆摆事实、讲道理，声音洪亮，据理力争："吴为藩霸占农民大片土地，勾结反动军阀邓本殷，串通土豪奸商，贩卖鸦片，破坏国民革命军南征，当地群众敢怒不敢言。五村农民遭受洪水灾害，生活十分困难，吴为藩又乘机侵占农民被潮水冲坏了的田地。这种占有是非法的、强盗式的，使许多农民失去生存之本，是造成民不聊生、侵害国民利益的行为。强烈要求琼山县长将吴捉拿惩办。"他身后的农民边点头边呼应，都觉得冯白驹给他们出了一口恶气。在事实面前，何春帆被驳得理屈词穷，哑口无言。迫于农民运动的强大压力，不得不接受农民协会的要求，令吴为藩退还侵占的全部土地，并当众向农民赔礼认罪。这次斗争影响了整个海口郊区农村，农民们看到了组织起来的力量。

回琼不到一年，冯白驹经过农民运动的洗礼，越来越成熟。1926年9月5日，经李爱春介绍，冯白驹光荣地加入中国共产党。11月转为中共正式党员。

终于等来了这一天，李爱春握着冯白驹的手，大声说："冯白驹同志！"冯白驹也喊道："李爱春同志！"志同道合，肝胆相照，这两个昔日的同窗，今日的战友由衷地笑了。

冯白驹由一个怀揣救国救民思想的热血青年，成长为一名无产阶级的先锋战士，把有限的生命奉献给人民。40多年后，冯白驹在"文化大革命"中遭受非人的折磨，被迫写交代材料。他被谩骂毒打监禁，丝毫不能动摇他对党的一片忠诚；被污蔑诋毁冤枉，也没有改变他对党的深厚感情。提到当年入党，被摧残得疾病缠身、连站起来的力气都没有的冯白驹真挚地写道："这是我的新生，永远不能忘记的光荣的一件大事。"

冯白驹在那种情形下写下这句话，真是字字千钧。

3/ 血染城头

1927年4月12日，正当国民革命如火如荼向前发展的时候，蒋介石为扩充权势，篡夺北伐战争的胜利果实，迈出了反共反人民的一步。以他为首的国民党右派集团在上海发动了反革命政变，捕杀大批共产党人和革命群众。4月15日，广州开始大屠杀，反动派血洗羊城。4月22日，血雨腥风刮到了海南岛。当上海、广州发生事变后，因琼崖孤悬海上，通讯迟滞，中共广东区委给琼崖地委发出紧急指示，派人赶赴琼崖传达；与此同时，国民党广东当局也令人带着屠杀共产党的密令来琼。双方被派人员竟搭乘同一条船于4月21日抵达海口。而我方人员不熟悉路，费了一番周折才将指示送到琼崖地委。此时，驻琼崖的国民党33团团长黄镇球、参谋长叶肇已派出大批反动军警，在海口、府城突然包围了工会、农会、学生联合会和一些进步的民众团体，对共产党人和革命群众实行大逮捕、大屠杀。反革命屠杀迅速遍及全琼。

琼崖四二二事变这天，冯白驹刚巧风尘仆仆地从乡下回到设在海口市义兴街高州会馆内的农民协会办事处，从报纸上看到上海、广州反革命大屠杀的消息，感到非常震惊。

这时，琼崖高级农运讲习所党支部书记王文源急匆匆跑进来，他刚接到交通员通知，他告诉冯白驹："国民党右派已经叛变革命，中共广东区委要琼崖的党员干部立即躲避。你赶快离开办事处。"

冯白驹刚刚离开，就从远处看到反动军警将办事处包围了。冯白驹马上加快脚步，跑到市郊农村一个农民家里隐蔽起来。

冯白驹在这户农民家里住了几天后，决定离开，回琼山云龙长泰村避风。当时正值清明时节，冯白驹便和几个农会会员一道，买了些香烛、纸元宝、纸钱等祭品，装扮成回乡扫墓的样子，巧妙地摆脱了敌人的盘查，回到长泰村，隐蔽在自己家里。

在琼崖四二二事变前几小时，琼崖地委书记王文明接到广东区委的通知，要求主要领导干部立即向农村转移。他布置处理完省委重要文件后转移到海口市郊本里湖村。由于时间紧迫，大批共产党员和进步人士来不及撤退，很多革命志士倒在了敌人的屠刀下。全琼被捕的共产党员、共青团员和革命群众有2000余人，被杀害者500余人。

中共琼崖地委委员、冯白驹的入党介绍人李爱春因叛徒出卖，当夜不幸被捕。敌人把他押到海口市郊的五公祠监禁起来。李爱春知道自己的生命走到尽头了，但他心里却很平静。他出身于一个贫苦家庭，父母靠种田捕鱼为生，辛辛苦苦供他读书。李爱春考入广东大学后，受到革命思想的影响，立志“不做大官，要做大事”，1925年由杨善集介绍，加入了中国共产党。他原名叫李春荣，常被人误会成女性。经组织批准，他改名李爱春。他说，万物逢春，生机勃勃，我爱春天，要保留这个春字。李爱春被捕的第二天，妻子来探监，趁敌人不备，他悄悄把一个小钥匙塞到妻子手心里，让妻子转托他的舅舅把皮箱里的重要文件烧掉。两双手紧紧握在一起，四目对视，作最后的诀别。在狱中，李爱春受尽各种酷刑，始终顽强不屈，严守党的机密。敌人让出卖他的叛徒来劝他：“春哥，识时务者为俊杰，你爱春不如爱命啊。”李爱春说：“我爱春天，也爱生命，但绝不像你贪生怕死出卖同志！”敌人无奈，下了毒手。一天夜里，李爱春被推出来，押到五公祠旁的一片坡地上，敌人又问：你招不招供？李爱春正气凛然地大声说：“无供可招！”他严词痛斥国民党反动派破坏国共合作，高呼：“中国共产党万岁！打倒国民党反动派！”最后被敌人用铁丝勒死。

这个年仅26岁的热爱春天的人，正值春天般朝气蓬勃的年华，在这个沉沉春夜倒下了。

五公祠，坐落在琼山县府城镇。北宋时期苏轼被贬海南，在金粟庵落脚借寓，见当地百姓喝护城河的脏水，便教百姓挖井，凿出甘泉，水源旺盛，气泡如粟，名浮粟泉。此庵明末朽毁，康熙年间，琼州知府为教化百姓思忆先贤，在原址修建苏公祠。光绪年间，又在这里增修庙堂，纪念唐宋时期被贬到海南岛的五位贤臣名相，忠义之士。他们千里迢迢来到天涯海角，虽是戴罪之身，却不顾个人荣辱，为百姓造福，把先进的文化引入海南岛。“五公英烈气，千古海南潮。”今天的仁人志士像他的先辈一样，为了心中的信仰，用生命续写了一首新的正气歌，五公祠的一砖一瓦、百年老树可以作证，历千年沧桑而不枯竭的浮粟泉可以作证。

李爱春的头颅被凶残的敌人砍下来悬挂在府城城头。冯白驹听到噩耗，泪如泉涌。往事历历涌上心头，他想起在云龙高小成立同志互助社时的李爱春，想起在广州为他指明道路的李爱春，想起介绍他入党、紧握住他的双手喊他“同志”的李爱春，如今，冯白驹觉得他的手余温尚在，可是，这个亲密的同乡、同学、战友，他冯白驹的领路人，和自己却已是天人永隔……冯白驹的双手不由得攥成了拳头。

4／年轻的县委书记

国民党反动派在海南岛的大屠杀持续了半月之久，敌人得意忘形地在海口市召开大会，燃放鞭炮，庆祝“胜利”。

革命陷入低潮，队伍出现了分化。一部分人对革命失去信心，有的回家务农，有的去南洋谋生，有的甚至叛变投敌。但真正的革命者并没有被吓倒。他们把仇恨化为力量，用更有智谋的方式，举起武器向敌人讨还血债。

冯白驹虽然与党组织失去联系，但他从没想过放弃，他四处打听失散的同志，设法与党组织取得联系。冯白驹回家的第二天，一位同志告诉他，王文明就住在离长泰村几里路的本里湖村。他是要回老家乐会县去的。冯白驹立刻动身去找他。

1927 年 4 月底，冯白驹终于在本里湖村找到地委书记王文明。

劫后相逢，两人百感交集。想起这些日子里的大风大浪，想起牺牲的同志，冯白驹和王文明的手紧紧地握在一起。

王文明是一位意志坚定的领导者。他 20 多岁时就是琼崖五四运动的领袖，1922 年秋加入中国共产党。1926 年他率部渡海南下讨伐琼崖军阀邓本殷，光复了琼崖。经历过血与火的考验的王文明十分坚定地告诉冯白驹：挫折是革命斗争的必然规律，没有什么了不起，斗争是要继续下去的。革命总是要流血牺牲的，只要我们坚定信心，依靠人民群众，我们就能够翻身，取得胜利。

王文明说，现在最重要的是恢复党的组织。为了加强对琼山县革命斗争的领导，他代表琼崖地委，指定由冯白驹会同陈秋辅、冯裕江三人组建中共琼山县委，冯白驹任书记。

冯白驹接受任务后，深感自己肩负的责任重大。这个党龄还不到一年的县委书记为了迅速组建起县委，冒着生命危险，走村串户，四处密访失去联系的同志。6 月 4 日，是农历五月初五端午节，冯白驹终于在十二区找到了陈秋辅、冯裕江，向他们传达了地委书记王文明的指示，在琼山县大致坡合群乡蛟乐坑村召开会议，正式成立了琼崖第一个县委——中共琼山县委。

新组建的中共琼山县委召开了第一次会议，根据冯白驹的建议，会议作出三项决议：一是分头到各区，联系从海口、府城撤回来的党员，迅速建立区、乡党的基层组织，形成领导基层斗争的核心，并发展党员，领导群众开展对敌斗争；二是揭露蒋介石叛变革命、屠杀共产党人和革命群众的滔天罪行，反对国民党右派的反动统治，抗交苛捐

杨善集（1900 —1927）

杂税，反抗压迫剥削，建立乡村革命政权；三是立即组织短枪队，惩治首恶，收集乡村中的零星枪支，建立农民武装队伍，并开办各种短期训练班，培训骨干，组织群众开展武装斗争。

冯白驹先到树德、甲子乡把党支部建立起来，交给基层领导，又奔到三江、演丰、塔市，恢复建立党组织。就这样一个一个地跑，这一年，全县建立了60个党支部。同时，冯白驹从血的教训里明白了武装力量的重要性，组织了一支20多人的短枪队，向国民党乡公所展开猛烈攻势。后来，这支队伍扩大为讨逆革命军连，之后又被编为琼崖讨逆革命军第六路军。

6月初，为了加强对琼崖革命斗争的领导，中共广东省委派杨善集秘密回琼。杨善集装扮成商人潜到乐会四区。他的到来使地方同志十分振奋。杨善集是琼东县人，生于1900年，父亲是晚清秀才，杨善集是独子，聪颖好学。1915年他考上了当时琼崖最高学府琼崖中学，在学校里，他博览群书，探求真理，受到辛亥革命和倒袁（世凯）运动的影响，思想渐渐起了变化。他和爱国学生王文明、陈维扬组织了“青年观摩会”，大家一起探讨救国救民的道路，写文章互相传阅。1919年，五四运动爆发，杨善集登上潮头，振臂一呼，领着琼崖爱国学生积极投身斗争，在琼崖十三属学生联合会中担任了宣传股长。毕业后，杨善集在家乡从事教育事业，又领导学生开展了新文化运动。1922年他考进广东公路工程学校，来到了革命的策源地广州。在这里，他如鱼得水，阅读了大量进步书刊，接受了马克思主义，与同乡徐成章、周士第组织了“琼崖革命同志会”，出版会刊《新琼崖评论》，对青年学生影响很大。1924年2月，经陈乔年、刘伯坚介绍，加入中国共产党。同年5月，杨善集被党组织选送到苏联莫斯科东方大学，系统地学习马列著作、革命理论。1925年杨善集奉命回国，先后任共青团广州地委书记、广东区委书记，半年多的时间，他在广州、汕头、惠州、海丰等地建立了团的地方委员会，在琼崖等15处建立了团的特别支部，发展了大批团员。他主持出版的书刊、发表的文章对提高团员青年的思想水平、推动青年运动的发展起到了重要作用。1926年6月，在他的请求下，中共广东区委委派他回到海南岛指导工作。他一回来就在海口、府城开办了短期训练班，着手建党工作。接着，他和王文明一起主持召开了琼崖第一次党代会，成立了中共琼崖地委。1927年琼崖四二二事变之后，杨善集受命于危难之时，冒着危险又回到海南岛。国民党当局得悉后，悬赏5000银圆通缉他，他听说后捧腹大笑。然后以其人之道还治其人之身，以我方名义也贴出通缉令，悬赏两个铜板缉拿国民党驻琼头子。

杨善集以特派员身份与地委书记王文明等同志一起在乐会县第四区宝墩村李家祠堂召开地委紧急会议。这次具有历史意义的六月会议，确定了当前琼崖党的中心任务：恢复和建立党的各级组织，收集枪支，武装农民，开展武装斗争。会议将中共琼崖地方委员会改为中共琼崖特别委员会，选举杨善集为特委书记，并决定迅速恢复和发展党的组织，建立工农武装，宣布成立琼崖讨逆革命军，以革命的红色恐怖反抗反革命的白色恐怖。

六月会议之后，在很短的时间内，琼崖的革命形势又呈现出一派生机。此前，新组建的琼山县委正大力发展党的基层组织，领导群众开展武装斗争。六七月间，文昌、琼东、乐会、万宁、陵水、儋县等县相继成立了县委。革命武装与群众斗争相结合，反抗国民党反动派的血腥屠杀政策，琼崖各地农村革命声势日益高涨起来。杨善集亲自指挥了袭击博鳌、中原、迈汤、坡村、和乐敌人据点的战斗，连战告捷，缴获了一批枪支弹药。杨善集每到一地，都亲自向群众演讲，宣传共产党的政策，他的演讲感染力极强，群众受到鼓舞，纷纷加入讨逆革命军，农民武装得到了壮大。

注：中共广东地方组织机构称谓沿革：1922.6 中共广东区执行委员会；1927.5 中共广东省委；1931.3 中共两广省委；1932.9 中共两广工作委员会；1934.3 中共香港工作委员会；1936.9 中共南方临时工作委员会；1938.4 中共广东省委；1940.6 中共粤北省委、粤南省委；1940.11 中共南方工作委员会；1943.1 中共广东省临时委员会；1945.7 中共广东区委；1948.6 中共粤桂边区党委，香港分局下辖琼崖等地区；1949.4 中共华南分局；1955.5 中共广东省委。

第二章

在血与火中成长

∨

沧海横流，
方显英雄本色。
冯白驹挺身而出，
力挽狂澜，
毅然挑起了领导琼崖革命的千斤重担，
这是历史的选择，
人民的选择。

1／全琼暴动

国民党反动派的暴政没有吓倒共产党人，反而激起更猛烈的反抗。八一南昌起义打响了反抗的第一枪，在全国树起武装斗争的旗帜。紧接着，1927 年 8 月 7 日，中共中央在汉口召开紧急会议。会议总结了大革命失败的教训，确立了实行土地革命和武装起义反抗国民党统治的总方针，中国革命从此开始历史性转变。

为了响应党中央的号召，配合湘、鄂、赣、粤四省的秋收起义，9 月上旬，在杨善集的主持下，中共琼崖特委在乐会县第四区召开了军事会议。会议根据中央和广东省委的指示精神，决定于 9 月举行全琼武装总暴动。暴动的主要目标是夺取重要城镇，其中东路攻占嘉积镇，由杨善集直接指挥。

9 月 23 日拂晓，进攻嘉积外围椰子寨墟的战斗打响了。王文明按预定计划，率领琼山、定安讨逆革命军两个连，从丹村分乘 8 只木船，在夜幕掩护下，冒雨偷渡湍急的万泉河。登岸后，穿过泥泞的稻田，越过蜿蜒起伏的岗丘，向椰子寨挺进。与此同时，杨善集、陈永芹率领乐会、万宁讨逆革命军两个连以及几百名群众，从特委驻地出发，在夜色的掩护下，冒雨向椰子寨进军。由于夜晚冒雨行军，这支部队未能按时赶到目的地。王文明当机立断，仍按预定时间向椰子寨守敌发起进攻，歼敌一部，敌大部溃逃，讨逆革命军一举占领了椰子寨，首战得胜。上午 8 时，杨善集带领的部队赶到，两军会师，随即决定，王文明带原部队返回丹村，迷惑嘉积的敌人，杨善集带领队伍在墟里开展宣传。上午 11 时，敌黄镇球部营长廖尊一率部反扑。杨善集亲自指挥讨逆革命军占领寨子附近的加所坡阻击敌人。讨逆军因枪支差、子弹少（当时每支枪只有几粒子弹），难以抵挡敌军猛烈火力的攻击，伤亡很大，杨善集决定他留下来指挥 20 多名战士掩护部队撤退。敌人冲上来，我方队伍被打散，杨善集同敌人展开肉搏，手都被拧断了，最后壮烈牺牲，年仅 27 岁。陈永芹也壮烈牺牲。

杨善集生前常对战友们说："革命同志死一人，生百人，革命是向前发展的，是一定会成功的，共产主义是一定会实现的。"这位琼崖党组织和革命武装的奠基人为自己的预言、为琼崖的明天献出了热血和生命。

椰子寨战斗揭开了琼崖武装总暴动的序幕。虽然战斗失利遭遇挫折，但各县的行动并没有停止。临高、儋县、文昌、琼东县的武装暴动给国民党反动派以有力的打击。在琼山县，冯白驹领导的武装暴动搞得颇有声势，县讨逆军很快发展到 200 多人。1927 年 9 月，冯白驹和十一区的区委书记曾德泽在桥头村王家祠堂举办基层党支部书记训练班，训练班上，冯白驹代表中共琼山县委讲了话。他坚定地说："在决定革命成败的关键时刻，每一个共产党人都应该坚定革命决心，不管多么艰苦，多么困难，都不能动摇，要坚信革命一定会胜利；在任何时候，都要把党的利益看得高于一切，发挥共产党员的先锋模范作用。"冯白驹语重心长地告诫大家："党和人民群众是鱼与水的关系，在琼崖这个孤岛上，谁来支持我们呢？谁给我们饭吃呢？要想把革命坚持下去，离开了千百万人民群众的支持，我们就寸步难行。”最后，冯白驹强调：“要坚持革命，必须建立革命的武装；有枪，就有政权，没有枪，就没有了一切。”

中共琼山县委在冯白驹的领导下，大力开展对敌斗争，破坏敌人的交通、桥梁、电线，散发革命传单。当时在农村开展武装斗争，最大的困难是缺乏枪支。冯白驹把原海口郊区农会短枪队的几条枪集中起来，还和县委成员一道发动基层党组织收集私人枪支，秘密开展借枪活动，并想方设法从恶霸、民团手里夺取枪支。冯白驹和九区区委书记李俊庄通过线人得知，琼崖公路局长吴昌贤从海口运回一批枪支，存放在老家岭脚乡老村，就指派党员王月波到老村探听吴昌贤藏枪的地点。

王月波来到村里，装作与村里的孩子玩耍，果然套出吴昌贤的枪支埋藏在自家牛棚的地窖里。冯白驹便派十几个人趁着夜色赶到岭脚乡老村，一枪不发，从吴昌贤的地窖里挖出20支短枪和一批子弹。靠大刀长矛火药枪跟敌人作战的农民军队也有了真家伙，大家高兴坏了。

9月21日，县委在指挥进攻琼山的道统、岭后两个民团炮楼的战斗中，冯白驹发动1000多名群众配合琼山讨逆革命军作战，打得敌人抱头鼠窜。琼山县基层的武装暴动也迅速展开。第十一区区委组织农军及群众几百人，包围塔市盐警队，打死打伤两名头目。第九区区委书记李俊庄带领二三十名农军和千余群众，围攻了谭墨炮楼，敌人吓得龟缩在炮楼不敢露面。10月，冯白驹指挥琼山讨逆革命军于大致坡附近的根竹村伏击黄镇球部运粮汽车，打死敌连长以下10余人，缴获枪械10余支；在三门坡四六桥围歼护路民团，毙敌10余名，缴获长短枪10余支和一批物资，并包围了西江村当铺，没收恶霸地主李春番的财产，分给贫苦农民。

冯白驹原来也是一介书生，并不是天生就会打仗。有一次他率领讨逆军在树德乡伏击敌人的军车，看到两辆车进入了伏击圈，他一挥手，战士们乒乒乓乓地打开了，没想到后面又驶来四五辆军车，敌人兵强马壮，讨逆军只得撤退。可埋伏时没有选择好地势，撤退要经过一片开阔的稻田，正好成了敌人的靶子。眼看要被追上，冯白驹爬进水田里躲过了敌人的搜索，却被蚂蟥咬得鲜血淋淋。回到集合地，同志们都以为他受伤了。就这样，失败，胜利，再失败，再胜利，在战争中学习战争，冯白驹越挫越勇。

1927 年 10 月下旬，中共中央南方局和广东省委认为，琼崖敌人力量薄弱，拟占据琼崖作为军事策源地。南方局为此制订了《经营琼崖计划》，先后派遣广东省委常委杨殷、琼崖籍军事干部徐成章、刘明夏到琼崖，以加强对军事斗争的领导。

11 月上旬，中共琼崖特委为了进一步贯彻中央八七会议精神，传达南方局及广东省委的指示，在乐会县第四区白水磉村林家祠堂召开了第一次扩大会议。会议决定在琼崖进一步扩大武装暴动，建立苏维埃政权，建立革命根据地。在军事行动上，决定集中一部分武装力量到东路、西路出击，然后两路兵马会师，“与全琼民众做一个最剧烈的暴动去夺取全琼崖”。会议决定将琼崖讨逆革命军改编为工农革命军。总司令由冯平担任，王文明任党代表，刚由广东省委派来加强琼崖军事领导力量的徐成章被特委任命为琼崖军委委员、东路总指挥。会议调整与补选了特委领导成员，冯白驹当选为特委候补委员；还决定琼崖工农革命军第六路军由柯嘉予任司令，冯白驹任党代表。

琼崖特委决定从乐会、万宁、琼山、琼东四县抽调较强的武装力量，集中于特委驻地整编，以利特委直接指挥作战，留下少数人在白区坚持地下斗争。留下来的人有些想不通，都想随主力部队去轰轰烈烈地干个痛快。当时，国民党反动派已在各乡成立了民团，并推行毒辣的“五家联保”政策，到处散布谣言：共产党“杀人放火”、“共产共妻”，留在白区是很危险的。冯白驹是个心直口快的人，他劝说道：“大家都走了，谁来领导这里的人民向敌人进行斗争？难道能让反动派随便逞凶作恶吗？都走了，这些地区怎么办？我们留下来，对于稳定群众的思想情绪，支持主力作战，会起到很大的作用。进行地下斗争，比公开的斗争更艰苦。”在他的开导下，留下来的人想通了，决心跟着冯白驹在白区坚持地下武装斗争。

夜袭下田炮楼是当时琼崖革命武装对敌作战中很有影响的战斗。下田炮楼位于琼山县东部的树德乡。1927 年冬，冯白驹率琼山工农革命军驻扎在树德乡附近的一个村子里。

夜晚，天上没有月亮，只有星星在闪烁，大地灰蒙蒙的。大约二更时分，通信员急急忙忙赶来通知全排人到附近一个山坡上集合。根据以往经验，大家知道又有战斗任务了，心里又喜又急，立即赶往指定地点。山坡上整整齐齐地列队站着千余人（其中一部分是当地农民），除少数人拿着老掉牙的“七九”、“六八”、“单光”之类步枪外，绝大部分手持砍刀长矛。身为县委书记、琼山革命军党代表的冯白驹让指挥员冯建能作了战前动员。

革命军战士个个右臂上系着一条白毛巾，作为夜晚辨别敌我的标志。战前动员之后，大家精神抖擞，疾步朝下田炮楼开去。走了半个小时高低不平的山路，在距敌炮楼 100 多米远的坡地埋伏下来，等待攻打的命令。

炮楼筑在下田村边的一个高坡上，有三层楼高，楼下有一排房子，楼里有国民党反动武装 30 余人把守。当革命军埋伏在炮楼周围时，山坡上一点声音也没有，只有附近村庄的狗吠声时而传来。炮楼黑洞洞的，像魔鬼一样立在那里，没有动静，看来敌人一点也没有发觉革命军的行动。

"打！"一声令下，瞬间，四面八方响起枪声。战士们的喊声震天动地，一道道火光划破了寂静的夜空。炮楼里的敌人惊慌失措，在黑暗中漫无目标地向外乱放枪。革命军勇猛地冲上炮楼，敌人晕头转向，来不及还击，便一个个举手投降。这次战斗不到一个小时就结束了，炮楼里的 30 多个敌人全部做了俘虏，革命军缴获 10 多支长短枪和一批弹药，且无一人伤亡。

2/ 真理与谬误

白水磜会议后，全岛从东到西，武装暴动此起彼伏，革命队伍不断扩大，各县的武装斗争深入发展。

1927 年 12 月中旬，徐成章率部南征，1928 年 1 月攻克三亚。徐成章率东路军在两个月内横扫 400 余里，所到之处，相继建立县、区革命政权，使乐会、万宁、陵水、崖县等苏维埃红色区域连成一片。

当 1927 年的革命低潮时期过去后，全国革命形势恢复和发展起来，工农武装和根据地扩大了，复兴在即。这时，党内"左"倾路线开始占上风，他们认为，全国已经到了大革命的前夜，应以城市为中心，全面展开进攻。这一脱离中国实际情况的判断，致使刚刚恢复的革命力量遭到重大损失。在琼崖也是一样，我军的节节胜利引起反动派的恐慌，他们把主力部队调到海口等城市，农村由民团防守，敌我形势开始变化。但是，这时广东省委却多次给特委下达指示，认为夺取全岛胜利的时机已经来临，行动上犯了盲动主义的错误。正当徐成章率部乘胜追歼国民党崖县县长王鸣亚残部、进军崖县县城时，连续接到特委三封急信，令其回师陵水。徐成章凭着他丰富的斗争经验，感到这样做有问题，给特委写了报告提出自己的看法，但因交通阻隔没有及时送到，他不得不执行命令。1928 年 2 月 4 日，在乐会、万宁边境的分界墟的激战中，徐成章身先士卒，向敌进攻，不幸被流弹击中而壮烈牺牲，年仅36岁。而工农革命军退到太阳河时又遭敌伏击，200多名革命军战士阵亡，鲜血染红了太阳河。

徐成章的牺牲是琼崖党和军队的重大损失，遗憾的是并没有给省委的决策者敲响警钟。广东省委在当时中央"左"倾盲动主义的影响下，不顾琼崖敌我力量悬殊的客观情况，对琼崖革命斗争的局势作了不切实际的判断，提出了过高过急的要求。省委指示琼崖特委："琼崖客观的环境既然有充分发展暴动的可能，所以特委应有一个详细计划，在短期内完成全岛的暴动，肃清全岛的反动势力"；"务要马上竭全力去发动群众的暴动，完成全岛的革命。"省委还强调此次计划"应该至多在两个月内实现"。

王文明等特委领导接到省委的指示后，分析琼崖的斗争实际，认为各地有各地的情况，琼崖要在两个月内完成全岛的暴动是不可能做到的，要切实讨论后才能决定。2月18日至21日，琼崖共产党的第二次代表大会在乐会四区阳江墟召开。广东省委派区委委员李源、黄雍参加会议进行指导。李源在会上作了政治报告，大会对暴动、政权、土地分配、士兵运动等问题进行了讨论。以王文明为首的部分代表，包括作为特委候补委员的冯白驹在内，认为琼崖形势有"颇为险恶"的一面，在斗争策略上，应区别各地的不同情况，组织必要的进攻和退却；而李源等人却把这种正确的退却视为"含有失败主义的观念"。由于"左"的思想和主张占了上风，大会决定继续组织全琼武装总暴动，夺取城市，夺取全琼崖政权。

琼崖革命的迅猛发展是反动派始料不及的，他们原本认为这不过是"癣疥之患"，不料却发展为"心腹之疾"。1928年，蒋、冯、阎、桂四派军阀取得暂时妥协，蒋介石派陈铭枢军第十师师长蔡廷锴率部进驻琼崖镇压革命，蔡廷锴与国民党琼崖警备司令叶肇狼狈为奸，开始对我苏区“围剿”。一时，乌云压城。敌人兵多势众，粮草充足，武器精良，杀气腾腾扑过来，先控制城市，再逐村“围剿”，乡村反动民团也趁机反扑，屠杀革命群众。冯平、符节、许邦鸿等同志壮烈牺牲，到1928年夏秋时，3000多人的红军队伍只剩下几百人，退到母瑞山坚持斗争。全岛革命陷入低谷。

这时的情况比1927年4月还险恶。主力部队撤到了山区，冯白驹仍然留在琼山坚持斗争。党的组织一再遭到破坏，活动很困难。冯白驹有时连饭也吃不上，睡觉都找不到地方，但是，他是个意志非常坚定的人，什么困难也阻挡不住他闯龙潭，入虎穴。而他也多次在危急时刻被群众救下。有一次，冯白驹与团丁遭遇，被包围了，他趴在一片茂密的灌木林里，敌人搜索过来，一点点逼近。就在这时，他身后爬来一个人，穿着土布衣，腿脚满是泥。他小声说：“我往前跑，你往后跑，我的鸭子在水田里，你就装作放鸭的，白狗不认识你。”说完他就跳起来边喊边跑，把敌人吸引过去。冯白驹脱险了。后来才知，这个救命恩人人称放鸭二，事后乡亲们凑了钱，谎称他是疯子，把他赎了回来。冯白驹一直不知道他的真实姓名。

为了挽救危局，1928年6月5日，王文明主持召开了琼崖共产党第三次代表大会。会议讨论了应付敌人的进攻问题，通过改选，产生了新的特委领导机构。冯白驹在这次会议上当选为第三届特委委员，王文明为书记。

6月中旬，新特委成立不到半月，广东省委派黄学增到琼崖主持工作。

黄学增抵琼后，召开特委扩大会议，对新特委进行改组，由黄学增任特委书记，王文明主要负责苏维埃政权的建设工作，改任琼崖革命委员会主席。

11月，中共广东省委召开扩大会议，确定以城市为工作中心的错误方针。会议根据黄学增的汇报，指责琼崖红军反“围剿”受挫的原因是城市工运、兵运工作没搞好。黄学增按照省委的指示，决定亲率特委机关迁进府城、海口，把工作重点放在开展城市工运、兵运工作上，并以海口为中心指导全琼工作。王文明对此持不同意见，他是土生土长的海南人，对琼崖了如指掌，他的判断是从实际情况而来的，有着充分的依据。王文明从很年轻的时候就参加了革命，在风浪中摸爬滚打，练就了沉稳持重的性格，实事求是的思维方式。他认为这样做会给特委带来极大危险，也不符合琼崖的实际情况。但这些意见不为黄学增所接纳。为了把特委机关迁到海口，以城市为中心，通过开展工运，策动兵变，夺取海口及至夺取全琼，黄学增率特委部分常委和共青团特委，从乐会四区迁到琼山县，和冯白驹领导的琼山县委住在一起。特委指示冯白驹，要琼山县委协助做好特委迁往海口的工作。

黄学增对冯白驹说：“现在革命失败了，今后要发展城市工作，开展工人运动来领导革命，特委机关要迁驻海口和府城（琼山县城），你替我们租房子，选派女同志作掩护，配合干部住家，进行工作。”

冯白驹认为他们这个做法不对头。海口是敌人控制中心，特委迁到那里很危险，而且，这样做也会削弱党对农村的领导。当时他虽有感觉，但还没有清楚的认识。冯白驹对于区委和特委主要负责人照搬苏联经验，以城市工作为中心，通过夺取海口等城市达到夺取全琼这个决策，一直在思考，总觉得不妥。

他去找王文明汇报思想，说：“根据几年来的斗争经验，我认为省委和特委主要负责人，在敌强我弱的情况下过分地强调城市的领导作用，把特委领导机关迁入敌人心脏地区活动，把希望寄托在通过组织武装暴动和策动兵变去夺取城市政权，夺取全琼的做法是非常危险的。中国历史上有靠着农民起义成功夺取政权的例子，我们的革命怎么能离开农村和农民群众？至于说如何体现工人阶级的领导，我们不能机械地照搬苏联‘以城市为中心’的经验。海口不是大工业城市，产业工人极少，多是些零星的小手工业工人。不能把工人阶级领导简单地理解为依靠某些工人群众来领导。我对特委把机关迁往海口的决策很怀疑。革命没有农民参加，或者得不到他们的配合，就难以取得胜利。”

王文明说：“你的想法是正确的，我们有同感。我就极不赞成省委和特委书记黄学增对琼崖革命的指导意见，特别是不同意他把特委机关迁往海口，这是事关琼崖革命生死存亡的重大问题。”

冯白驹在有关会议上也讲了自己的这些想法，王文明对冯白驹的想法很支持。

然而以王文明、冯白驹为代表的正确意见没有被采纳，并且受到指责。按照下级服从上级、少数服从多数的组织原则，作为下级的冯白驹和琼山县委，必须服从上级的决定。冯白驹和琼山县委的同志经过紧张的筹划，在海口隐蔽的地方租好房子，挑选政治上可靠的女同志作职业掩护，将特委机关秘密地迁入海口，完成了特委交办的任务。

年底，黄学增率特委机关从乐四区迁往海口；王文明则与梁秉枢等率红军 130 余人，以及琼苏政府直属机关、附属单位军械厂、印刷处、医院等共 600 余人，走上母瑞山，开辟新的革命根据地，继续坚持农村革命斗争。

3／临危受命

中共琼崖特委机关迁驻海口后，特委书记黄学增一直在考虑如何扭转澄迈县工作局面的事。那里的情况是：澄迈县共产党组织和武装力量在敌人疯狂的“围剿”中遭到严重破坏，县委主要领导人牺牲，幸存的党员转入隐蔽状态，情况不明，又无法联系。全县党的组织瘫痪。特委曾派去干部，很快就被敌人发现杀掉。必须再派得力的干部到那里去，但一直找不出能担任县委书记的人选。

危难之际，身为特委委员的冯白驹主动要求到澄迈去工作。黄学增立即赞同。于是，特委便决定冯白驹到澄迈任县委书记，由陈秋辅接任琼山县委书记。1928 年 11 月，冯白驹乔装打扮成收旧银的商人，肩挑着货郎担，手摇收货铃，机智地通过国民党军队及地方反动武装的森严警戒，由琼山到达澄迈。

由于国民党反动当局实行“十家联保”制，一家通共，十家遭殃，人民群众不敢公开接触共产党；加上革命处于低潮，党内出现叛徒，因此，人与人之间不敢轻易交往，行走不敢靠近，相见不敢多言。冯白驹离开琼山初到澄迈的日子，都是风餐露宿，饥寒交加，不仅食宿无着落，要找的人也杳无踪影，毫无线索。

再这么下去怎么行呢？冯白驹想到临行时特委的重托，想到澄迈幸存的党员和人民群众望眼欲穿的样子，心里十分焦急。为了更广泛地接触社会各方面的人，寻找隐蔽的党员，有时他化装成牛贩子，有时他又化装成风水先生。

一天，他扮成风水先生到一个村里密查暗访，旁敲侧击，终于打听到这个村子里有位女共产党员。怎样去与她联系呢？公开去找她显然是不行的。他想起家乡琼山农村的妇女，常是鸡叫三遍时便起床到厨房煮早饭，澄迈大概也不会例外。于是，他趁夜深人静时悄悄摸进这户人家的厨房，藏在柴草里。

果然，鸡叫三遍时女主人进厨房做饭来了。冯白驹从柴草中轻手轻脚地爬出来，先招呼她不要害怕，然后，便边探虚实边拐弯抹角地向她说明来意。女主人很慎重，怕过早暴露身份，一口咬定自己不是党员。冯白驹体谅她的难处，反反复复地劝说。连着去了三天，第三天夜晚，女主人终于通过联络暗号与冯白驹接上关系。

她对冯白驹说：“敌人杀人如割草，你胆子真大，还来找人，千万要小心，县委和区委的同志都被叛徒出卖了，有的被捕，有的牺牲了。”

按照这位党员提供的线索，冯白驹扮成收旧银的商人继续暗访。除夕前，冯白驹来到土艳村，几经周折，终于联系上共产党员王四姩，又经王四姩介绍，找到了许多自己人。冯白驹说明了身份，并讲了自己来澄迈是受特委指派从事恢复党的组织工作的。冯白驹的名字他们早有所闻，现在当冯白驹真的出现在他们面前时，更是喜出望外。随即冯白驹又和共产党员蒙开圣取得联系。蒙开圣把近来他所了解到的党组织情况，党员流散情况，向冯白驹作了汇报，对如何与流散的党员接头也提供了线索。

基层党组织的恢复工作进展迅速，首先恢复党组织的是土艳支部、山里坡支部、大坡支部、三多支部。冯白驹考虑到成立澄迈县委的时机已经成熟，经他提议，12 月中旬，在土艳村附近的白朗山召开了澄迈县党的代表会议。冯白驹主持会议并传达了特委对澄迈县工作的指示，接着研究了继续恢复全县党组织和重新建立革命武装力量的具体方案。冯白驹针对有的党员禁不起斗争的考验而畏缩不前，贪生怕死，甚至叛党投敌等情况，号召共产党员要认清形势，坚定地站在斗争的前列，团结和带领人民群众与敌人坚决斗争，随时做好为革命献身的思想准备。会上正式宣布成立中共澄迈县委，冯白驹任县委书记。

由于冯白驹带领县委一班人努力工作，到 1929 年 2 月，澄迈县隐蔽他乡的共产党员相继回来，被摧残破坏的各级党组织如枯木逢春般地逐步恢复起来。

为了打击敌人的嚣张气焰，稳定和发展革命形势，县委决定：立即恢复建立交通站，规定行动联络信号、代号。澄迈县委代号为李澄临先生；澄四区代号为曾启威先生；澄东区代号为李澄东先生等。通行和联络使用代号，加强了联络中的保密性，哪里有情况就通过交通站及时报告，哪里有困难就互相支持，使党组织上下左右紧紧联系在一起，拧成一股绳。

为了壮大人民武装力量，县委派王文宇组织革命武装。当时他们手里只有 19 支毛瑟枪和 3 支驳壳枪，冯白驹派交通员到母瑞山与琼崖苏维埃政府主席王文明联系，调来 20 支驳壳枪，充实了武装力量，准备与敌人开展血与火的斗争。同时，各地基层党组织都组织锄奸队和筹经队。筹经队进行收粮征饷，购买武器；锄奸队则与筹经队配合，对那些倚仗反动势力抗交粮饷的地主毫不留情地予以打击，并找机会袭击行凶作恶的地方民团，使敌人不得安宁，大大地挫伤了敌人的锐气。冯白驹来到的 10 个月，澄迈县发生了根本的变化。

当冯白驹冒着生命危险为恢复党组织东奔西走时，他的亲人正在流血流泪。在疯狂“围剿”工农红军的同时，敌人还奉行蒋介石对共产党人“宁错杀一千，不漏掉一个”的血腥政策，地方反动武装在破坏中共地方党政组织的同时，对革命者的家属亲人也实行残酷的屠杀。

琼山县大山乡长泰村是冯白驹的家乡，全村 13 户人家，多半被敌人残杀，房屋被烧毁。冯白驹的亲属先后有 11 人被敌人杀害。

父亲冯运熙因冯白驹参加革命多次被捕坐牢，受尽酷刑，弄得倾家荡产。敌人之所以未杀害冯白驹的父亲，是企图通过冯运熙以父子之情劝冯白驹投降；以冯白驹的父亲做人质，要挟冯白驹放弃革命；以冯白驹的父亲做诱饵，引冯白驹上钩。老人当初虽然对儿子参加革命有想法，但是心里也明白儿子干的是大事，是好事。关键时刻，老人和儿子一样铁骨铮铮。冯白驹的母亲吴氏出身穷苦人家，勤劳善良，后来在冯白驹的启发下，懂得了许多革命道理，她支持儿子，被敌人赶得流离失所，无处安身。

冯白驹与妻子周惠兰虽是盲婚（父母包办的婚姻），但她忠厚贤良，因为冯白驹参加了革命，在国民党反动派威逼下，她无法生活，于1928年改嫁。

在血与火的斗争中，冯白驹与冯惠秋建立了感情。婚后不久，冯惠秋在长流一带从事革命活动时，为了掩护冯白驹等人不幸被捕，落入魔掌。国民党反动当局将她关押在府城监狱中，软硬兼施，企图要她投降，出卖冯白驹，并逼她与冯白驹离婚。冯惠秋怒斥国民党反动派，坚贞不屈，大义凛然，在府城英勇就义。年仅16岁。

得知了亲人的遭遇，冯白驹久久无言。阴雨敲打着他藏身的茅棚，一灯如豆，冯白驹在灯下枯坐。

冯白驹并非铁石心肠，共产党人并非无情无义。可是，“弃身锋刃端，性命安可怀？父母且不顾，何言子与妻。名编壮士籍，不得中顾私。捐躯赴国难，视死忽如归”。

4／力挽狂澜

1929年2月和7月，由于海口市委书记严鸿蛟背叛革命，在海口市的中共南区特委机关和琼崖特委机关两次被国民党军警破坏，除个别干部脱险外，几乎全部被捕杀害，黄学增、官天民等领导人壮烈牺牲。

琼崖共产党组织因此失去了统一领导，各地党组织之间也失去联系，情况异常严重。特委机关被破坏的消息最先传到澄迈县委：一名在特委工作的干部从海口逃到澄迈，将这个极为不幸的消息告诉了冯白驹。

特委被破坏，意味着失去了领导核心，并且，极有可能牵连到下面的党组织。十万火急!

经过了大革命风暴洗礼的冯白驹在严酷的斗争中脱颖而出，危急关头，他沉着坚定，他知道这时候悲痛无济于事，必须尽快采取行动。于是，冯白驹立即召开县委紧急会议。

他说:“特委机关是全琼的党组织、苏维埃政府、工农红军的心脏，必须设法和各县取得联系，召开联席会议，重建特委领导机关。”

县委商议后决定：以县委的名义将特委机关被破坏的情况火速转达到可能联系上的县委，并建议各县派出代表召开联席会议，重建全琼党的领导机关。

会后，县委成员当即分头到各县去联系。冯白驹亲自去琼山、琼东、定安等县找县委负责人和党组织通报情况。

他和琼山、琼东县委接上头后，就翻山涉水，上了母瑞山。

这时的母瑞山刚好和海口等城镇形势相反。1929年春夏之交，蒋桂战争爆发，蔡廷锴部被调离琼崖，“围剿”根据地的兵力大减。王文明和战士们抓住这个机遇，重整旗鼓，大力建设根据地。他们办了三个红军农场。没有工具，就用削尖的木棍点播种子，水田没有牛耕，就用人踩。功夫不负有心人，到了收获时节，终于每人每天能吃上一顿干饭、一顿稀粥。他们在母瑞山发动群众，成立了苏维埃政府，没收地主的田地，归还给农民；办起军械厂，自己打造土地雷、子弹、手榴弹；成立了红军独立团，扩大了武装。不过半年时间，母瑞山已是培育革命力量的摇篮。

冯白驹来到山上，看到这欣欣向荣的情景，十分感慨。士兵把他带到茅屋里，冯白驹见到重病在身的王文明，看着他瘦弱憔悴的脸，十分心酸。王文明见到冯白驹很意外，忙问他出了什么事，冯白驹向他汇报了琼崖领导人先后在海口被捕遇害、特委机关被破坏的情况，并提议召开各县代表联席会议，以便讨论研究重建特委领导机构和制

母瑞山远眺

定今后的斗争方针。冯白驹的提议得到了王文明的赞同和支持。

8 月中旬，以王文明和冯白驹为召集人，在定安县内洞山召开了各县委代表联席会议。参加会议的有：琼崖苏维埃政府代表王文明、琼崖红军代表梁秉枢、澄迈县委代表冯白驹、定安县委代表王志超、琼东县委代表符明经、琼山县委代表张志军、文昌县委代表傅佑山等 10 多人。王文明抱病主持会议。

会议总结了“以城市为工作中心”的深刻教训，确定了今后的斗争方针：建立和发展农村革命根据地，壮大工农红军和农民武装，开展游击战争。

会议决定成立中共琼崖临时特别委员会，选出王文明、冯白驹等 9 人组成临时特委。9 月正式成立特委。11 月中旬，选举产生特委领导核心——王文明、冯白驹、傅佑山三人为特委常委，王文明任书记。因王文明病重，经他提议，由冯白驹主持特委工作。

沧海横流，方显英雄本色。冯白驹挺身而出，力挽狂澜，毅然挑起了领导琼崖革命的千斤重担，开始领导琼崖人民继续踏上漫长的革命征程。这是历史的选择，人民的选择。

第三章

撑起炎荒半壁天

∨

浴血拼杀的战场上有他的影子，
嘹亮的冲锋号里有他的呐喊，
英雄不死。
王文明永远留在了母瑞山。
野花和青草伴着他，
山岚和云霞伴着他。
他不寂寞。

1/ 潜龙在渊

夜幕降临，月明星稀。万泉河南岸，乐会县最西边的阳江墟益良村里，家家户户亮起了海棠籽油灯。清末贡生王守仁一家吃完了简简单单的饭，妻子陈氏收拾了碗筷，王守仁便把小儿子文明叫到了桌前，开始温习功课。照例是先讲解白天在私塾里学的《三字经》、《千字文》，瘦小单薄的文明听着听着，不由得眼皮打架，打起了瞌睡。“啪”的一下，戒尺打在了他的手上，文明一惊，痛得缩回了手，瞌睡倒是赶跑了。王守仁咳了两声，文明精神一振，他知道，父亲要讲故事了。果然，王守仁摇头晃脑地背起了明朝的政治家、文学家、琼山人丘濬的诗：“五峰如指翠相连，撑起炎荒半壁天……岂是巨灵伸一臂，遥从海外数中原。”吟罢啧啧赞叹：“好诗！好诗！多有志气啊！男儿无志不成材，儿呀，你可要好好学啊！”接着，父亲给他讲起丘濬博学多才的故事，海瑞不畏权势、抬棺谏言的故事，苏东坡与浮粟泉的故事……文明睁大眼睛，全神贯注地听着，像是要把父亲说的每个字都刻进脑子里。王家的灯很晚很晚才熄灭。

王守仁自己在私塾教书，但他并不保守，他知道要想让儿子有出息，就要让他走出这个小村子，出去见世面。1894 年生人的小儿子虽然身体单薄，5 岁时还得过一场致命的疟疾，被一位苗族汉子用草药救了过来，但是，文明聪颖过人，算命的说他必成大器。于是，1903 年，王守仁把小儿子送到了阳江初等小学。王文明果然不负父亲的一片苦心，门门功课优秀，1907 年，他又考上了乐会县县立高等小学。随着年龄的增长，王文明的志向渐渐显露出来。有一次，他和同学去看一位曾经参加过晚清崖州黎族农民起义的老阿公，阿公询问了他的名字，不由得自语道："世风日下，何来文明？"哪知王文明马上接口："紫气东来，匡正人心。"老阿公一怔，仔细打量着这个胸藏大志的少年，心中暗暗赞叹。

然而不久，王文明在他实现理想的道路上遇到了第一次挫折。由于父母年迈，无力再挣钱养家，兄嫂埋头劳作，忙里忙外只够一家人吃穿，供不起文明读书了，高小毕业后，他只得辍学。一家人都觉得对不起他，父亲默默流泪，哥哥抱着头蹲在地上不吭一声。王文明本来很痛苦，以他的成绩，考上中学绝无问题。可当他看到亲人为了他这样难过，想到自己已经成人，该为家里分担了，就反过来劝慰他们，家人这才稍稍安心。

农家的日子是泡在苦水里的，起早贪黑、汗滴禾下不说，老天爷若是不体谅，时而旱，时而涝，农民就白忙一年。天灾无情，人祸更可恨。12 岁那年，王文明在放学的路上就亲眼看到二姨夫和表哥因为交不起地租被乡丁抓走。他俩被打得遍体鳞伤，最后还是王守仁卖了一块地、几棵椰子树，把他们赎了回来。1911 年，辛亥革命爆发，清王朝被革命党推翻了，可中国的社会并没有得到根本的改变，农民的日子还是那么苦。王文明白天下田，夜晚翻看着从学校带回的书本，独自发呆。王家的日子越发窘迫，入不敷出。王守仁左思右想，卖掉了两块地，又借了些钱，让王文源、王文明两兄弟在龙江墟开了一爿布

王文明（1894—1930）

店，卖些农家喜欢的士林蓝、大封黑布，赚些小利。一天，哥哥让文明回家取些粮食青菜，等第二天早晨文明回到龙江墟布店，却见哥哥被绑在椅子上，脸上青一块紫一块，文明慌了，一边唤着一边手忙脚乱地给哥哥解开绳子，哥哥号啕大哭：“昨天夜里，一伙土匪闯进来，把店里的布和钱都抢走了！我可怎么向家里交代啊……”王文明抱着哥哥的肩膀，欲哭无泪，他恨十恶不赦的土匪，他恨这黑暗的日子，这样的生活什么时候才到头啊！

遭此一劫，王家元气大伤，在乡亲们的帮助下，王守仁再次典卖水田，把小店恢复起来，兄弟俩更加勤勉，辛苦度日。有一天，文明正坐在柜台后翻书，一个客人走了进来，张口就要买 20 匹灰布，并且付了 10 块银圆做订金。王文明很惊讶，他小心地打听客人的来路，才知他叫王大鹏，是为讨伐军阀龙济光的民军买布做军装。陈继虞领导的民军就驻扎在乐会县火熏村。过了两天，王文明按照约定把王大鹏买的布送到火熏村，王大鹏留下他吃饭，并且介绍他认识了会同县的王器民，三人把酒畅谈，纵论天下大事，相见恨晚。王大鹏和王器民从袁世凯祸国殃民讲到军阀为害琼崖的罪行，从西方列强的狼子野心讲到孙中山的救国理念，使王文明大开眼界。两位兄长看得出王文明也是个有抱负的年轻人，虽然困在浅滩，但难掩才华，就鼓励他出去求学，增进见识，不可自甘埋没。

王文明回到家里，和父亲哥哥商量求学深造的事，当初文明辍学，家人一直深怀愧疚，现在家境有了些起色，当然赞同。于是，王文明一面做生意、种田，一面复习功课，准备赶考。王大鹏有意帮他，几次让王文明协助他购置军需，挣些学费路费。1917 年秋，王文明考进了向往已久的琼崖中学。

这一步跨出去，天高地广，蛟龙腾空。

2／恰同学少年

王文明离开家乡，来到海府。海口府城（人们习惯称为海府）是琼崖政治经济文化的中心，新文化运动也波及这里，王文明开阔了视野。在学校里，他认识了学长周士第、杨善集，他们年龄比王文明小，但年级却比他高，几个人志趣相同，越走越近。他们组织了一个“青年观摩会”，每人每周写一篇文章，相互传阅。几个人还经常走出去，瞻仰五公祠、海瑞墓等名胜，谈古论今，抒发壮志，探讨救国救民的途径。真理越辩越明，王文明心中也像打开了一扇窗户，风光无限。这天，他们三人到市郊的秀英村游览秀英炮台。这座炮台建于 1890 年，是清政府为抵御法国军队修建的。炮台上蹲踞着 5 门购自德国的克虏伯大炮。三个热血青年抚摸着大炮，不禁想起一百年多来神州大地的滚滚烽烟，谈论起法国、美国的教会在琼崖强占农民土地、欺凌中国人的勾当，越说越气愤。回来的路上又碰到一件事。他们看到通往码头的路边停着一辆车，龙济光的兵押着一队人，推搡着他们上车，被押者五花大绑，有的哭哭啼啼，迟迟不肯上车。军阀的兵呵斥道：“送你们去南洋有享不尽的荣华富贵，哭什么哭！”王文明也奇怪：他老家的人去南洋，也没有被绑着去的呀。便问周士第是怎么回事，周士第说：“哪里是去南洋，他们是‘猪仔’，被卖到外国去当劳工的。”王文明第一次听说这样的事，惊呆了：光天化日之下，可怜的中国人竟被卖了！天理何在啊！这天晚上，他饭都没吃，白天的见闻耿耿于怀，意气难平，他把纸铺开，奋笔疾书：“……诸君啊，我琼人孰不是人，岂可如猪似狗，当牛做马，可卖可拐，可侮可辱者乎？……醒醒吧，吾辈琼崖青年，起来吧，吾琼崖父老乡亲。起来斗争，起来反抗，驱除列强，打倒军阀，解救我琼崖芸芸众生吧！”

王文明盼望的这一天来到了。1919 年，北洋政府在巴黎和会上签下丧权辱国的“二十一条”，消息传来，群情激奋，伟大的五四运动爆发了！5 月 7 日，海府地区学生接到北京学生联合会的通电，5 月 8 日，各个中学的学生队伍走向海口市区，他们高呼“严惩国贼，外争国权！”“收回青岛！”“打倒日本帝国主义！”学生们群情激昂，队伍中，王文明、杨善集等人一路散发前一天连夜写好的传单，走到哪里，就把标语贴到哪里。在日本人开的健寿堂、岳阳堂、胜间田洋行门前，游行队伍喊声震天，吓得店里的日本人直哆嗦。走到繁华的得胜沙路，王文明登上店铺的台阶，大声向围拢过来的群众演讲，揭露帝国主义在巴黎和会上的阴谋，控诉北洋政府的卖国嘴脸。王文明激情澎湃，口若悬河，打动了听讲的市民，大家连连高呼口号，有人加入了游行队伍。5 月 18 日，琼崖十三属学生联合会成立，王文明、杨善集等被选为常务理事。琼崖学联宣布接受全国学联领导。5 月底，学联组织起抵制日货总会，王文明被选为会长。他领导各县学生成立了纠察队、宣传队，联络海关禁止日货进口，进入商店检查登记日货，在海府街头烧毁日货。学生们的爱国行动感染了市民，他们纷纷从家里拿出日本衣物扔进熊熊燃烧的火堆。纠察队还把破坏抵制日货的中兴商店、原生批发店、和英洋行的老板拉到街上游街示众。到 1920 年底，琼崖各地日货几乎绝迹。

五四运动对王文明来说是一堂启蒙课，是一次难得的实践锻炼，他第一次登上了政治舞台，第一次在群众运动中崭露头角。

1921 年，孙中山领导的广东政府在全省推行民主选举，当年帮助过王文明的王大鹏当选为琼东县县长。上任后，他废除私塾，兴办新学，中学毕业的王文明正是他急需的人才，他聘用王文明担任双庙高等小学校长。王文明在任期间，破除封建迷信、陈规陋习，招收女生，传播白话文，组织学生剧团，亲自编写《蔡锷出京》等新琼剧，开启了新时代的文明风气。不久，王大鹏决定出资创办一所新型的农工职业学校，培养琼崖农工人才，为这些底层青年开辟出路。于是他又委任王文明为该校的教务主任，着手筹备建校。

当时的广东，四通八达，思想活跃，革命形势发展迅猛，进步知识分子很快接受了马克思主义。1921 年冬天，中国共产党委派旅欧回国的共产党员吴明等到琼崖开展革命活动，徐成章介绍他认识了王大鹏，吴明来到琼东县传播马克思主义，结识了王文明、王器民等一批精英。经过一段时间的培养和观察，1922 年深秋，吴明请示党中央批准，在琼崖吸收了第一批中共党员，共 8 人，王文明就是其中的一个。宣誓时，他目光如炬，意念坚定。他眼前浮现出因交不起地租被打得遍体鳞伤的姨夫，被土匪洗劫后七零八落的小布店，秀英炮台下被捆绑的“猪仔”……这些年，他一直渴望找到一把钥匙，打开通往救国救民道路的“锁”，解开自己心中的谜团。现在，他找到了。

为解决办学资金，王大鹏派王文明和罗汉到新加坡等地向琼东、乐会籍华侨募捐，王文明在新加坡的海南街王氏宗祠召开会议，动情地讲述了王大鹏为办学卖田的事迹，侨胞很是感动，慷慨解囊，踊跃捐助。银圆滚滚而来，可王文明和罗汉吃的仍然是红薯稀饭咸菜汤。1924 年，嘉积农工职业学校开学了，学校的口号是：“锄头不拿起，人人都饿死。”开设有工科、农科，课程实用，此外还有政治课、文化课，学校还开办了图书馆、小农场。这所学校在当时的琼崖开风气之先，名噪一时。

1924 年初，王大鹏找到王文明，对他说，吴明一再强调要培养干部，琼崖知识分子人数不多，见识不广，而革命需要一批眼界开阔、博学多才的骨干，杨善集已经去广州深造，他希望王文明也能去外面继续学习，他愿意再次资助。王文明何尝不想？兄弟情义，同志厚爱使王文明十分感动，经过一番刻苦努力，王文明在这一年考取了上海大学社会系。

上海大学是中国共产党为培养干部于1921年创办的高等学府。瞿秋白讲授“社会科学概论”，恽代英讲授“中国农民问题”，蔡和森讲授“社会发展史”。一大批共产党员和文化名流担任教员。1927年四一二反革命政变后，这所被国民党反动派称为“赤色大本营”的学校遭到蒋介石封闭。

王文明来到这里，在名师的指点下，如饥似渴地吮吸着马克思主义的理论，系统地掌握了指导斗争实践的经纬。他和同乡办起了《琼崖新青年》，王文明是主要撰稿人，常常把自己所学到的东西与琼崖的实际情况相结合，写成文章在刊物上发表。上海是西方列强嘴里的一块肥肉，门户大开之后，帝国主义争相在这里设立租界，开办工厂，掠夺财富，压榨工人。同时，这里又是中国共产党的发源地，我党发动工人群众的工作已经相当深入，在1925年五卅运动中得到了充分证明。王文明在上海虽然时间不长，但他所受到的熏陶以及在这里的见闻使他终身受益。

王文明的求学生涯断断续续持续了20多年，时间长，经历丰富，带有鲜明的时代烙印。这当中，书本的知识始终和社会的知识相连，理论的滋养始终和实践的求证相连，安静的课桌始终和火热的斗争相连。这就使他在日后领导琼崖革命事业的过程中，既有高屋建瓴的马克思主义理论，又脚踏实地，不脱离实际，不空谈，不教条，成为琼崖革命杰出的、清醒的领航人。

3／万丈高楼平地起

1925年1月，“琼崖革命同志大同盟”在广州筹办，这是一个由上海、北京、南京、广州等地求学和工作的琼崖籍共产党员和进步青年组成的团体，王文明被选为执委会常务委员。由于杨善集、周士第等领导人此时都另有重任，不得不把王文明从上海叫回来。王文明一回到广州，就得到中共广东区委指示，要他抓好大同盟的工作，培养琼崖干部，以适应快速发展的形势。1924 年琼崖发生了“冯卓殊案”，嘉积教堂的美国牧师冯卓殊被土匪打死，美帝国主义借此机会要求中国政府赔偿巨款，琼崖军阀邓本殷出卖国家利益，准备与美国签约。王文明回穗后，利用报刊，写了大量文章，引导民众认清帝国主义的真面目，揭露军阀的嘴脸，通电国内外求得对琼崖人民的支持。慑于舆论的压力，邓本殷最终不敢签约。

1925 年 9 月，背叛革命的陈炯明勾结邓本殷，叫嚣攻打广州，国民政府决定第二次东征和南讨。10 月，王文明受中共广东区委委派，以个人名义加入中国国民党，出任国民革命军第四军第十二师党代表。1926 年 1 月，他所在的部队渡海作战，讨伐邓本殷部。在人民的支持下，国民革命军横扫琼崖，邓本殷溃不成军，落荒而逃。王文明在这次南讨的战役中，也积累了带兵作战的经验。胜利后，琼崖革命统一战线形成，共产党员和共青团员分批进入琼崖，我党的力量迅速壮大，王文明和罗汉在海口建立了中共琼崖特别支部。

1926 年 6 月，中共广东区委派杨善集回琼崖，召开全琼党代表会议，这两个昔日的同窗好友又相聚了。当年的热血青年如今都已是党的栋梁之材，他们共商大计，合力为琼崖的“万丈高楼”破土动工，打下坚实的地基。两位奠基人携手走进竹林村邱宅，召开了中国共产党琼崖第一次代表大会，选举产生了中共琼崖地委，王文明任地委书记，第一次挑起这副千钧重担。此时的他还不知道，在以后短短几年内，他几上几下，几起几落，经受了意想不到的严峻考验。

中共琼崖地委成立后，召开了第一次农民代表大会，成立了琼崖农民协会，组织起来的农民开展减租减息的斗争，陵水县农会领导农民赶跑了反动县长邱海云；海口郊区农会主任冯白驹发动数千农民逼着地主吴为藩退还了霸占农民的土地；文昌、定安等地的农民运动也蓬勃发展。琼崖工人运动不断高涨，工会、工人运动讲习所、工人纠察队相继建立，工人夜校和工人训练班也办起来了。王文明还亲自领导了万宁县盐工反抗当局压迫的罢工运动，这场斗争的胜利带动了海口织造工人的罢工、海口港码头工人的罢工。在琼崖地委的领导下，农运、工运、学运高潮迭起，形势喜人。但是，王文明敏锐地看到，当时全国的领导权掌握在国民党手里，北伐后，国民党内部斗争激烈，分化加剧，我党应对此有所警惕。他作出指示，所有工会、农会都要组织自卫队，收集枪支弹药，进行训练，建立起我们自己的武装。

王文明的判断是准确的。1927 年 4 月 22 日，琼崖形势发生了惊天逆转，这天凌晨，国民党反动派、地主恶霸、流氓地痞倾巢出动，疯狂逮捕共产党人，来不及撤离的我党的负责人李爱春、陈玉婵等人被杀害，2000 多人被捕，500 多人被杀，一时间乌云密布，血雨腥风。所幸王文明在前一天接到广东区委紧急指示，他立即派人分头通知海口、府城的负责人撤离，他也带着重要文件撤到琼山县本里湖村。暂避乡下，王文明陷入深深的自责中。他怨自己虽然有所警惕，但没能早些采取措施，对付突如其来的变局，眼看那么多同志倒在血泊里。王文明寝食难安，彻夜无眠，久久思考着严峻的形势和下一步的对策。他越想越觉得必须有自己的武装，必须建立共产党领导的军队，必须真刀真枪地和敌人对垒，否则，烈士的血就会白流，还会有无数革命者走上断头台。

年轻的农会主任冯白驹听说地委书记王文明在本里湖村，不顾危险找来，二人虎口脱险，劫后重逢，激动得湿了眼眶。说起李爱春等同志的牺牲，冯白驹泣不成声。王文明揩掉泪水，鼓励冯白驹，越是在这种时候越要挺起胸膛，跟敌人斗争，他当即任命冯白驹为琼山县委书记，指示他尽快组织起农民武装，收集枪支弹药，再不能赤手空拳应对敌人。二人谈罢，冯白驹回去发动农友，王文明星夜兼程回家乡乐四区组织武装。

琼东的敌人已发出通缉令，抓到王文明和杨善集，悬赏600光洋。王文明对此嗤之以鼻。他联络到失去了联系的同志，让大家分头去各地县委传达地委的三点精神：一是壮大武装力量，二是提高警惕，防止敌人袭击，三是向群众宣传，共产党是打不垮的，黑暗一定会过去，曙光就在前面。建立武装是刻不容缓的大事，王文明和陈永芹赶到军寮村，将农训所学员编成一个武装大队，下设两个中队，陈永芹是黄埔军校学生，由他来担任大队长，立即操练起来。到5月下旬，乐四区大同、益良等乡村和琼山县都成立了农民武装。尽管武器装备很差，也没有任何实战经验，但队伍士气高涨，在一次次战斗中慢慢摸索，锻炼成长。琼崖革命武装在王文明的苦心经营下，渐渐打开了局面。

就在这时，广东省委委派杨善集回到了琼崖。因地委受到损失，需要充实，中央又指示琼崖地委改为特委，于是，琼崖地委在乐四区宝墩村召开了紧急会议。会上，杨善集传达了省委的指示，要以革命的红色恐怖对付反革命的白色恐怖，坚定信念，中心任务是在农村建立工农武装。在王文明的力荐之下，杨善集任特委书记，王文明任特委委员、肃反委员会主席。宝墩会议后不到两个月，琼崖工农武装风生水起，王文明、杨善集、冯平、陈永芹、冯白驹等带领队伍偷袭敌人，击毙反动头目，攻打民团，缴获枪支弹药，越战越勇。他们用枪杆子向敌人发出复仇的怒吼，向人民显示了必胜的信念。1927年7月，琼崖特委决定，将各地武装部队统一改编为琼崖讨逆革命军，共11路军，总数有700多人。琼崖革命的一代奠基者在血的教训中明白了“枪杆子里面出政权”的道理，树起了武装斗争的大旗，从此展开了与反动黑暗势力旷日持久的、异常惨烈的斗争。

盛夏，广东省委发来指示，要求琼崖特委在全琼举行总暴动，进攻嘉积、海口等重要城市。王文明和杨善集研究后，决定第一仗先攻打嘉积的门户椰子寨。王文明和杨善集各带一路，南北夹攻。9月22日，在台风大作、暴雨倾盆中，王文明率军强渡万泉河，在村头潜伏。鸡叫三遍，杨善集带领的部队因大雨而耽搁，王文明当机立断，攻其不备，向敌人发起进攻，首战告捷。杨善集带兵赶到后，决定留下来在椰子寨发动群众，王文明率部返回丹村，开辟新的战场。之后，杨善集在与嘉积增援敌人的激战中壮烈牺牲。王文明挥泪写下诗篇："一年风雨十年情，十年并肩志更坚。而今英雄身先死，常使文明泪满襟。血沃琼崖精神在，唤起工农勇向前。不除妖魔誓不休，还叫赤色染人间。"

杨善集牺牲后，黄昌炜继任琼崖特委临时书记。在公庙田战斗中黄昌炜战死，王文明在危急关头站出来主持琼崖特委工作。11月，广东省委派杨殷和徐成章来琼，在白水磜召开特委扩大会议，调整了领导班子，王文明任特委书记。在会上，王文明和盘托出长久以来的思考，提出了建立根据地的思想，建议特委的根据地设在乐四区，各县也要开辟自己的根据地。他的提议得到了代表们的一致支持。会后，王文明把全部精力都投入到建设乐四区革命根据地上面。

王文明认为，革命武装建立起来后，要有一个落脚的地方，进可攻，退可守，当流寇是不会长久的。目前的局势是敌强我弱，城市被敌人盘踞，所以这个落脚点应该选在农村，选在群众基础好的地方，站稳脚跟，发展壮大。乐四区在乐会县西部，南北山峦起伏，西边是万泉河，东边是平原，物产丰饶，粮草充足，这里农会遍布各乡，很多村落都有党的基层组织，群众觉悟高，不论从哪方面看，都是建立根据地的最佳选择。白水磜会议后，琼崖讨逆革命军改编为琼崖工农革命军，在特委的领导下，东、中、西各路部队扩大武装暴动，捷报频传。12 月，陵水县成立了琼崖第一个苏维埃政府。同月，乐四区也成立了苏维埃政府，在琼崖特委和乐会县委领导下，进行了轰轰烈烈的土地革命。耕者有其田，人民当家做主，这是千年未有的大事，在共产党的领导下实现了！“收拾金瓯一片，分田分地真忙。”乐四区村村寨寨烧田契，打土豪，废租废债，丈量土地，分配到户，农民们像过年一样欢乐。工农兵代表充分讨论了《土地问题的临时办法（草案）》，各抒己见。王文明在土地革命过程中十分注意掌握政策，给地主及家属生路，保护自耕农利益，公平合理。同时，乐四区根据地还开办了集贸点和消费社，活跃了这一地区的经济发展。军械厂、服装厂、医院、剧团也办起来了，乐四区根据地欣欣向荣。在琼崖特委的正确领导下，全琼的革命形势迎来了新的高潮。

4 / 岁寒然后知松柏后凋

送走了“红旗卷起农奴戟，黑手高悬霸主鞭”的 1927 年，新的一年来到了。在 1928 年的爆竹声中，王文明满怀期待，为琼崖的革命事业做着规划。然而，没有料到，伴随着新年来到的，是又一次风云变幻。

由于当时的中共广东省委受到“左”倾冒险主义的影响，不顾琼崖敌我力量的对比，对城市和乡村的实际情况视而不见，听不进琼崖特委负责人的意见，不遵循客观规律，一味好大喜功，主张“以城市工作为中心”的方针，要求琼崖特委“夺取全琼政权”。杨殷来琼后，就传达了省委的指示，仍然要攻打城市。因此，始终坚持从琼崖实际出发的王文明就显得格格不入，受到批评，被认为是右倾保守，执行上级指示不力。并且，党内也有人对他产生误解，甚至说他搞小团体，把支持王文明意见的人叫作“文派”。1928 年 2 月，中共琼崖第二次代表大会召开，广东省委派李源、黄雍出席指导。会上作出“夺取全琼政权”的错误决定，改选了领导班子，李源为特委书记。

不久，李源又调回省委，王文明接任特委书记。他顶着压力，没有向海口等城市进攻，而是继续稳扎稳打，巩固根据地，深入开展土地革命，发动群众。对敌斗争也根据实际情况，不打无把握之仗，不打无准备之仗。在惊涛骇浪中，王文明稳稳地把着舵，使琼崖革命这艘大船不致翻覆。

1928 年 3 月，国民党第十一军第十师师长蔡廷锴部及谭启秀独立团渡海，对琼崖革命根据地和红军进行“围剿”。敌人人多势众，分三路向我根据地进攻。王文明指示各路红军既不要被吓倒，又不能轻敌蛮干，要灵活机动，打得赢就打，打不赢就退。3 月底至 4 月，王文明和梁秉枢带领乐四区军民几次击退数百敌军。但中、西路红军损失惨重。

在这种情况下，广东省委依然要求琼崖特委“马上发动东、西路暴动，夺取定安，包围海口，解决蔡部全部武装，完成全琼割据”。

6 月 5 日，中共琼崖第三次代表大会召开。有人把反“围剿”失利的责任推到王文明头上，但王文明始终牢牢把握会议方向，着重讨论如何进行土地革命，争取广大农民，巩固苏维埃政权。大会选举了新的班子，王文明任特委书记，冯白驹等基层骨干进入了领导层。

谁知半个月后，省委突然派黄学增来琼，改组琼崖特委，王文明被排挤下去，黄学增任特委书记，王文明改任琼崖革命委员会主席，去筹备成立琼崖苏维埃政府的工作。

“大雪压青松，青松挺且直。”在人生的关键时刻，在革命事业的关键时刻，王文明置个人荣辱、恩怨得失于脑后，不埋怨，不计较，不颓唐，顾全大局，任劳任怨，毫不犹豫地担负起新特委分配给他的工作，经过一番努力，8 月 12 日，琼崖苏维埃政府宣告成立，颁布了临时土地法、劳动法、保护工商业条例等一系列法令，对根据地的巩固具有重要意义。王文明表现出了一个真正的无产阶级战士的伟大胸怀。

8月下旬，敌29团、30团攻进乐四区根据地，琼崖特委、苏维埃政府机关退到中平仔。这里是五指山的东麓，山高林密，易于防守。敌人很快追击过来。王文明提出一个大胆的设想：在武器、人数上我方都是劣势，硬拼肯定吃亏。但如果把敌人放进山来，牵着他们的鼻子转，红军中有很多本地的士兵，熟悉地形，我们就完全可以化被动为主动。梁秉枢、罗文淹等人齐声叫好。8月底，敌人大摇大摆地进山来了。红军的土枪土炮齐发，鞭炮在铁桶里炸响，挖陷阱，摆滚木，无所不用其极。以连排为单位的红军分散在山林里，遇到小股敌人就打，遇到大股敌兵就跟他们捉迷藏，打得敌人晕头转向，风声鹤唳，草木皆兵。敌人三进中平仔，次次都是丢下数十具尸体和枪支子弹，落荒而逃。中平仔反"围剿"的胜利，是王文明为首的琼崖革命者尊重客观事实、从实际出发这一基本精神的胜利。

11月底，广东省委又来信，批评琼崖反"围剿"受挫是城市工运、兵运工作没做好，要求琼崖特委机关迁至海口。王文明得悉此事，异常焦急，全力劝阻。但黄学增一意孤行，将琼崖特委搬迁。

长期的艰苦环境和没有规律、缺乏营养的生活损害了王文明的身体，他脸色苍白，咳嗽不止，越来越虚弱。但是他仍旧不顾一切地日夜操劳。黄学增走后，他一方面担心特委机关的安全，另一方面也在苦苦思索留下的红军的出路。山重水复疑无路，柳暗花明又一村。这时，他想起了母瑞山。1927年7月，王文明到定安县的母瑞山一带从事革命活动。他看到母瑞山诸峰相连，良田万亩，是定安、乐会、万宁等县的交界地，离海口较远，敌人统治薄弱，是个很好的屯兵之地，当时就动了心。现在，敌人加强攻势，调集大批兵力进攻乐万根据地，红军必须突破包围圈，打开局面，找到一个可靠的落脚点恢复力量。这个地方非母瑞山莫属。于是，王文明带领130多名红军和赤卫队员、琼崖苏维埃政府机关、附属单位军械厂、印刷厂、交通处、医院等600多人趁着夜色，冲破敌人围堵，渡过万泉河，进入母瑞山。

母瑞山云雾缭绕，古树参天，涧水湍急，是个打游击战的好地方。王文明决定在这里带领大家开辟革命根据地，站稳脚跟，积蓄力量。他拖着虚弱的身体，和战士们一起搭了40多间草棚驻扎下来。当时，蔡廷锴向报界宣称，要在3个月内消灭琼崖共产党和红军，敌人调动兵马，向母瑞山进攻。王文明利用蔡廷锴急于求成的心理，再一次运用中平仔反“围剿”时使用过的战术，把敌人打得丢盔卸甲。敌人被打怕了，不再上山，他们把控路口，筑起碉堡，在山下封锁，强迫附近的群众迁到白区去。王文明和战士们困在山中，几百人的队伍好几天只能吃上一顿用五六斤米煮成的粥，野果野菜就成了主要的食物。因饥饿患病的就有200多人。尽管如此，王文明和战士们从没有动摇过，苗族群众常常冲破封锁，给他们送粮食，送打猎用的火药，传递情报。有一天，一个战士拎着一袋东西喜笑颜开地跑来找王文明，王文明打开口袋一看，竟是一袋大米和番薯，里面还有张字条，写着：“红军同志，敌人封锁厉害，我们把粮食丢在路上，等你们来拿。”王文明感动得久久无语。

春天来了，王文明重拾乐四区根据地的做法，开办红军农场，种旱稻，点山栏。他们像黎苗同胞那样，先放把火烧山，然后用木棍在地里捣个坑，撒几粒种子。几番风雨，几度阳光，种子发芽了，王文明苍白的脸上露出了微笑。

1929年，蔡廷锴部调离琼崖，母瑞山根据地得到了休养生息、加快发展的好时机，乐四区根据地的风貌在这里重现。王文明挺过来了！

红旗插上母瑞山，在严峻的时刻为琼崖革命力量找到一个安身之所，及至日后使25颗革命火种得到保存、壮大、发展，这是王文明对琼崖革命的又一大贡献。

后来的事实证明，在敌强我弱的情况下，王文明从实际出发，立足农村聚集革命力量，保存实力，发动群众，争取革命高潮的到来，是非常正确的。他的思想与毛泽东的建立农村根据地的思想完全吻合。毛泽东关于从中国的实际出发，在国民党政权比较薄弱的农村发展武装斗争，以农村包围城市，最后夺取城市和全国政权的理论，也是在1928年提出来的。

琼崖革命根据地是全国较早建立并长期坚持下来的根据地之一，王文明的胆识和见地在当时是非常难得的。在革命高潮来到时，他能保持清醒的头脑；在革命低潮时，他毫不气馁，埋头苦干，脚踏实地。他是琼崖共产党员和广大群众当之无愧的主心骨，是革命事业的奠基人。

然而迁到海口的琼崖特委机关却在1929年2月和7月两次遭到破坏，特委领导黄学增、官天民壮烈牺牲，特委组织陷于瘫痪。澄迈县委书记冯白驹冒着危险上山报告了这个不幸的消息，他提议，立即召开各县代表联席会议。重病卧床的王文明和母瑞山上的领导人都表示赞同，马上布置下去。8月，琼崖各县代表联席会议在定安县内洞山召开。事关重大，王文明强撑着病弱的身体主持了这个会议。

会议总结了特委执行省委"以城市为工作中心"迁进海口两次遭敌人破坏的深刻教训，分析了当前的斗争形势，通过了《各县代联会的决议案》。会议还针对蔡廷锴部调离琼崖，国民党反动军队在琼兵力薄弱，内部派系斗争激烈，有利于琼崖共产党组织和红军恢复发展的客观形势，确定全琼的斗争方针：党的工作重点应坚持以农村为基地，实行土地革命，建立和发展农村革命根据地；恢复和发展党的各级组织和苏维埃政权，扩大红色区域；发展壮大工农红军和农民武装，广泛开展游击战争，寻机出击，打击敌人。

会议决定成立中共琼崖临时特别委员会，选出王文明、冯白驹等9人组成临时特委。9月，经广东省委批准，正式成立琼崖特委。11月中旬，琼崖党团特委联席会议召开，选举产生特委领导核心——王文明、冯白驹、傅佑山三人为特委常委，王文明任书记。由于王文明重病在身，无法工作，经王文明提议，会议一致通过，由冯白驹主持特委工作。

会上，王文明和冯白驹商议后，由冯白驹作报告。他说，革命就像大海的潮水，有高潮也有低潮，革命遇到挫折就像退潮，退潮过后便是涨潮。特委损失的教训使我们认识到，中央红军坚持井冈山的斗争是正确的。今后我们的革命斗争要以井冈山为榜样。

内洞山会议是在琼崖共产党组织和红军处在十分危急的关头召开的，是琼崖革命转危为安的一个转折点。会议重建了琼崖革命斗争的领导核心，确立了冯白驹在特委的领导地位，结束了琼崖革命因主要领导人更迭频繁对革命造成不利影响的历史，并坚持了开辟农村根据地、实行土地革命的正确方向，给琼崖人民带来新的转机和希望，在琼崖革命斗争史上具有重大历史意义。内洞山会议是琼崖的"遵义会议"。

1930年1月17日，王文明病情恶化，在母瑞山不幸病逝。时年36岁。

战友们把王文明的遗体埋葬在他战斗过的母瑞山上。海南岛解放后，组织上曾多次寻找他的坟墓，可是却没能找到。就连后来在各种展览和书籍里出现的他的照片也是后人根据他儿子的相貌画的。

王文明一家满门忠烈，日月昭昭。除了他，为革命献出生命的还有8人：妻子邢慧学，长子王健，胞兄王文源，侄儿王荣、王华、王贵，侄媳陈春梅、吴胜玉。王文明的小儿子王祥一直由王文明的嫂子陈廷英抚养，1932 年陈廷英被捕入狱，王祥无家可归，流落街头，因为是“共产党头子”的儿子，地痞坏蛋任意欺侮他，王祥被折磨成智障儿。一位好心的老婆婆收养了他。6 年后，陈廷英出狱，将他领回家去，抚养成人。

王文明走了。但是，他生前制定的大政方略指导着继任者，他忍辱负重、光明磊落的品格教育着后来人，他英勇不屈、坚韧不拔的精神鼓舞着斗士们。“此去泉台招旧部，旌旗十万斩阎罗！”浴血拼杀的战场上有他的影子，寒光闪闪的刀锋上有他仇恨的目光，嘹亮的冲锋号里有他的呐喊，英雄不死，他的英灵护佑着母瑞山，护佑着琼崖，等来了春回大地的那一天。

王文明永远留在了母瑞山。野花和青草伴着他，山岚和云霞伴着他。他不寂寞。

第四章

不朽的芒果树

∨

在座的记者都被震撼了，
他们从没见过这样的人。
恍惚间，
他们觉得这个遍体鳞伤、
衣衫褴褛的人才是今天的胜者。

1/ 义勇从军

澄迈县屯昌乡黄蒙村，有一棵芒果树。它枝干遒劲，树叶繁茂，果实累累，粗大的躯体要两三个人才能合抱。村里的小孩从一出生就见过它，村里的老人也从一出生就见过它，没有人知道它是什么时候立在那里的。外乡人路过此处，见了它啧啧称奇，忍不住打听它的来历，老人们便意味深长地说，这树有英魂附体，所以才不枯不朽啊！若再细问，老人们就会一字一句、认认真真地告诉你，中国工农红军琼崖独立师师长王文宇曾经站在这棵树下，把革命道理讲给百姓听，讲给战士听。不知不觉间，老树也吸其精髓，感其精诚，不再是棵普普通通的树了。

1899 年 8 月 21 日，王文宇出生在海南澄迈县北雁乡良田村。家里兄弟三人，他排行第三，按照家谱取名文宇，又名文儒，小名继清，意思是在家境清贫的时候出世的。

良田村有良田，却不是穷人的，当农民的父母除了脚杆上的泥，一无所有。王家老三命苦，12 岁那年，老天把他父母的性命双双夺走了。父母这棵大树一倒，家就不成家了。长兄文元不得已将文宇送到

王文宇（1899—1933）

亲戚家去放牛，自己砍柴烧炭度日。二哥文哲心一横，只身下了南洋，一去不归。这个家已经名存实散了。王文宇每天看着小牛跟在母牛身后吃草撒欢，想着越来越模糊的爹娘的面容，想着自家那歪歪倒倒的房子，眼睛里慢慢渗出凄凉。

在亲戚家过了三年，王文宇转到西昌乡给一户地主当长工。有一天，西昌来了个琼剧班子。看戏是穷乡僻壤的一件大事，男女老少都像过节一样。晚上，干完活，王文宇也随着大人跑到戏台下看戏，戏台上的英雄豪杰披红挂绿，手持刀枪剑戟，咿呀呀地左劈右打，惩恶驱邪。王文宇看得入了迷，渐渐地，他觉得自己就是那台上的关云长、赵子龙，被打得落花流水、踩在脚下的就是欺负穷人的坏蛋，太过瘾了！一个念头情不自禁地冒了出来。

散了戏，他满怀希望找到班主，冒冒失失地说："班主，我想学戏，学武生。"班主瞅了他一眼："你一个泥腿子，什么都不会，我没有白饭供你吃，快走快走！"王文宇被当头浇了一盆冷水，气哼哼回到自己住的小茅屋，竟一夜未眠。第二天，他在山坡上放牛，困劲上来了，眼皮直打架，不知不觉睡着了。牛走进稻田里，吃了大坡村一大片禾苗。水田的主人抓住牛，找地主索取赔偿。地主大怒，把文宇绑起来，关在柴房毒打，要文宇赔钱，扬言赔不起就打死他。可怜这个15岁的孩子已经饿了一天，又被打得鼻青脸肿，在柴房里一个人抽泣。

深夜，躺在地上的王文宇听到门吱呀一声响，他睁开红肿的眼睛，看到地主家的女佣朝他招手，他忍着痛爬了起来。好心的老女仆可怜这个没了爹娘的孩子，听说地主要打死他，就趁地主一家睡了，悄悄来救他。"孩子，赶快跑吧，跑得远远的！"她把绳子解开，偷偷放走了王文宇。

王文宇逃出地主家，跑了一阵子站住了。去哪里呢？家早就没了，偌大的世界，没有一个窗口的灯光为他亮着，他茫然地沿着小路深一脚浅一脚地走。忽然，他想起在西昌听人们说过，琼山县有个上过大学堂的人，名叫陈继虞，组织民军讨伐骑在人民头上的军阀龙济光。人们传说的这个陈继虞早年参加过辛亥革命，1916年发起组织讨龙民军，队伍发展到三四千人，所到之处，连营数十里，浩浩荡荡，动摇了军阀的统治，在百姓中有口皆碑。王文宇想，百姓说好的人不会把他拒之门外的。于是，他一口气跑到坡尾峒的竹寮村，他听人们说过，这里驻扎着陈继虞民军的一个营。营长打量着这个满身伤痕的孩子，问明底细后，果真收留了他，见他年纪还小，就让他当了通讯员。

王文宇自父母双亡后一个人在外面讨生活，遇到什么事都要自己扛着，虽说凄凉，却也练出了本事，他胆大心细，果敢顽强，在陈继虞部队里，虽然年纪小，可是，事事不落人后，机灵好学，爱动脑子。几年后，王文宇奔赴沙场，他作战英勇，屡受嘉奖，不久就被提升为班长，两年后又升为排长，并被选送到当时陈继虞在嘉积镇主办的“将校团训练班”学习。

1923年夏，桂军李福林系进犯广东，王文宇跟随陈继虞的部队过海参战。这一年的秋天，王文宇所在的部队接受国民革命军的改编，在国民革命军第四军东江守备队服役。

1924年，东江守备队调回广州市，改编为广东国民政府直接指挥的缉私卫商保卫团。王文宇任该团一营一连连长。当时的广州，国民革命风起云涌，经受了战争考验的一批民主革命者受到共产主义思想的影响，加入了中国共产党。王文宇所在的部队里，有一部分省港大罢工时组建的工人纠察队队员，大罢工结束后，工人纠察队改组，有的编入北伐军，有的转入农村搞农运，其余人员改编成缉私卫商保卫团，徐成章担任团长。因此，部队里也有共产党员，他们都是正直勇敢的人，王文宇很喜欢和他们交往。渐渐地，他接受了马列主义的熏陶，在徐成章、杨善集等同志的帮助下，认识到只有共产党领导，国民革命才能成功，千千万万像他那样的受苦人才能过上好日子。经徐成章介绍，他于1925年11月光荣地参加了中国共产党。1926年春，王文宇改任一营副营长兼一连连长，被推荐到叶剑英在广州举办的军官教导团学习。

1927年4月15日，背叛革命的国民党反动军队以猛烈的炮火围攻缉私卫商团。团长徐成章沉着指挥。队伍冲出敌人的封锁线，然后他迅速带领所有共产党员转移到香港。当时，设在香港的中共广东区委考虑到斗争形势发展的需要，决定指派一批海南籍的同志回琼崖开展游击战争，组织农民运动，建立人民武装，开创琼崖革命根据地。就在这一年的10月，王文宇接受党组织的派遣，潜回琼崖。

2/ 南田起义

1927年深秋，王文宇踏上澄迈这片故土。离开家乡好几年了，一直在外面转战，其间他也听说过家乡的农民运动搞得轰轰烈烈，知道国民党右派叛变后，琼崖党组织召开的六月会议精神。新特委已指定冯平同志为西路特派员，兼管澄迈的工作。六月会议后，大部分党员一扫大屠杀之后彷徨犹疑的情绪，重新树立了信心。王文宇坚信，澄迈是有基础的。他根据党组织的介绍，首先找到童年时代的朋友、上村的共产党员王锡让。然后分头串联从澄迈中学回来的共产党员王文育、陈明仁、吴志宏、黄瑞三等人，再到各村去，宣传党的八七会议精神和省委、特委的指示。果然不出所料，澄迈的共产党员没有被吓倒，澄迈的农民群众没有被吓倒，他们只等一声令下，东山再起。很快，各村祖庙门前又挂起了“农民协会”的牌子，青年们踊跃报名参加讨逆军，乡村里成立了赤卫队、儿童团，乡亲们的脸上又有了笑容，琼崖四二二反革命事变之后死寂了好几个月的山村沸腾起来了。王文宇看到这样的场面，打心眼里高兴。这个曾经失去了家庭的孤儿现在能为家乡父老做点事，他浑身有使不完的劲。

为了加强西路武装斗争的领导，中共琼崖特委派冯平、符节到澄迈和王文宇一起组织西路人民武装。根据冯平的提议，他们在西昌的南田村成立西路人民起义军司令部。由冯平任司令，符节任参谋，王文宇任大队长兼教官。

有过多次实战经验的王文宇在这里又有了新的用武之地。他领着战士们开出一块操场，举办军事训练班，培养各村赤卫队的骨干。每天清晨，太阳还没升起来，乳白色的晨雾在高高的槟榔树梢缭绕，王文宇那洪亮的声音就响起来了。队列，瞄准，格斗，练得一丝不苟，王文宇还把自己的战斗经验传授给这些从没上过战场的农民们。经过两个月的训练，这支队伍于 12 月 1 日在南田村揭竿而起。

这一天，讨逆军和各村赤卫队员打着红旗，云集南田操场，个个精神抖擞。再看他们的武器，真是天下奇观：有的扛来自制的荔枝炮、牛竹铳，有的挑来用罐头壳、玻璃瓶制作的手榴弹，一些人扛着红缨枪、梭镖，最不济的手里也有根木棒或是一把砍刀。王文宇给大伙打气："别看咱们现在拿的是砍刀，过几天砍刀就换成枪啦！""大队长说得好！咱们争口气，拿砍刀换毛瑟枪！"小伙子们群情激昂。

这支队伍有 500 多人，编成 4 个连，向西昌、下水、仁教、海军、大坡一带进军，在王文宇的指挥下，一路攻打民团据点，白匪军毫无准备，不堪一击，狼狈逃命，这一带又回到了人民的手中。

讨逆军的声势威慑澄迈、临高、儋县三县。躲在金江镇的国民党澄迈县县长王光炜闻讯拍着桌子骂起来："泥腿子又闹起来了，反啦！"他扬言要一举消灭讨逆军。12 月 18 日，王光炜亲自带领 3 个连的白匪军和民团向西昌根据地进发。一路上杀人放火，抢劫百姓。讨逆军得到了消息，有些人担心顶不住，要吃亏，主张撤退，毕竟咱们手里没有真刀真枪啊。王文宇却笑了，他不慌不忙、满有把握地说："敌人来得正好，立即传令：准备战斗！"说罢，他叫上符节、冯道南、黄瑞三等几位同志，登上鸡毛箭岭，侦察地形。回来后，召开紧急会议，进行战地动员，在鸡毛箭岭上摆开了战场。

王文宇带领队伍占领鸡毛箭岭的制高点，分三个高地截击敌人。下午4时，白匪军来了，走在前头的是匪营长和反动县长王光炜。他们骑着马进入了阵地。只听王文宇一声令下："打！"火药枪响起来，石头砸下来，手持梭镖砍刀的赤卫队员们从山坡上冲下来，打得敌人蒙头转向。这一仗，打死敌人20多人，缴获了一批枪支子弹，两匹战马。讨逆军就这样一步步壮大着自己的力量。

3／鏖战澄迈

1928年春，琼崖特委根据省委的指示将各地的工农革命军改名为"工农红军"，王文宇领导的西路起义军澄迈大队改编为西路红军第一营，他任营长，冯平是西路红军总指挥。

就在这一年，蒋介石派蔡廷锴率部渡海南来，镇压琼崖革命，琼崖的形势起了很大变化。敌人分批到达琼崖，"围剿"革命根据地。王文宇按照冯平的指示，对敌人避其所长攻其所短，敌人西来，我们东去，带领一部分红军和赤卫队员，在澄迈县的白蓬盐丁和琼山县的羊山地区与敌周旋。面对来势汹汹的敌人，党内有人经受不住考验，出卖了灵魂。西路红军副参谋、西昌苏维埃政府主席王明成贪生怕死，和在苏维埃政府当班长的弟弟王明范互相勾结，背叛革命，致使西路红军第一营的100多名战士在西昌的仁教岭遭敌人杀害，5月28日凌晨，冯平、符节不幸被捕。

敌人在各地贴出布告，宣布"共党魁首冯平就擒"。见软硬兼施、

冯平（1899—1928）

威胁利诱都无济于事，敌人决定处决冯平。行刑前，敌人押着冯平游街示众，冯平举起戴着手铐的双手，向乡亲们作揖告别："乡亲父老们，老弟就是冯平。老弟为革命而死，在所不惜。老弟坚信有骨气的革命同胞一定会革命到底！"他大声唱着《国际歌》，慷慨就义。

西路红军和澄迈县党组织遭到严重的破坏。为了保存革命的力量，琼崖特委及时指示各路红军化整为零，寻找各种掩护，分散在群众中，等待时机。王文宇潜入五指山山区，养牛种地，和黎苗族同胞患难与共4个多月。

时近初冬，琼崖特委为了尽快恢复澄迈县的党组织，派冯白驹到澄迈县担任县委书记。县委成立的第二天，冯白驹就派人去寻找王文宇。

王文宇这时也在想方设法寻找党组织。澄迈一带的村镇，常能看到一个头发浓密、面孔轮廓清晰、线条硬朗的汉子，有时穿着农民的粗布衣，挑着箩筐，有时又像个卖山货的商人，走街串巷。隐蔽的这些日子里，王文宇无时无刻不惦念着自己的队伍，自己的战友。夜深人静时，他睡不着，常常坐在茅屋外，望着星空，思念着那些熟悉的、而今不知去向的同志们。一天，王文宇又挑着黄猄皮、鹿角、木耳等各种山货，一路贩卖，暗地里查访党组织。功夫不负有心人，他终于在太平墟附近找到了冯道南。当时，冯白驹等县委的领导同志正在开会研究开展武装斗争的事情。王文宇的归队让大家十分兴奋，这个打仗的行家回来得正是时候啊！冯白驹当即决定，把19支毛瑟枪和3支驳壳枪交给王文宇："文宇啊，这是咱们的全部家当，交给你啦，靠着它们打天下去吧！"

打天下没有武器不行，没有人更不行。王文宇根据县委的决议，和冯道南、黄善藩分头深入苏区。王文宇来到坡尾峒老区，很快得到群众的支持。没多久，一支红军队伍又在坡尾、良田、西昌一带组织起来，他们攻打北雁民团，向白莲、深山（福山）地区挺进，开辟新的苏区，弄得敌人惶惶不可终日。

一天，侦察连报告，国民党守备团两个营的正规军和一个民团从临高县城开出，准备路过深山回海口。王文宇当机立断，指挥部队，摆开阵势，准备截击敌人。用王文宇的话来说，这叫作撒开网袋抓大鱼。敌人进入了埋伏圈，红军以猛烈的火力向敌人射击，打得敌军人仰马翻，退到敦茶、博才一带应战。王文宇指挥部队乘胜追击，紧跟围歼。敌军伤亡过多，他们被打蒙了，完全没有想到红军的战斗力这么强，于是退缩回临高县城，不敢出来。

这一场仗震动了澄迈、临高地区。红军斗志旺盛，战士们发现，敌人的正规军也并不可怕，虽然我们的武器不如他们，但是要论斗志，敌人只有被踩在脚底下的份儿。王文宇很懂一鼓作气的道理，又率领部队攻打澄迈县城金江，接着奇袭黄竹、瑞溪、白莲民团，使敌人一天数惊，被打得摸不着头脑。

1927 年至 1928 年，毛泽东率领秋收起义的队伍与朱德、陈毅率领的南昌起义部队和湘南起义的农军会师，建立了井冈山革命根据地，开辟了以农村包围城市、武装夺取政权的道路。此举推动了全国革命的深入发展，影响深远。

井冈山的斗争经验传到海南，琼崖特委大力加强根据地的建设，与此同时，特委认为成立红军独立师的条件已成熟，1930 年，在召开全琼工农兵代表大会时，宣布成立琼崖工农红军独立师，后称中国工农红军第二独立师。王文宇任红军独立师副师长兼二团团长，带领红军在琼山、澄迈交界的羊山根据地活动。

国民党怎能容忍红军的存在？摸清了我军的行动，他们调动了海军陆战队一个团又一个营的兵力，来到定安县的丁指岭，妄图把红军一网打尽。敌人和我二团一营很快交上了火，枪炮声震天。

黄昏时分，国民党的海军陆战队和地方民团1000多人把100多名红军层层包围在丁指岭上，情况十分危急。王文宇接到报告，连夜带领一个营的兵力赶到丁指岭，用猛烈的炮火杀开一个缺口，接应一营突围成功。趁着夜色，他灵机一动，出其不意地迅速指挥部队将敌人一段一段瓦解，然后反过来包围敌人，就这样，1000多名敌人被反包围在1平方公里的丁指岭上。这个战术别说敌人没想到，就连我们的战士也没有想到。激战三天三夜，敌人被迫撤兵。王文宇用两个营的兵力和一部分赤卫队，打退了敌人一个团又一个营的"围剿"，缴获两挺轻机枪、30多支步枪和一批弹药。战斗结束后，红军部队里都在传颂王文宇多谋善断、用兵如神的故事。年轻的琼崖红军太需要像王文宇这样的有勇有谋的指挥员了。

4╱肩负重任

1931年夏，王文宇接任工农红军独立师师长。

职务变了，人可没变。他看上去和战士们没什么两样。他有两套灰军装，已经褪了色，补丁摞补丁，庶务长王仕宗领来一套新的给他换，他不但不领情，还严肃地批评了庶务长，他说："现在条件还很困难，当庶务长的要多为战士着想，战士们穿着补丁衣服，你让我穿得簇新簇新的，我出得去吗？"他让通讯员把新领来的军服退还了。他对自己要求很严格，师部行军每到一地，警卫员总是要到井里去挑水，给首长洗脸、洗澡，可是，他却不让警卫员去挑水，笑着说："我是放牛娃出身，河沟溪水就是我这个师长的面盆。"

行军打仗难免受伤，有一次，他脚上皮肤破了，没在意，几天后溃烂了，走路一瘸一拐。部队通过地下党的同志，从海口买来双氧膏和双氧水给他治伤。可是，他很少使用。他知道药品是部队最缺的东西，太珍贵了，他舍不得用。有一次，他到经委去检查工作，看到经委有位同志脚溃烂，便毫不犹豫，马上叫警卫员回师部去将他的双氧膏和双氧水拿来，给这位同志治疗。

如果说他和士兵有什么不一样的地方，那就是他走到哪里就把课堂带到哪里，村头的芒果树下，小河边，山岗上，都能看到他给战士讲怎么打仗，向群众宣传革命道理。还有一点不一样，王文宇带兵打仗时自己总是冲在前头，通讯员怕他有闪失，常会阻拦他，他说："杨善集同志说过，部队缺乏经验，有的干部不懂带兵，有的战士不敢上战场，在这种情况下指挥员不靠前，怎么带领队伍打仗？"

王文宇上任后，根据3月初召开的全琼工农兵代表会议精神和4月份琼崖特委扩大会议的决议，提出红军建军的四条原则：一、红军必须在特委的绝对领导下，执行中央关于开展武装斗争、实行农村包围城市的原则，学习井冈山的经验，把斗争重点放在扩大革命根据地，建立全区苏维埃政权的建设上。二、加强军事训练，提倡军政协作，红军必须紧密配合各县赤卫队，开展对敌斗争，消灭敌人一切有生力量。三、提倡在国民党的军队中加强兵运工作，开展政治攻势，分化瓦解敌人，壮大工农红军。四、加强对红军的政治思想工作，遵守纪律，爱护群众，提倡艰苦奋斗，执行一切缴获要归公的纪律。

这其中的第一条原则，是特委根据"支部建在连上"的精神而规定的。毛泽东领导的秋收起义部队在进行三湾改编时，实行了这一做法，加强了党对部队的领导核心作用，在后来的古田会议上通过决议，成为定制。琼崖红军独立师师团一级成立党委，设政治委员，营连普遍建立党支部，设政治指导员。

在特委的正确领导下，人民武装力量迅速发展壮大，青年农民积极参军，国民党的保安队有两个连相继投诚，琼崖工农红军独立师发展到六七千人。

琼崖特委和琼崖红军独立师师部设在离礼昌仅有30华里远的墨寨村。礼昌位于琼东县，这里有座炮楼，高4丈，墙厚3尺，号称钢铁碉堡，是大地主李仁山勾结国民党民团头目修建的。它立在那里，像一头猛兽窥伺着，站在碉堡上瞭望，可以看到很远，给特委和红军的活动带来很大的威胁。

经过商讨，独立师决定挖掉敌人这只“眼睛”。常言道不打无准备之仗，王文宇先部署好一个营的兵力，在各个交通要道截击增援炮楼的部队，然后，又让战士们去准备一个特殊的武器。自己带领警卫队和赤卫队，正面袭击炮楼。敌人事先得到消息，使出狠毒的一招，他们知道红军与老百姓的鱼水之情，便在炮楼里关押了几十名群众，作为人质，让红军无法下手。王文宇急中生智，将计就计，一面传令撤退，一面派赤卫队员化装成群众，挑柴送草，运米扛猪，到炮楼里“慰劳”民团，好言好语求他们放出自家的父老兄弟。敌人见红军撤走了，信以为真，便释放了抓来的百姓。等赤卫队员放出信号，王文宇一声令下，指挥埋伏起来的部队发起冲锋，围歼炮楼。只见战士们推上来一个个大谷笼。谷笼状似大水缸，里面装满浸湿的稻草，红军战士推着谷笼向前靠近，人在谷笼的掩护下匍匐前进。这就是红军的特殊武器。敌人虽居高临下，却也奈何不得，子弹打在湿稻草上，噗噗作响，毫无威力。战士们迫近炮楼时，王文宇大喊一声：“投弹！”一时硝烟四起，事先堆放在炮楼外墙、被赤卫队员们假装送给敌人烧火用的柴草也熊熊燃烧起来。炮楼上的敌人见势不妙，争相跳楼逃命。红军运用各种巧妙的打法，攻破了敌人不少炮楼。

面对琼崖革命的迅猛发展，盘踞广东省的国民党军阀“南天王”陈济棠忧心如焚。对琼崖，他既有军事上消灭革命武装力量的打算，也有经济上对其进行大肆掠夺的企图。当时蒋介石集中50万兵力，向中央苏区发动第四次“围剿”，他本想调动陈济棠的部队去江西和红军打仗，但陈济棠借口琼崖有战事拒绝前往。1932 年 7 月，陈济棠派出他的警卫旅旅长陈汉光带领所属部队和空军第二队一个分队共 3000 多人赶赴海南岛，向琼崖苏区和红军进行第二次反革命“围剿”。陈汉光这个人心狠手毒，工于心计，他的警备旅装备精良，这次又有飞机大炮的配合，他势在必得。他制订了周密的计划，分三线向中共琼崖革命根据地大规模进攻：第一线，进剿羊山、平坦前方根据地；第二线，进剿母瑞山、六连岭等后方根据地；第三线，进攻万宁、陵水县的红军根据地。

面对穷凶极恶的敌人，琼崖特委领导军民在敌我力量对比悬殊的情况下展开了反“围剿”。8 月 1 日早晨，敌第三团八九百人首先向羊山苏区发起进攻。敌旅长陈汉光亲自到羊山北石的坡崖督战。同时，敌第二团 700 余人也向羊山附近的儒郭山苏区围攻。驻守在羊山地区的红二团和赤卫队，依据有利地形，奋起还击。敌凭借优良的武器装备，用机关枪、迫击炮开路，以密集的火力向红军阵地猛攻。苏区军民顽强抵抗，血战 4 个小时，终因敌我力量悬殊，红军伤亡惨重，被迫撤出。敌人占领了羊山周围的村庄路口，实行严密封锁，包围搜剿。

陈汉光又集中兵力，率 1600 余人分三路从定安向中共琼崖特委机关、红军师部、琼苏政府驻地发起疯狂进攻。

8 月 1 日夜，陈汉光到达益平乡西边的黄竹墟，部署向益平乡平坦村进攻。

2 日晨，敌军分三路完成对以平坦村为中心的益平乡的包围，并开始向腹地推进。

红军师长王文宇组织部队英勇抵抗。敌营拥有十几挺机枪，火力很猛，密集的子弹掀起一股股呼啸的风。在敌强我弱的情况下，冯白驹召集特委成员研究决定：留下部分队伍在原地开展游击战，牵制敌人，特委、琼苏政府机关和红军师部等随红军主力从牛探岭、苦瓜山向母瑞山革命根据地转移。

敌人又集中兵力向琼崖特委、琼崖苏维埃政府驻地母瑞山进犯。当时的《国华报》这样报道："陈汉光电告，一日，令何团长宝书率队剿母瑞山共匪。二日来电攻入母瑞山，三日攻破马岭，四日复回剿宇丛山，五日追烟圹，六日剿牛探岭……"由此可见敌人攻势异常凌厉。母瑞山树高林密，山路崎岖。王文宇带领战士沿途挖陷阱，插竹签，阻止敌人深入。敌人在飞机的配合下，穷追不舍。王文宇指挥红一团主力在母瑞山顽强阻击，激战几天后，红军面临弹尽粮绝的险境。特委决定由他带领红一团主力掩护琼崖特委、琼崖苏维埃政府和师部领导机关撤退，留下红一团一部、女子军特务连和当地赤卫队同敌人展开游击战。敌人继续以第二、三团各两个营、特务营和空军第二部队跟踪围攻特委机关和王文宇率领的主力。王文宇指挥红军在母瑞山区同数倍于己的敌人激战 10 多天，未能退敌。

5／母瑞山突围

气势汹汹的敌人追到母瑞山，把根据地的医院、军械厂、粮食加工厂放火烧光，把粮食物资抢劫一空，之后侦察到红军已经转向东安，便集中了 4 个营的兵力扑过来，从四面向红军围攻。冯白驹、符明经、王文宇、冯国卿等人率领红军，于乌榄湾西南面与敌人激战之后，决定从三十六总岭方向突围。许多红军指战员子弹打光了，就与敌人肉搏。红军毙伤了大批敌人，自己也伤亡惨重。主力几乎损失殆尽，独立师和女子军的军旗、琼崖苏维埃政府的大方印也被敌人夺走了。为避免更大伤亡，冯白驹、符明经带领特委、琼苏政府机关和警卫连又边打边撤回到母瑞山。

陈汉光立即调集各团兵力和警卫队、民团，把母瑞山又一次层层包围起来。为了断绝人民群众对红军的支援与接济，他们推行保甲制度，强迫群众迁到堡垒式的中心村，把母瑞山周围广大地区变成“无人区”。

激战不分日夜地持续了十几天，敌人无法攻下母瑞山，但也无撤退的打算。冯白驹、王文宇率红军在母瑞山与敌边激战边周旋。因敌军分片搜山，轮番进攻，红军伤亡愈来愈大；粮食弹药严重缺乏。时值深秋，天气转冷，伤病员越来越多，处境极为艰难。母瑞山的茅舍已全被敌人烧毁，红军撤回后无房可居，只好蜷缩在草丛中、岩洞里、树丫上过夜。没有粮食，没有食盐。战士四处挖山薯，采集野菜野果充饥。不少人在找野菜时被敌人击毙或俘虏。

深秋，萧瑟的秋风一日紧似一日，战士们连日激战，穿在身上的单衣单裤早已破烂不堪。他们用绳子、藤条横一道竖一条地将破布片连缀起来捆在身上。他们白天跟搜山的敌人周旋，夜里就围坐在一起，身上盖着芭蕉叶，互相依偎着取暖。

秋雨一阵紧似一阵地下起来，一下就是几天。天气更加阴冷。岩洞灌满了水，不能住人了；窝棚在风吹雨打下东倒西歪，无法御寒。几乎所有在母瑞山上坚持斗争的人都染上了这样或那样的疾病，几乎每天早晨都发现有人已长眠而去了。

在这危急关头，冯白驹主持召开了特委紧急会议，在断断续续的枪炮声中，特委成员分析了红军面临的困境与对策。

冯白驹说：“敌人竭其全力来围攻母瑞山，目的在于与我决战。如果我们全部长期死守母瑞山，虽然可以再守一个时期，再消灭一些敌人，但这样孤军困战，最后必将陷入绝境。这样绝对不行。大家说说该怎么办吧。”

疾风知劲草，板荡识诚臣。这时，王文宇站了起来，他平静而坚定地说："我们不能在这里死守在一起，要想保存力量，就要分散开。我提议，由我和师政委冯国卿率领红一团一营和师部警卫连突围，把敌人引离母瑞山，掩护琼崖特委、琼苏领导机关和部分红军撤退。"王文宇的建议得到了琼崖特委书记冯白驹、琼苏主席符明经等领导同志的支持。特委决定：由王文宇、冯国卿率红军主力部队突围，向乐会转移，以分散敌人的注意力，解除敌人对母瑞山的围困；冯白驹、符明经带领特委和琼苏政府机关以及警卫连继续留在母瑞山坚持斗争。

10月底，连日的大雨使万泉河水暴涨，这正是敌军麻痹的时候，王文宇、冯国卿决定，率红军主力突围。深夜，冯白驹把他们送到路口，他叫过王文宇。夜色中，王文宇消瘦的脸上，一双眼睛依旧炯炯有神。他紧紧握着王文宇的手，一切尽在不言中。秋风飒飒，寒气逼人，沙沙的脚步声渐行渐远……这一别，竟成永诀。

红军必须在天亮前趁敌不备渡过万泉河。凌晨4时，衣衫褴褛、饥肠辘辘的红军来到万泉河畔双滩下游的林子里。

暴涨的万泉河水淹没了沿岸的树木，沉浑的河水轰隆隆地低吼着，像一头趴伏在那里的怪兽。红军潜到河里，捞起预先沉到河底的两只木船，会游泳的凫水，不会游泳的乘船或找根木头抱着过河。他们同时下水朝南岸游去。

天慢慢亮了起来，红军顺利到达乐会四区的草丰林茂的文魁岭。独立师剩下不多的部队，在师长王文宇的带领下，撤退到乐会中平仔一带，与红三团会合。

敌人得知红军从母瑞山突围出来后，正在嘉积镇的琼东医院高级病房养病的陈汉光闻讯匆匆奔出医院，赶到阳江墟督战。他从母瑞山抽调两个营兵力配合驻六连岭的敌军，对乐万苏区组成五六层的包围圈，发动轮番进攻。

敌人从阳江征集了上千名乡民，分为10个队，强迫他们自备粮食、铺盖、刀斧，在山上安营扎寨，斩树开路。敌人要在每一片山林里辟出宽2丈的山道，然后分片放火烧山，肃清红军。一棵棵大树在刀斧下倒地，一条条2丈宽的道路出现，一片片的树林被点燃。红军又一次面临生死存亡的抉择。王文宇指挥红军向白水磉方向突围。

11月初，王文宇与中共乐会县委书记冯甲、县苏政府主席庞世泽研究后决定，女子军特务一连、二连化整为零，疏散隐蔽。王文宇把女子军召集起来，走到她们面前，说："同志们，现在情况十分严重，粮食解决不了，人多目标大，不易甩掉敌人。女子军的同志暂时留在这里，由乐会县长庞世泽负责，我带上其他的人去六连岭，想法子和各团联系上，重新组织斗争。"大家鸦雀无声，过了一会儿，还是女子军连连长冯增敏打破沉默："没意见，请师长放心，我们一定坚持斗争，情况一有变化就赶快通知我们。"

战士们低着头，有的哭出了声。王文宇眼窝也潮湿了，他摸着年龄最小的卢业兰的头，轻声劝道："小同志，不要难过，我们会闯过这一关，一定会胜利的。"接着，他又大声说，"同志们，把头抬起来，别看咱们现在人不多，可是，每一个人都是一颗革命的种子，很快就会发展起来的！"大家纷纷抬起了头，看着满脸胡子、又黑又瘦、目光坚定的师长，心里不知是什么滋味。"起来，饥寒交迫的奴隶，起来，全世界受苦的人。满腔的热血已经沸腾……"王文宇领着战士们小声唱起了《国际歌》。随着歌声，女子军的女战士们挺起了胸，挺直了腰。

王文宇率领剩下的60多人迅速转入山林深处，日伏夜出，同敌人迂回作战。陈汉光的部队进不了山区，便采取重兵围困，妄图把红军困死在山中。由于战斗时间长，弹尽粮绝，很多红军战士又因病伤得不到治疗，牺牲了。

为了摆脱窘境，王文宇于12月21日中午，率领仅有的10余名战士转移，向六连岭撤退。路经门仔村和排寮村时，红军又遭到敌人袭击，经过几天拼死抵抗，伤亡惨重，王文宇腿部中弹，仍然继续坚持战斗。冲出敌人埋伏圈时，他身边只剩警卫员王信一人。

在这万分艰难的时候，也有部分经受不住考验的人向敌人投降，供出王文宇躲藏范围、腿伤部位及随身携带三号驳壳短枪、黑铜质师长证章和指北针等特征。陈汉光立即出兵阳江墟之南，封锁了江南、龙山、上科、桥园一带，并将王文宇以上特征告喻部属。

年底，王文宇和警卫员王信潜回琼东四区长尾埇村，藏在一间破屋子里。敌人为了剿共，实行移村，长尾埇村已空无一人。饿了好几天，又拖着一条伤腿，王文宇实在走不动了，他让王信回自己家的村庄——深造村找点吃的。王信回到深造村时，被老母、长兄利诱劝说，竟连夜向敌人自首。陈汉光得知消息，急忙派官兵赶到长尾埇村，警戒包围。

机警的王文宇派出王信后，越想越不踏实，斗争太残酷，太复杂，谁也说不准会出什么问题。于是，他不等王信归来，潜出藏身的村子，隐藏在山上的林子里，窥视动向。不出所料，他发现王信归来时，身后有敌兵跟随，便急忙往山林深处转移。敌人袭击破屋扑空，便层层包围长尾埇村一带。次日黎明，陈汉光来到长尾埇村亲自督战，遍山搜查未获。

这时的王文宇忍着痛，披荆斩棘，爬到龙山碉堡附近的小山村，又蹚着溪水潜出敌人防线，来到山佳寮村附近的山林里，准备夜里摸黑再转向六连岭根据地。但是，肚子里已经空了几天，身上又中弹负伤，寒冷饥饿疼痛一起袭来，这个铁打的汉子在山林里昏厥过去了。

就这样，王文宇在昏迷状态中不幸被捕。

敌人从他身上搜出三号驳壳短枪、黑铜质师长证章、指北针等物件，初步认定了王文宇的身份。

王文宇被押解到阳江墟后，陈汉光亲自面验。他看着身无长物的王文宇，讥笑说：“你贵为红军师长，身上为何如此贫穷？”

王文宇冷笑道：“革命者出生入死，身且难保，安有余资？”然后就不屑于再和他说话。

6／浩气长存

陈汉光抓到了王文宇，大放鞭炮“庆祝”，给搜捕的人“嘉奖”50块光洋，并用小车从文市押送王文宇回海口。

海口府城到处张贴着“匪首王文宇已经被擒”的海报。人们议论纷纷，有的悄悄打听，有的摇头叹息。

1933年1月5日，天色阴沉，太阳已经许久不露面了。上午10时，两行士兵荷枪实弹，押着王文宇，让他骑着枣红马，手戴镣铐，胸前背后都挂着写有“匪首王文宇”的牌子，“示众”的队伍游了一街又一街。

王文宇腿上的伤已经溃烂，又多日没有吃过饭，已是精疲力竭，眼前阵阵发黑。但他想到，这是一个共产党员向群众做宣传的好时机，便振作精神，挺起胸膛。他骑在马背上，钢铁般的意志支撑着他，只见他神不倦怠，脸无惧色，不时地向拥挤在街道两旁的群众频频点头，大声说：

“诸位父老兄弟姐妹们，我们共产党人，为了解放千千万万受苦受难的同胞，和国民党反动派斗争，现在一时失利，我落到敌人手中，希望大家不要难过，要相信，共产党人是杀不绝的……”

王文宇的宣传招来越来越多的群众，很多人眼里含着泪水，就连那些不理解共产党的人也忍不住在心里赞叹：真是一条好汉啊！看押者无奈，便把筷子插在王文宇的嘴里，不许他说话。但人们从王文宇那刚毅自若的眼神中看到了什么是共产党，看到了必胜的信念。

王文宇被关在府城的监狱里。开始，敌人大摆酒席，设宴款待，施展美人计，使出各种手段，妄图劝说王文宇投降，都遭到王文宇的拒绝。

软的不行，又来硬的。他们施加酷刑，手指甲里插竹签、灌辣椒水、火烤、铁板烙、夹手指，把他折磨得死去活来，但依然无法叫王文宇屈服。陈汉光气急败坏，决定亲自提审王文宇。

这天，国民党军警卫旅宽敞的办公室布置得特别堂皇，办公室的正中，摆着一张椭圆形的桌子，桌子上铺着白布，桌子周围靠墙的东西两侧，坐着南京《中央日报》、广州《国华报》、琼崖《国民日报》等几家报社的记者和警备旅的一些官员。

上午9时，陈汉光满脸骄矜地进来了，跟在他后面的还有几位官员和士兵。

陈汉光不慌不忙地坐在上首，开口道："带王文宇。"

一阵镣铐声，两个士兵夹持着王文宇进来了。浑身是血的王文宇使劲挺直了身体。

陈汉光以胜利者的口吻说："王文宇，此时此地，你承认不承认你们共产党的失败？只要你承认共产党是杀人放火，共夫共妻，已经完全失败了，并在报上发表声明，说明共产主义在琼崖已遭到破产，在全国也行不通，我们马上可以放你，甚至还可以给你官做……"

"不！"还没等陈汉光把话讲完，王文宇就满腔怒火，严词驳斥："我和你们的看法恰恰相反，杀人放火，共夫共妻，打村劫舍的，不是我们，是你们国民党反动派！共产党和共产党所领导的琼崖红军的火种，正在全琼崖燃烧，共产主义正在人民心中扎根发芽，未来的胜利一定是属于我们的！"

"那么你本人现在的处境又如何解释呢？"陈汉光得意扬扬、居高临下地质问。当着那么多记者和部下，陈汉光怎能败在对手脚下？

王文宇早已料到会有这么一场戏，他胸有成竹，利用陈汉光的

“公堂”，对国民党反动派进行有力的控诉，满怀信心地向在场的所有人宣布：“要革命就会有牺牲，一个共产党员为革命牺牲自己的生命，我死而无憾。你们等着吧，明天一定是我们共产党的天下，人民的天下！”

在座的记者被震撼了，他们从没见过这样的人。恍惚间，他们觉得这个遍体鳞伤、衣衫褴褛的人才是今天的胜者。

陈汉光黔驴技穷。1933 年 7 月，这位琼崖红军年轻的指挥员、共产主义战士，被大批军警押赴刑场。一路上，他向沿途的群众颔首告别，高呼口号：“打倒国民党反动派！共产党万岁！共产主义万岁！”

出师未捷身先死，常使英雄泪满襟。

王文宇牺牲了。

人们没有忘记他，至今依然传颂他，怀念他。

黄蒙村的老芒果树，至今依然绿荫如盖，给来往的行人送上一片清凉。

第五章

开天辟地女子军

∨

“三月春风吹椰林，
送妹当红军。
妹打白匪闹革命，
带上哥的心
……”

1/ 创建女子军

中国民间自古以来就有许多巾帼跃马扬鞭、女子征战沙场的传说，花木兰替父出征，穆桂英挂帅三军，梁红玉抗击金兵，这些女中豪杰千百年来活在人民大众的口中，历久弥新，栩栩如生。在20世纪30年代，海南岛万泉河两岸，战火中诞生了一支女青年组成的革命武装——中国工农红军第二独立师女子军特务连。它是中国人民革命斗争史上的创举，是人类争取自身解放的光辉典范。

女子军特务连诞生在琼崖东部乐会、琼东两县，有着独特的社会根源。在海南，出海捕鱼是这个海岛的男子通常的谋生手段，一走就是十天半月不说，浪涛里讨饭吃的人，命永远悬着，一去不回头的比比皆是。还有很多男人为了生存，抛妻别子，下南洋卖苦力去了。被撇下的女人，独撑家门，侍老育幼，插秧收禾，样样拿得起来放得下，一个家真正的顶梁柱是妇女。特殊的环境造就了特殊的品格，她们生下来就没有依赖男人的习惯，吃苦耐劳几乎是她们的天性。但是，这并没有给她们带来幸福。在旧中国，妇女挣扎在最底层，她们受政权、族权、神权、夫权的压迫，苦难尤甚。女子一出生就被歧视，很多人没有名字，童年时就为别人放牛，稍大一点就要被“定命”，也就是由父母包办婚姻，有的就被送走当童养媳了。在海南岛发生过7个妇女不堪忍受压迫，用一条绳子把自己捆起来集体投江的惨剧。所以，她们反抗封建压迫的要求特别强烈。

五四运动后，琼崖的报刊上出现了为妇女疾呼的文章：“我们的妇女呀！人家这样的凌辱你，这样的摧残你，为什么你们还沉沉地睡着不知醒呢？请你们快快醒起来，争回你们的人格，争回你们的自由！”在革命浪潮的激荡下，乐会、琼东的妇女开始觉醒了。1926年中共琼崖地委成立后，加强了对妇女工作的领导，琼东、乐会妇女解放协会相继成立。妇女们扔掉裹脚布，剪掉长发，给自己起了名字，上夜校识字读书，参加赤卫队、少年先锋队，她们家中已经参加了革命的父兄、丈夫也热情鼓励她们，给了她们积极的影响。在反击反动武装的斗争中，妇女们和男人一样，手持大刀长矛加入战斗，救护伤员，站岗放哨。到1928年，全琼有女党员3000多人，女团员1万多人。

1930年，随着土地革命的深入，广大青年妇女也纷纷要求加入红军。乐会县委书记和红三团团长向特委书记冯白驹反映了这个情况。冯白驹当即赞成组织一支女子革命武装。1931年3月，特委决定先在乐会成立乐会县赤色女子军连作为试点。赤色女子军连仅有一排人数，连长由庞琼花担任，她已是红三团的战士，参加过几次战斗，作战勇敢。女子军连成立后，配合红三团打了几次胜仗，军威大振。越来越多的女青年要求参军。1931年3月下旬，特委决定，成立女子军特务连，并正式划归第二独立师第三团建制。中国工农红军第二独立师第三团奉冯白驹和琼崖特委指示，在驻地各乡村张贴招募女兵的告示：“英雄的经过考验的乐会妇女们，拿起枪来，当红军去，和男人并肩作战……”顿时，一群喝万泉河水长大的20岁左右的姑娘媳妇，围着告示议论纷纷，跃跃欲试，参军的热情有如奔腾的万泉河水，浪花激荡。

参加女子军的条件是很高的，对政治面貌和身体素质的要求是严格的，要逐个审查。最后，在700多报名的人中挑选了100多人，被批准加入红军。

冯增敏，参军前是少先队员，人们叫她“小革命”。她的哥哥是县团委书记，1928年被国民党杀害。妹妹去探监时，他对增敏说：“不要哭，他们杀了我，还有你，杀了男的，还有女的，我们一定会胜利！”1927年革命低潮时，王文明就在她家前面的山上活动，增敏去给他送饭，王文明常常启发她：“不要定命，男女是平等的，女子也要拿起枪来斗争。”

颜东，16岁上夜校，参加儿童团，家里嫌她“疯疯癫癫”，硬是把她嫁了出去。她不愿当“贤妻良母”，婚后不几天，就跑出来参加了女子军，当了一名炊事员。

王运梅，结婚后生了个女儿，在重男轻女的社会，遭到婆家歧视。她不顾家人阻拦，迈进女子军行列，成为连队里唯一的“母亲女兵”。

吴伯兰，生在贫苦农家，因为长得漂亮，被一个国民党团长强迫做了小老婆。一天夜里，她趁团长睡觉时，用刀刺死了他，逃了出来，加入女子军后当上了传令兵。

庞学莲，因为丈夫参加了红军，敌人三天两头来骚扰红军家属，她为了躲避敌人，白天吃不上饭，晚上躲到山里去睡。一气之下，报名参了军，也拿起了刀枪。

……她们的命运各不相同，但是，她们都赶上了一个大时代，这个时代改变了她们的命运，给她们带来了新生。

1931年5月1日，凤凰花开，枝叶婆娑，殷红的花朵在碧蓝的天空下热情绽放。100名朝气蓬勃的琼崖新女性聚集在绿树夹岸的万

冯增敏（1912—1970）

泉河畔、乐会县第四区内园村红军操练场上，举行成立仪式，组成中国第一支妇女革命武装——中国工农红军第二独立师第三团女子军特务连。这就是至今闻名中外的红色娘子军。操场布置得庄严隆重，会场正中五丈高的旗杆上，一面红旗在椰风中猎猎劲飘，操场周围挂着色彩缤纷的三角旗，气氛十分热烈。1万多名乐会县的战士群众来参加庆祝大会，周围白区的群众几天前得知了消息，以走亲戚、赶圩、放牛为借口，骗过敌人的岗哨，从四面八方涌来，观看这个自古未有的盛况。

乐会县苏维埃政府主席宣布大会开始，鞭炮齐鸣，军号嘹亮，女兵们入场了，连长庞琼花声音洪亮地喊着口令，战士们列队走来。连干部身穿蓝粗布大襟衣，长裤，扎腰带，佩短枪；排以下干部战士穿大襟衣，短裤，系子弹带，携长枪。她们头戴列宁帽，背着一顶写有“女子军”三个字的竹笠，挎着椰子壳做的水壶，胳膊上佩着白布缝制的袖章。女子军迈着整齐的步伐走过阅兵台。当独立师师长王文宇将一面写着“中国工农红军第二独立师第三团女子军特务连”的鲜艳的红旗授予连长庞琼花时，会场上爆发出雷鸣般的掌声。

指导员王时香大步走上阅兵台，代表全连指战员表决心，领着大家举起拳头，庄严宣誓：“坚决服从命令，遵守纪律，为党的事业奋斗到底！”清脆响亮的声音在万泉河畔回荡……

海南岛不会忘记这个改天换地的日子，世世代代在这片土地上埋头劳作、沉默寡言的女人们终于迎来了扬眉吐气、昂首挺胸的这一天！

“三月春风吹椰林，送郎当红军。你打白匪闹革命，带上妹的心……”这首在琼崖苏区流行的民歌，是女子军姑娘、媳妇参军前最爱唱的。如今，她们改了歌词：“三月春风吹椰林，送妹当红军。妹打白匪闹革命，带上哥的心……”

2/第一仗

女子军是在中国共产党领导下的工农革命武装，这就决定了它的政治方向。女子军官兵全部来自农村，红军师部很重视连队的培训。每天中午和晚上，她们到白石祠堂学政治，学文化，白天，她们顶烈日，冒酷暑，进行军事训练，进步很快。女子军与群众有着天然的亲密关系，所以她们做群众工作非常出色。农忙时，她们帮助农民犁田、插秧、割稻；农闲时，就办起夜校，教妇女儿童识字，村里的阿婆阿公都把她们当成自己的闺女。上街宣传也是她们的拿手好戏。她们把椰子壳里的纤维丝捆成笔，蘸着槟榔汁和石灰搅成的“墨汁”写标语，写在墙上、树皮上、竹片上，甚至人不知鬼不觉地把标语牌插到了敌人的炮楼下面。姑娘们还自己编排节目，演给农民看，内容都是宣传革命道理，启发农民反抗阶级压迫。她们又是唱歌又是演戏，个子高的冯增敏女扮男装，演大地主，谢式梅是个矮胖子，演地主婆，两个人演得惟妙惟肖。女子军给根据地带来了崭新的气象。

女子军既是革命的播种机，也是勇猛的战斗队。沙场无性别，她们和男兵一样，浴血奋战，在战火中成长。

女子军成立不到两个月，迎来了首次战斗。

在乐会县四区革命根据地以东20里地，是琼崖东路重镇中原。乐会县国民党“剿共”总指挥陈贵苑带领几百名团丁盘踞在这里，到四乡里抽丁征粮，鱼肉百姓，窥探情报，经常骚扰苏区，对苏区构成严重威胁。1931年6月，红三团决定引诱陈贵苑民团武装进入苏区腹地，予以歼灭，由女子军负责诱敌深入。

要上战场了，战士们既紧张又兴奋，她们忙着打背包，用椰子油擦枪，冯增敏的房东王阿婆流着泪拉着她的手说：“阿敏，你们可千万要回来啊！”

26日早晨，红三团和赤卫队浩浩荡荡地朝万宁县方向开拔，在途中又是唱歌又是吹号，大造声势。到达万宁县四区的加任村后，就偃旗息鼓，在密林中隐藏起来。当天晚上，在夜色的掩护下，红军和赤卫队又悄悄返回苏区，埋伏在通往县苏维埃政府和琼崖高级列宁学校的必经之路纱帽岭上。这是九曲江南岸的一个小山头，北岸是白区。部队埋伏好了，没有人说话，没有人打瞌睡。夜色渐渐退去，晨雾为椰林笼上了一层轻纱。这几天，"红军主力已远去万宁县，苏区只有女子军留守"的消息传到了陈贵苑的耳朵里，他以为偷袭县苏维埃政府和列宁学校的时机终于来到了。27日一早，陈贵苑带领几百号民团人马，兵分两路，杀气腾腾地向苏区扑来。忽然，砰砰砰！女子军打响了第一枪。为了把敌人引进红军主力的埋伏圈，女子军且战且退，陈贵苑果然上当，竟不与另一路民团联系就贸然下令进兵。他得意忘形地狂叫："兄弟们，冲啊，女子军个个漂亮，谁抓到归谁！"团丁们一听，蜂拥而上。

女子军佯作败退。团丁不知是计，紧追不舍。当团丁被引入红军主力的埋伏圈后，刹时军号声响起，杀声震天，敌军被这当头一棒打昏了，猝不及防，乱作一团。直到此时，陈贵苑才知中计。他不敢恋战，夺路而逃。可他已是瓮中之鳖，无路可走。另一路团丁听到纱帽岭的枪声一阵紧似一阵，知道情况不妙，不敢前来救援，龟缩回中原据点。

冯增敏和几个女战士在山上追击敌人，看到一个戴着大盖帽的胖子钻进了树林，就追过去，见那胖子正在树后脱军装，便大喊："不许动！"胖子举起手，冯增敏问，你的枪呢？胖子说，我是伙夫，没枪。女兵们不信，又问别的俘虏，俘虏吞吞吐吐地说，他是当官的。女兵们立刻把他绑起来押到了团部。

这场战斗一个小时就结束了。红军击毙团丁百余人，俘虏70余人，缴获长短枪146支，弹药、大米、鱼虾等物资几十担。陈贵苑和敌中队长陈传美、莫儒才、常全束手就擒。

归途中，女子军押着陈贵苑和他的驳壳班走在队伍的最前面，高兴地大声唱起歌来。陈贵苑吓了一跳，他瞪着冯增敏，然后沮丧地低下了头。

从此，敌人中流传着这样一句话："长枪短发的红军婆好厉害！"

3／火烧文市炮楼

首战告捷，女子军军威大振。不久，她们又迎来了一场战斗——攻打文市炮楼。

文市俗名牛市庙，地处中原墟至乐会四区腹地的交通咽喉上。文市炮楼是乐会县敌军的重要据点，一个民团中队驻扎在里面。中队长冯朝天是大恶霸的儿子，当过国民党正规军的军官。他吹嘘文市炮楼是"铁桶江山"，嘲笑陈贵苑输给"红军婆"是国军的"奇耻大辱"，说陈贵苑的兵都是熊包。他对手下的团丁说："你们如果碰上这些娘儿们兵，捉来了，就每人配给一个做老婆。至于那个女连长，就做我的压寨夫人好了。"气焰十分嚣张。红三团决定先拿他开刀，拔除文市炮楼，清除苏区东大门的隐患，然后再逐个攻打其他的炮楼。

但是，红三团的武器装备很差，既没有大炮，弹药又很少，光靠土枪土炮不但打不下来，还会造成自己人的重大伤亡。团长王天骏召集大家一起想办法出主意，最后决定用"火攻"，把柴草想法子搬到炮楼下面，用老百姓的话说，就是"蒸猪窝"。可是，文市炮楼的确不同一般，防卫得很严，外面围着一道铁丝网，网外又是一片开阔地，大约30米纵深，火力封锁很严密，不然冯朝天怎么会那么狂妄？如何把柴草搬到炮楼下就成了问题的关键。王天骏天天去察看地形，眉头皱成个疙瘩。终于，他想出了一个办法：挖地道！

当夜，红军赶了10里路，来到炮楼外围的村子，隐蔽在树林里，老百姓听说女子军来了，格外亲热，悄悄地找来，拉着她们，让她们进屋睡。她们不肯打扰百姓，乡亲们就送来稻草，还拿来椰子、菠萝蜜给她们吃。第二天夜晚，红军开始挖地道。为了麻痹敌人，红军吹起了冲锋号，冯增敏和号兵换着地方吹，还大喊“冲啊”，佯装发起进攻。团丁见势惊慌失措，不断向红军阵地打枪。女子军用芭蕉叶扎了几个稻草人，在阵地前沿摇来晃去，团丁模模糊糊地看到有“人”影移动，就一通乱打。

白天，红军又故意打出女子军特务连的连旗，敌军看见了，气急败坏地朝这面旗猛烈扫射，红军为了节省子弹，一枪不发。团丁一开枪，女子军战士立即把旗收回来；枪一停，女战士们就朝炮楼喊话：“团丁们，投降吧，投降就放你们回家去！”“不投降就要‘蒸猪头’了！”

冯朝天听了女战士的叫喊，狼嗥似的答话：“红军婆，你们的鱼鳅尾巴搅不了大浪，翻不了老子的船……”

红军一边喊话攻心，一边不停歇地挖地道。当地道挖过铁丝网后，敌军终于发觉了，便集中火力扫射，打得土石乱飞，企图阻止红军。团长王天骏针锋相对，组织火力与之对抗，掩护挖地道的人。红军日以继夜地挖，正值冬天，个个汗流浃背。第四天破晓前，终于挖到了炮楼底下。

团长王天骏发出总攻命令。红军在赤卫队的配合下，通过地道把柴草搬运到炮楼底下，又撒上辣椒面，倒上煤油，嚓，火点燃了。顿时，火借风势，风助火威，火越烧越旺。老天爷也帮助红军，那天风向正好，火苗裹着辣椒味的浓烟随风涌进炮楼里。火势蔓延，炮楼门梯都被火焰吞没了，熊熊烈火把整座炮楼都烧着了。红军和赶来的群众一起大喊："蒸猪了！蒸猪了！"

在烟熏火烧下，团丁一个个鬼哭狼嚎。有的哭喊着："我们投降了，快别烧了！"有的乒乒乓乓地往楼外扔枪。他们捂着鼻子，抱着脑袋钻出来投降。冯朝天也是一把鼻涕一把泪，不住地咳嗽着钻了出来。女战士立即把他捆绑起来，斥问道："你还敢吹牛吗？可知道我们女子军的厉害？"

冯朝天吓得连声说："知道了，知道了！我输给你们了！"

在琼崖第二次土地革命高潮期间，女子军配合红军主力，还先后拔除了益平、乐会、琼东、万宁、定安、文昌县的敌军炮楼，独自击退了进犯文魁岭根据地的敌人，取得了一个又一个辉煌胜利，战功卓著。

4／马鞍岭阻击战

1932 年春，红军独立师将女子军特务连一排和三排组成特务连第一连，归红一团领导，连长冯增敏，指导员王时香。同年夏初，在原第二排的基础上扩编，组成第二连，归红三团领导，连长黄墩英，指导员庞学莲。女子军进入全盛时期。

1932 年 7 月，广东军阀陈济棠派其警卫旅长陈汉光率部赴琼，向琼崖苏区和红军进行反革命"围剿"。8 月 1 日，陈汉光的部队到达琼崖特委驻地益平乡平坦村。第三团首先抵达，这里正好是女子军的防区。正在村口查哨的一排长卢赛香忽然发现一群敌人端着枪摸摸索索朝着村口移动过来，她浑身一激灵：不好，有敌情！她来不及多想，立即鸣枪报警。顿时，枪炮声大作，女子军与敌人接火。形势万分紧急，红军师长王文宇组织部队抵抗，敌人火力很猛，而我们手里都是些毛瑟枪、平筒步枪、单筒步枪，战士们趴在预先修筑好的工事里，待敌人火力减弱时瞄准射击。下午，红军不得不放弃了平坦村的守防。

8 月 5 日，琼崖特委、琼崖苏维埃政府和红军师部机关撤退到琼东、定安两县交界的乌榄湾。这里有一片大森林。敌人组织五支攻击队，分别从五个不同方向向红军发起进攻。琼崖党政军领导机关向马鞍岭方向突围。战斗中，红军伤亡数百人，损失枪支 200 余支。抵达马鞍岭后，特委决定红一营和女子军留下来坚守，迎击追兵，掩护琼崖党政军领导机关西上母瑞山。

马鞍岭山高林密，壁峭路陡，地势险要。留守红军挖好防御工事后，分别隐蔽在山林中和掩体内，紧紧握着子弹已经上了膛的枪，警惕地注视着周围的动静。

夜很静，明月高悬，繁星闪烁，银色的星辉沐浴着山下大片墨黑的椰林。连长冯增敏检查完阵地，回到自己的掩体。她很困，可是睡不着。她心里很清楚，生死存亡的时刻到了。望着山下的林子，她想起了自己的家，想起哥哥牺牲前对她说的话，想起了王文明和她的谈话，那时的她还是个懵懵懂懂的小丫头。她又想起一件事。有一次，特委书记冯白驹到驻地合作社去喝茶，碰上了冯增敏，就叫她一起喝。她摇摇头，冯白驹笑着说："怕羞啊？当了连长就不该怕羞啦！"于是她就跟着进去了。冯白驹边喝边问："做操辛苦吗？""不苦，越做越有劲呢。""好啊，好好锻炼自己，你们要给更多的妇女做榜样！"想到这儿，黑夜中的冯增敏情不自禁地点点头，像是对谁做了承诺。

第二天上午，一排长卢赛香报告，发现几个穿着红军军服、举着铁锤镰刀旗的人从山下爬了上来。哨兵几次发问"口令"，他们支吾着一句也答不上来。

听了报告，冯增敏仔细一看，山下不远的地方涌过来黑压压的国民党兵。于是，她下令先毙了那几个冒充红军的敌兵。女子军的枪声刚响，敌人的炮弹便打着尖厉的啷哨从她们的头顶上砸了下来。树枝折断，落叶纷纷，炮弹掀起的泥土石块把她们埋了半截。她们爬出来，抖落身上的土石，又继续战斗。

仗越打越激烈，一排长爬过来报告：“连长，子弹快打完了。”红军打仗最怕没子弹，因为他们的子弹都是搜集破铜盆、香炉、铜钱由军械厂制造的，红军的口号是：一颗子弹要顶敌人十颗。冯增敏命令每人留一颗光荣弹（准备自杀的子弹），其余的集中起来交给二班战士大娥；同时，命令传令兵卢业兰迅速向师部报告军情。

大娥是女子军里出名的神枪手。她叫陈月娥，乐会四区仙村人。她人高马大，人称大娥。国民党军又涌上来了，大娥一枪一个，枪枪不落空。然而到底火力太弱，难以遏制敌人。最后，敌人还是爬上来了。“同志们，用石头砸！”冯增敏大喊。女战士们纷纷举起石头砸向敌人。可是敌人太多了，黑压压蚂蚁似的爬上来。冯增敏和指导员王时香喊着：“为保卫苏维埃，拼了！”就在这千钧一发的关头，女子军的阵地上响起了激烈的机枪声，红军师长王文宇带人增援来了。在打退了敌人的又一次冲锋后，王文宇命令女子军第二班的10名战士留下来继续打掩护，其余的女子军及红一营向牛庵岭撤退。

撤到牛庵岭后，战士们躺在地上喘着气，耳朵却竖着，听着马鞍岭的动静，心里惦念着那10个姐妹。当晚，冯增敏带了一个班返回马鞍岭接应二班。

此时，国民党军已撤到岭下的村子里去了。夜色沉重，岭上静悄悄的。借着朦胧的月光，冯增敏看见10位红军女战士横七竖八地躺在被炮弹反复轰炸过的土地上，周围是被摔断和砸碎了的枪。她们身上的衣服沾满血迹，大娥手里紧握着枪把，梁班长的衣服撕得稀烂，身体仍然保持着与敌人搏斗的姿势。看得出她们牺牲之前，与敌人进行过一场多么激烈的战斗啊！她们是女人，她们本应组成家庭，生儿育女，开花结果；她们是女人，她们本应受到保护，远离战争；她们是女人，她们的一双巧手本该在自己的家园绣出稻谷飘香，和美恬静。

可是，在这个深夜，她们为了女人的自由，为了天下劳苦大众的自由，为了子孙后代的自由，倒在了血泊中，再也醒不过来。

泪水顺着冯增敏的脸颊流下来，小河似的涓涓不断，眼前浮现出朝夕相处的姐妹们的笑脸，耳边响起了她们的歌声，那样鲜活，那样动听，仿佛一声呼唤，她们就能立刻爬起来，跟着她冯增敏翻山越岭，继续征战。她下意识地喊出了声："大娥！"大娥一动不动。冯增敏如梦初醒，她蹲下身，颤抖着双手，轻轻地、轻轻地擦拭着战友脸上的血迹，为她们理顺散乱的头发，像是生怕惊醒了熟睡的姐妹们。然后，站起身，率领战士们向牺牲的10位女子军战士鞠躬，默默宣誓，一定要为死难的姐妹报仇！

5╱走出林海

第二天，红一营和女子军第一连正在牛庵岭的密林中休整。忽然，四面八方响起喊声："捉活的！杀呀！""冲呀！"原来，狡猾的敌人化装成红军爬上来了。哨兵没发现，猝不及防，队伍一下子乱了起来。红军边开枪还击，边向密林深处撤退。接连跑了三个山头才把敌人摆脱，但女子军在转移中走散了，与大部队失去了联系。

连长冯增敏身边只剩下传令兵卢业兰、战士冯锦英等9个人。天黑了，还不见我们的人过来，又累又饿，她们趴在石头上睡着了。

第二天，顺着原路刚走了不远，就被搜山的敌人发现了，子弹嗖嗖地飞过来，她们赶忙钻进了山林，跑了很远，才把敌人甩掉。这时她们发现，迷路了！茫茫林海，出路在哪里？部队在哪里？坐以待毙吗？不！回家吗？不！大家商定：上母瑞山，找党，找部队去！

上母瑞山的路怎么走呢？她们只知道母瑞山在西边，于是一直往西走。走了一整天，还是没发现村庄，没发现路，森林像大海一样望不到尽头。林子里黑沉沉的，只有树叶的缝隙里透出一丝月光。大家肚子饿了，便采了些山竹子、鸡兰心、白榄，把又甜又酸又涩的野菜往嘴里塞；渴了就喝山涧里的溪水。鞋子磨破不能穿了，就光着脚丫走，荆棘刺伤了脚板，划破了小腿。走到半夜，实在撑不住了，倒头睡了。森林中冷气逼人，她们只穿着单衣短裤，天还没亮就被冻醒了。大家面面相觑，连说话的力气都没有。冯增敏强打精神，招呼大家挤在一起，摘几片野芭蕉叶盖在身上。长夜漫漫，难熬啊。“连长，讲个故事吧。”冯增敏就讲起来。讲了一个又一个，把母亲讲的、哥哥讲的、王文明讲的故事都讲完了，又顺嘴编了几个，时间就这么不知不觉地过去了。

忽然响起一声山鸡的啼鸣，鸟叫了，鸟醒了，森林慢慢复活了。枝叶间透过来一束曙光，战士们的心好像也被唤醒了。卢业兰盘着腿说，鸟饿不死，人也饿不死，咱们采野果去吧。大家摇摇晃晃地站起来，边走边摘能吃的果子。卢业兰捧起冰冷的溪水喝了一口说，这水真热，跟咱们在驻地喝的开水一样。大家都被她逗笑了。

森林里常年堆积的落叶像厚厚的毯子，有的地方积了雨水，成了沼泽，走在上面把膝盖都没了。她们折断树枝，一步一探，走得很吃力。可就这样还没断了说笑，姑娘不走哑巴路。卢业兰年纪最小，只有 16 岁，她最活跃，走着走着就唱了起来：“三月春风吹椰林，送妹当红军。你打白匪闹革命，带上哥的心。”大家轻轻跟着哼唱，杳无人迹的大森林里回荡着姑娘们的歌声……

山蜞（山蚂蟥）、蛇蝎、蚊虫、蝼蚁，还有弥漫在山中的瘴气，侵蚀着她们的身体，十几岁的姑娘脸色灰黑，眼窝深陷，因为吃不上盐，都有了一绺一绺的白发，像老太婆似的。走了 6 天，已经精疲力竭了。冯锦英忽然把枪往地上一扔，不走了。她喘着粗气说：“连长，把枪扔了吧，实在背不动了。要枪就不能要人，要人就不能要枪。”冯增敏说："锦英，你累糊涂了吧？咱们红军怎么能不要枪呢？""连长，远路鸿毛变成铁，再背就得被压死。"大家都过来劝她："咱们红军的枪来得不易，为了这支枪，不知道多少人流过血。""锦英，别泄气，大海有岸，森林也有边啊，咱们一定能走出去，一定能找到党！"锦英含着眼泪，吃力地站了起来。她们扶着树，扯着藤，一步一步往西走去……

每天出发前，冯增敏都先爬上树眺望，看有没有路，有没有人。第七天，她照常费力地爬上树张望，忽然发现一条像带子般的路缠绕着绿色的林海。她大声喊："路！路！"她兴奋得险些从树上掉下来。战友们忘记了疲劳，争着爬上树，观望给她们带来生的希望之路。

经过七昼夜的艰难跋涉，终于找到了路。她们沿着这条路走出了大森林，走到了母瑞山。

6／第二战场

8 月上旬，陈汉光调集兵力，在飞机大炮的配合下，紧追不放，疯狂进剿。红军主力从母瑞山撤到东安，又折回母瑞山。为了分散敌人兵力，打破围困，师长王文宇决定率领红一团和女子军向文魁岭转移。他们突出重围后，敌人又追上来，红军伤亡惨重，陷入弹尽粮绝的境地。在这种情况下，师长王文宇决定，女子军化整为零，疏散隐蔽，保存力量。至此，女子军特务连解体。

离别时，大家难舍难分。她们把红军袖标摘下来，小心地藏在怀里，把枪埋起来，含泪道别。

在女子军的连干部中，最早被敌人逮捕的是女子军连第一任连长庞琼花。1932 年春，由于受王明"左"倾机会主义的影响，琼崖特委也曾一度开展了反对所谓 AB 团、社会民主党的"肃反"运动，琼崖团特委是重灾区。庞琼花是共青团员，被停职审查，与几百名受嫌疑的红军官兵关在一起。1932 年 8 月，国民党军队兵临山下，他们才被宣布“无罪释放”，予以遣散。琼花打算回老家乐会四区岭下欧宅园村。但是，还没有离开母瑞山，就被捕了。她前脚刚迈出自己队伍的监狱，后脚又被抓进了国民党的监狱。

女子军一连疏散后，冯增敏和王时香藏在鹿离寨村，后来又转移到门仔村。由于无人接济，她俩饿了几天，只好分手各寻生路。王时香回到家乡阳江墟附近，不敢进去，就让人捎口信要母亲来见她。一会儿，她母亲和公公一起来了。母亲劝女儿，公公劝媳妇，苦苦劝她回家去。时香说，回家会被敌军发现抓去的。公公说，国民党旅部和区公所早通知了，限你 3 天内出来，不然将我们两家满门抄斩。母亲一边抹泪一边拖着时香回去。时香不知如何是好，被母亲拉着回家。当天晚上，敌军就上门将她抓到了区公所。

在与王时香分手后，冯增敏藏在苦藤岭。敌军将上山的道路全部封死。冯增敏在山上无食无衣，又得了疟疾。有一天，敌人放狗搜山，冯增敏连忙藏到墓坑内，逃过一劫。此后，敌人每天都牵狗搜山，漫山遍野都是敌军的吆喝声和狗吠声。冯增敏见山中不是藏身之地，只好在晚上挣扎着爬回家去。母亲告诉她，敌人每天都来抄家找人，并留下话：“抓不到冯增敏就拿全家人开刀问斩。”冯增敏有家难归，只好藏到村外的山林中，母亲悄悄给她送饭。敌人抓不到冯增敏，就将她母亲看管起来，不让她离家半步。她母亲脱不了身，只好请伯父给她送饭。有一天伯父送饭时，被已盯梢多时的团丁暗中尾随。团丁一见冯增敏，便用枪托打了过来，冯增敏被捕了。

女子军第二连在排磉村疏散后，黄墩英回到家乡南界村，想与父母商量个办法。但进了村，乡亲们看见她都匆匆避开了。邻居告诉她，因为她，父亲被团丁活活打死了，母亲为避祸也逃到排望村躲起来了。找到母亲后，母亲将她安置在山林中，每天都偷偷给她送饭。

晚上，夜风凛冽，冷气袭人，她在山上待不下去，只好摸黑到村外一间无人居住的破屋中过夜。不知怎的让敌人发觉了，凌晨，敌人悄悄包围了这间房子。

庞学莲回到家乡阳江墟后，在家中躲了几天。她父母都是胆小怕事的人，整天为她的事犯愁，坐立不安，只怕女儿的事被敌人查出来让全家人跟着受累。后来想出个主意，让女儿到婆家去，他们以为女儿在婆家，像个一心过日子的本分百姓了，敌人便不会再追究以前的事了。但庞学莲到婆家后大约一个月，也被警卫旅的敌军逮捕了。

被敌人逮捕的女子军战士还有林尤新、王振梅，琼崖苏维埃政府常委蒙汉强，乐会县苏维埃政府委员王学葵，琼崖妇女委员会委员林仲英等。她们被关在阳江警察所的监狱里。

女子军名扬琼崖，如今她们身陷囹圄，陈汉光很重视，亲自逐个提审，追问她们的姓名、籍贯、家庭和任职情况，这些事已不是什么秘密，所以她们都如实说了。但是当陈汉光问，红军疏散后，都藏到哪里去了？她们都众口一词地回答说，红军化整为零后，各走各的路，彼此之间都不联系，不知道他们都到哪里去了。陈汉光又问，红军解散后，是谁给你们接济食物，让你们活了下来？她们说，家中有点存米，自己做饭吃。陈汉光见审不出什么有价值的东西，便严刑逼供，大打出手，把她们用绳子吊起来，皮鞭抽，皮鞋踢，枪托撞，冯增敏被敌人打得昏死过去。后来，冯增敏在回忆这段严酷的日子时曾骄傲地说："我们女子军战士，谁都没有出卖同志！"简简单单的一句话，背后有多少不为人知的残酷、痛苦、忍耐和坚持。

陈汉光一无所获，就将她们押到阳江、中原、乐来、屯昌、定安等地示众，炫耀他们剿共的"战功"。1933 年末，陈汉光警卫旅旅部迁驻府城，冯增敏等 8 位女战士也被押解到府城监狱。面对着敌人没完没了的折磨和迫害，她们愤怒，她们抗争，豁出去和敌人拼了。她们放声大骂国民党、陈汉光，砸坏了监牢里的工字窗，打碎了碗盏。她们甚至两次试图集体自杀，以抗议敌人对政治犯的残酷虐待。冯增敏在入狱前就患了疟疾，有一次，她发病了，咯血、呕吐、抽筋。她横下心了此残生了，死活不让狱医治疗。陈汉光知道后，叫几个士兵强行按住冯增敏让狱医注射药水。

1934年，陈汉光警卫旅奉命离琼。离琼前，他就如何处置被关押的女子军干部请示国民党第一集团军总司令陈济棠。陈济棠对女子军干部在狱中坚持斗争的事早已知道，头痛不已，便让陈汉光把冯增敏等8人押解到国民特别感化院。所谓感化院，其实是一座关押政治犯的监狱。这里囚禁着许多在广州暴动和海陆丰暴动中被俘的共产党人和革命者。感化院对犯人不使用暴力手段，而以攻心为上。敌人将政治犯按文化程度分为甲乙丙三个班。冯增敏等8人都没有多少文化，又不懂国语和粤语，都被分在丙班。在感化院，管教人员要她们诵读"总理遗嘱"。此外，还下地种菜，到工厂做工。在感化院，她们都坚持了自己的政治信念，无人被"感化"而动摇变节。

1936年12月12日，西安事变发生，1937年7月7日，卢沟桥事变爆发，抗日战争开始。在中华民族面临生死存亡之时，国民党被迫宣布共产党合法，国共合作抗战，立即释放政治犯。被关在广州感化院达3年之久的冯增敏等8人获释。

这些在战场上临危不惧的女子军战士，把国民党反动派的监狱当作第二战场，经受住了另一种考验，又打了个胜仗。当然，她们赢得很艰难，很艰难。

女子军虽然只存在了一年多，便被迫解散，但其影响重大深远。在后来的抗日战争和解放战争中，琼崖纵队里女战士占七分之一，每个团都有一个女子军连。她们在极端艰苦的战争环境里担负了危险的作战任务和繁重的后勤工作，既要参加战斗，又要烧水做饭，给男战士缝缝补补，克服了难以想象的困难。最辛苦的是她们，最能忍受的也是她们，海南女性的可贵品格在女子军战士身上得到了最鲜明的体现，她们奉献了很多很多，得到的却很少很少。她们争取自身的解放，争取妇女的解放，争取全民族的解放，在这条路上付出了巨大的牺牲，海南的女烈士有1903位，占广东省女烈士的百分之六十四。她们前仆后继，在几十年革命斗争中用行动唤醒了受压迫最深的海南妇女，她们为海南妇女、为全中国的妇女做出了表率，在历史上占有重要的一页，也因此而成为世界妇女争取自由解放的光辉典范，成为整个中华民族永不退褪色的记忆。

7/ 坎坷人生路

五年铁窗生涯结束了，女子军战士自由了，她们满怀希望，满心憧憬，回到家乡。然而，等待着她们的仍然是一条荆棘丛生的路。

冯增敏出狱后，嫁给了一个红军战士。当她身怀六甲，喜悦地迎接新生命的到来时，丈夫在战斗中牺牲了。女儿生下来，她抚养了几年，就狠狠心，把女儿送了人，又义无反顾地投身于伟大的抗日战争，1945年入党，直到解放后才把女儿接回来。她担任了琼海县妇联主任，1960年，出席全国第一届民兵代表大会，毛泽东主席等中央领导授予她一支苏式半自动步枪和100发子弹。在“文化大革命”那个颠倒黑白的年代，这位女英雄却被打成叛徒，被开除公职。1970年，重病在身得不到及时救治的冯增敏含冤去世。她留给女儿的遗言是：“我是清白的，我一生从来没做过对不起共产党的事，你也永远不要做对不起共产党的事！”

黄墩英离开监狱后，迎接她的是满目凄凉的家。父亲兄弟死的死，逃的逃。在苦闷中过了一段日子，一个国民党的区长因婚后无儿女，想娶黄墩英做小。当时青壮年男子很多死于战火，女子择偶不易，在母亲的劝说下，黄墩英不得不向现实低头。后来，在她的劝说下，丈夫离开了军队，当了一名国文老师。海南解放后，丈夫因历史问题被镇压，黄墩英戴着地主婆、叛徒的帽子受尽屈辱。直到平反昭雪，才过上了人的日子。

当年女子军解散，化整为零后，没有被捕的女战士也同样历尽坎坷。

颜东回家后，为了不连累家人，远嫁他乡。后来她又和丈夫下了南洋。与许多背井离乡的人不同的是，女子军身上特有的斗争精神使她又参加了马来西亚共产党，开小食店作掩护，从事地下活动。1949年，当地政府大规模驱逐华裔共产党员，颜东和丈夫才回到祖国。

王运梅当年参加女子军是因为受不了婆家的歧视，部队解散后，她只好回到那个让她无奈的家。见到这个从天而降的媳妇，婆婆哭了，女儿也抱着她大哭。原来，丈夫为躲避国民党抓壮丁下南洋了。王运梅知道自己这个“红军婆”在这里待不下去，第二天就带着婆婆和女儿回了娘家，辛苦度日，等着丈夫回来团聚。直到1982年，把自己的青春都化作守望的王运梅终于得到了丈夫的消息，他已在国外娶妻生子了。

在战争中九死一生的女子军战士们，在后来的人生道路上个个历尽磨难，她们忍受着不公正的待遇，默默地侍候老人，抚养儿女，插秧收禾，割草放牛，表面上已与普通农妇无异。岁月无情，人们都忘记了她们那不同寻常的过往，仿佛她们从不曾拿起过枪，从不曾冲锋陷阵，叱咤疆场。只有她们自己知道，是战火中锤炼出来的坚韧、顽强，对信念的不离不弃支撑着她们走过来，日复一日，年复一年，走过了千辛万苦，走到了生命的尽头。

2013年，一个冬日的中午，笔者来到琼海市红色娘子军纪念园。

听说王运梅老人被政府接到这里住，颐养天年，就想去一睹一代女杰的风采。园中有个小小的院落，几幢瓦房，一庭花木。穿堂里，有位老妇人坐在木凳上，过去一打听，原来是王运梅的女儿，王运梅已于不久前去世了。我凝视着眼前的老人，想从这张脸上找到她的前辈的影子。老人已近80，白发，皱纹，微微佝偻。她微笑着拍拍身边的凳子，示意我们坐下，脸上平静如水。

走出纪念园，天上下起了小雨，稻田、树木青绿如洗。一个农妇在田里劳作，一位阿婆挎着盛满青菜的篮子，牵着小孙子的手走在回家的路上。当年那一代英雄出生入死，为的就是这平常、平和的日子吧。

硝烟散尽，炊烟升起。来自泥土，回归大地。

第六章

艰难岁月

∨

这是一群现代的燧人氏。
在伸手不见五指的黑夜里，
他们能钻出火来，
是因为他们心中有一颗永不熄灭的火种——信仰。
信仰是他们的食物，
信仰是他们的衣服，
信仰是他们活下去的支柱。

1/ 琼崖春色

内洞山会议以后，中共琼崖特委在冯白驹的领导下，继承王文明的遗志，振作士气，采取有效措施，派干部奔赴各县，巩固农村革命根据地，积极扩大红军和农民武装，联络组织失散的红军，继续开展斗争。乐会等8个县委恢复了活动，临高、文北建起临时工委，海口建立了特支、郊委。

1930年1月底，冯白驹遵照省委指示，去香港向中共广东省委汇报琼崖革命斗争的情况。当时正值农历年关，沿途关卡盘查放松，冯白驹化装成商人，带着交通员阿发从母瑞山出发，乘船沿南渡江顺流而下，直达海口。到海口后，当天去香港的客轮早已开走，必须住下来等候下一班客轮。冯白驹便领着交通员住进一家客栈。海口是琼崖国民党反动当局的大本营，盘查极严，冯白驹和交通员怕被敌人发现，不敢轻易出客栈，就躲在屋子里。

客栈有个小伙计，个子不高，很机灵的样子，见他们这样，并不挑明，只是悄悄对冯白驹说："你们整天蹲在房子里不出门，又没有什么事干，会引起人家的怀疑。我去找两位靠得住的朋友，四人一起玩骨牌，时间也好打发。好不好？”冯白驹一想，觉得他说的很有道理。听话听音，这个小伙子好像猜出了什么。他仔细看了看小伙计，见他也正望着自己，眼睛里满是诚恳，便同意了。这样一连玩了三天，正月初四那天，冯白驹和交通员才搭上开往香港的客轮。

到香港后，冯白驹向广东省委汇报了琼崖革命斗争的情况。接着省委安排他去上海参加会议并向党中央汇报。在上海，周恩来和李立三来到会上作了报告。他们专门听取了冯白驹关于琼崖革命斗争情况的汇报。周恩来代表中央鼓励冯白驹说：“你们琼崖党抓住红军，抓住农村革命根据地，抓住苏维埃政权，这三件大事很好。今后，只要紧紧依靠群众，高举武装斗争的旗帜，坚持斗争，一定能够取得胜利。”中央领导的话对孤岛奋战的冯白驹是很大的鼓励和鞭策。

半个多月后，冯白驹回到广东省委驻地香港。省委主要领导人对琼崖的工作又作了具体部署，冯白驹便从香港乘客轮返回海南岛。船到海口，他们仍旧住在那家客栈。小伙计把他们安排在三楼后面一间不起眼的小房子里，告诉他们，近来搜查得很严，不要出门。他帮他们买饭送水，买船票，默默地照顾他们。临别时，冯白驹问：“你这么关照我们，你认识我吗？”小伙计点点头：“认识。我是海口郊区农会的人。你帮助过我父亲。”冯白驹恍然大悟。几十年后，冯白驹还没忘这个不知名字的小伙计，他常用这件事来教育干部。

1930 年 4 月，琼崖党的第四次代表大会召开。冯白驹传达了上海会议的精神和广东省委的指示，转达了周恩来对琼崖工作的肯定，制定了开展红五月攻势、建立苏维埃政权、进行土地革命等方针政策。这次会议是琼崖第二次土地革命的起点。

冯白驹领导着琼崖革命的航船乘风破浪，在红五月攻势中，乐会、琼东定安等 8 个县委恢复了活动，苏区迅速扩大，建在苏区的敌人的炮楼被挤了出去，成班成排的敌人向红军投诚。红军独立师成立了，妇女解放运动的典范——女子军特务连成立了，赤卫队等群众组织也大大发展起来。母瑞山办起了红军干部学校，特委出版了《琼崖红旗》等报刊，特委的各项措施、红军的捷报得以广泛宣传。农民分得了土地，苏区开设了集市贸易，在战争中受到毁灭性打击的老百姓的生活有了起色。城市工作也搞得有声有色，海口、嘉积、三亚和各县县城的盐业、船业、割胶业的工会建立了。笑容回到了人们的脸上，希望回到了人们的心里。美丽的海岛，红色的苏区，春回大地，春暖人间。

2/ 树欲静而风不止

就在琼崖农村根据地革命形势蓬勃发展的时候，广东省委延续了“左”倾盲动路线，不顾海南岛的实际情况，于 1930 年 8 月、9 月两次发来指示，要求特委“立即布置夺取海口的工作”，迅速组织工运和兵暴。特委在巨大的压力下，令红军攻下谭口和塔市、昌城，但自己的损失也很大。接着在发动兵暴、夺取海口的过程中，消息泄露，以失败告终。事实证明，当时城市中敌人的势力很强大，如果对革命的长期性和复杂性认识不足，对敌我力量分布情况不了解，就会一而再、再而三地犯错误。

由于琼崖共产党领导的革命武装在农村广大地区的节节胜利，国民党当局更加紧了对城市的控制，盘查异常严密，到处都有敌人的耳目。

1931 年夏天，海口骑楼街上骄阳似火，行人熙来攘往，热闹的得胜沙路走来一个青年人，20 多岁，浓眉大眼，面容轮廓分明，透着坚毅干练。他走进了一家旅店，住了下来。他叫李硕勋，是中央新任命的广东军委书记，这次特意来海南岛指导工作。

李硕勋只有 28 岁，可他却是个经历丰富的职业革命家。1903 年他出生在四川高县，5 岁读私塾，聪颖过人，之后考上了宜宾、成都的新式学堂。在那里，他结识了参加过戊戌变法、辛亥革命的吴玉章，受到了革命思想的影响，决心像吴玉章那样，“做点有益于人有益于国的事情”，开始投身学运。激情澎湃的李硕勋很快成为学运骨干，罢课、演讲、游行，处处能看到他的身影。不久他遭到军阀的通缉，李硕勋告别家乡天府之国，先去北京读书，1923 年，又到了上海，成为上海大学的学生。在这个中国共产党的发祥地，李硕勋如饥似渴地吸吮着革命真理，他听了瞿秋白、蔡和森、恽代英、张太雷的课，马克思主义、共产主义的理论如指路明灯，照亮了这颗年轻的心，他明白了自己的出路，也明白了中国的出路。在这些共产党的早期领导人的引领下，1924 年，他加入了中国共产党。

1925 年，轰轰烈烈的五卅运动爆发了，李硕勋一马当先，走在了学生队伍的最前面。他被选为上海学生联合会代表、全国学生联合会会长。那些日子对他来说，没有白天和夜晚的区别，他在学校、工厂奔波往来，推动罢课、罢工、罢市，忘记了疲劳和饥饿。他还在《中国学生》周刊上发表了《民族解放运动之中国学生》、《纪念孙中山》等内容犀利的文章，宣传共产主义思想，受到学生们的好评。1926 年，党派他到武汉，在国民革命军第四军二十五师任政治部主任。第二年 8 月 1 日，李硕勋所在的部队参加了南昌起义，打响了武装夺取政权的第一枪。起义后，朱德派他回上海向中央汇报。以后的几年里，他在上海、武汉、江苏、浙江从事工人运动、农民运动，参与组建红十四军、十七军，当过区委书记、军委书记，白区、红区都留下了他的足迹。几年来不同战场的历练，使李硕勋积累了大量的经验，他肩上的担子也越来越重。1931 年 5 月，组织调他去中央苏区任红七军政委，取道香港赴任时，广东区委急需他这样经历丰富的干部，请求中央把他留在广东，得到批准，被任命为广东军委书记。

李硕勋来到海南岛，正在想法子与琼崖特委取得联系，召开军事会议，研究怎样在海南展开新的斗争，不料被叛徒出卖，8月13日不幸被捕。

在监狱里，敌人知道他是个重要人物，上至共产党中央，下至琼崖特委领导人，他知道的很多，于是千方百计要从他嘴里获得有用的情报。野兽般的敌人使出最狠毒的伎俩，火烤、电击、灌水、棒打全用上了，他受尽酷刑，坚贞不屈，一个字都不说。敌人见状越发疯狂，把他打得多次昏死过去，又用凉水泼醒，继续折磨他。李硕勋成了个血人，却始终如一，以钢铁般的意志打败了敌人的威逼。最后连刑讯室的敌人都累得瘫软了，不得不换班。刚进来的刽子手抄起木棍，几棒子下去，打断了李硕勋的腿。李硕勋又一次昏了过去。

敌人把他拖进牢房，扔在潮湿的地上。不知过了多久，李硕勋苏醒过来。同牢房的难友赶忙把一碗水送到他嘴边，他喝了几口，艰难地说了声："谢谢。"难友轻轻抚摸着他的腿，难过得直掉眼泪。李硕勋却反过来安慰难友："不要哭，他们拿我没有办法。除了打断我的腿，我看他们还能怎样！"李硕勋脸上浮现出一丝微笑，那是轻蔑的笑，是胜利的笑。

正值海南岛的盛夏，狭小的牢房里酷热难当。李硕勋伤痕累累，无医无药，伤口很快就化脓、腐烂，后来竟生了蛆虫。即使在这样的境况下，他还保持着革命者的乐观，给难友讲红军的故事，教他唱苏区的民歌，鼓励难友坚持斗争，绝不能在敌人面前胆怯。他那坚定无比的意志令敌人都惊讶叹息，狱卒呆呆地看着他说："这个共产党可真不是凡人啊……我怕是这辈子也不会再碰上第二个这样的人！"

李硕勋心中明白自己的生命快走到尽头了，他给妻子赵君陶写了一封遗书，叮嘱妻子："死后勿为我过悲，惟望善育吾儿。……你亦努力谋自立为要。"写完，他凝视着这封遗书，字里行间似乎浮现出妻

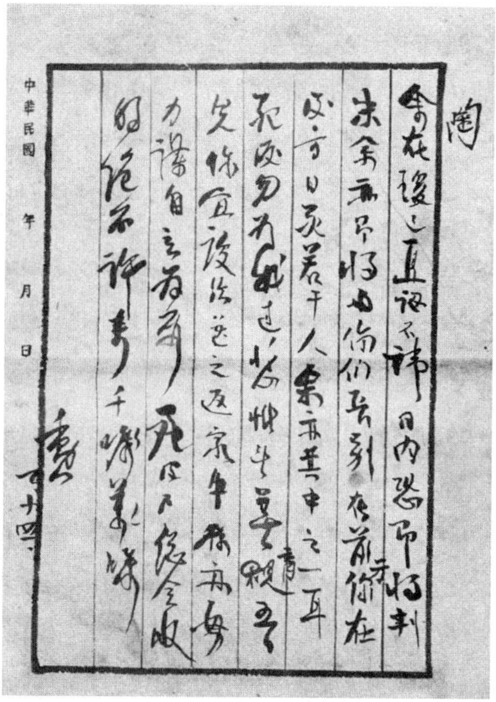

李硕勋在海南岛被捕后狱中遗书。

子那双清秀的眼睛，儿子可爱的圆圆的脸，他多想再抱一抱妻子瘦弱的肩膀，再亲一亲小儿子稚嫩的面颊。这些年驰骋沙场，很少有机会陪伴亲人，妻子的身体还好吗？儿子应该长高了吧？多想他们啊！如今，宝贵的生命就要画上句号了，他忍不住浮想联翩：儿子长大以后会是什么样子呢？还记不记得他这个父亲呢？将来革命胜利了，儿子的明天一定会很美好的……

9月5日，敌人用箩筐抬着双腿被打断的李硕勋来到刑场。李硕勋虽然站不起来，却挺起胸膛，昂起头颅，平静的脸上是一如既往的坚定。他努力整理好被敌人打烂的衣服，高呼："中国共产党万岁！""革命一定会成功！"

枪声响了，这个只有28岁的共产党人仰面倒下，最后看了一眼海南岛湛蓝的天空。

在海南岛，1930年到1931年的斗争比1927年到1928年的斗争更加尖锐复杂，不但"红白"对立厉害，而且敌人破坏革命的手段是多样的——这是冯白驹的看法。1931年夏，两广省委向琼崖特委转发了中央苏区从敌人手里缴获的有关闽赣发现社会民主党、AB团的情况通报及两地"肃反"通报，指示琼崖特委开展"肃反"运动。战争时期，的确有一些来路不明、身份不明的人混进革命队伍，怀着各种目的，打着各种旗号，秘密破坏党的事业。特委先是查出琼崖团特委书记冯勋与国民党勾结，阴谋发动暴乱、暗杀冯白驹等领导、挑拨党团关系等罪行，于是开始在党政军"肃反"，"肃反"委员会由特委组织部长王志超、红军独立师政委王大理领导。后来才查出，这两个人都是暗藏的社会民主党分子。他们在领导"肃反"运动时，作出了"有口供便可就地处决的决定"，大搞逼供信，借机捕杀了很多忠于党、忠于革命的好同志，仅独立师就处死了200多人，闹得人人自危，敌我不清。

当时，我们党还处在幼年期，没有经验，作为琼崖特委负责人的冯白驹也不是先知先觉的神，“肃反”扩大化，他是有责任的。后来，他做了沉痛的检讨，仔细分析了错误的原因，最后他说：“在‘肃反’工作中，我们的损失实在太惨重了，党政军的干部几乎损失了一半，领导上工作都处于最困难的境地……这些惨痛的教训，我是一生不忘的。”

这场“肃反”运动在陈汉光率部疯狂扑向我根据地、兵临山下的危机时分，匆匆收场。但是，恶果已经结出，接下来我军反“围剿”的惨败，就与此有着直接的关系。

3 ╱ 反“围剿”失败

1931 年 10 月，王文宇、冯国卿率领一部分红军从母瑞山突围后，冯白驹领导着党政军机关部分干部和红军战士 100 多人在这里继续坚持斗争。母瑞山里生长着一片片原始森林，毒蛇猛兽出没林间，密林里闷热潮湿，瘴气弥漫。在草丛的积水里，还有许多吸血的山蚂蟥，山道崎岖难行，敌人一般不敢轻易进入母瑞山深处。

母瑞山周围有二三十个小村庄，集聚着苗族百姓，还有红军的家属。当年，王文明抵制“左”倾盲动主义以城市为中心的做法，经过反复思考，他认识到，历史上有过多次农民武装起义，都遭受失败，其中有一个重要原因，就是没有稳固的立足点，四处流动，成了无本之木，无源之水。王文明说：干革命不是当流寇，一定要扎根于群众之中，找到可靠的立足点。当敌人开始“围剿”时，王文明对此有了更深切的认识，于是他一手创建了母瑞山根据地。在琼崖革命斗争史上，这座山在危机时刻，像母亲一样，敞开怀抱，保护了革命火种。

王文宇率红军主力冒雨突围的那个夜晚，冯白驹和琼崖苏维埃政府主席符明经、秘书长王业熹、共青团特委负责人冯裕深久久地站在山上，听着红军突围方向传来的爆豆般密集的枪炮声，默默无语，他们都在为突围的人担心。

但是，他们还是抱着一线希望，希望突围部队早日和外面的红军会合，早日打败敌人的“围剿”。盼着，盼着……五天过去了，十天又过去了。每天，太阳照常从东边升起，又被西山吞没，没有任何消息。他们站在山上，望眼欲穿，却见不到一个人影，只有一望无际的绿色。

枪声三天两头在山脚下的村庄响起。滚滚浓烟里，一栋栋茅房倒塌，一队队敌军用刺刀威逼着扶老携幼的老乡，离开他们祖祖辈辈繁衍生息的家园。百姓们牵衣顿足，哀声动地。敌人要把红军困死在山上，要把这座山变成“死山”。

看到这些，战士吴天贵再也忍不住了，他跑到冯白驹面前，举着枪吵嚷着，要求冯白驹下命令，下山去与敌人拼命。冯白驹和符明经严肃地制止大家，符明经说：“我们留在山上，不是贪生怕死，而是要保存我们的力量，将来领导全海南的革命，我们不能跟敌人一拼了事。”

一转眼，主力部队离开母瑞山快三个月了，随同红军主力突围给山上弄粮食的三爹也没回来，他们就像断了线的风筝，杳无音讯。

这些日子里，大批敌人在母瑞山搜剿，像篦头发似的一遍遍“扫荡”。由于冯白驹他们对这里的地形了如指掌，就拖着敌人忽而山前忽而山后地打转转。

有一天，敌人又来搜山，大家分散隐蔽，冯白驹和妻子王惠周、符明经、警卫员环忠、吴天贵等人躲藏在一个石洞里。洞子很窄，天气又闷热，大家敞开怀，用帽子扇风，默默地听着敌人的动静。这时，灌木丛发出沙沙的声响，一阵脚步声由远而近。吴天贵和环忠在洞口的藤蔓后面朝外窥探，食指扣在驳壳枪的扳机上。敌人走过来了，吴天贵沉不住气，正要开枪，冯白驹连忙打手势要他镇静。脚步声过去了，大家刚松一口气，又有两个敌兵爬了上来，离洞口只有几步远。吴天贵情不自禁地把枪伸向洞口，冯白驹急忙向他示意：敌人不发现洞口，就不准开枪。谁知这两个敌兵竟在石洞顶上坐了下来，喘着粗气。

头顶响起一声吆喝："你们干什么？是来剿匪，还是来歇凉？马上给我搜，共匪的师长都被抓到了，你们连匪兵也抓不到一个……"

顿时，冯白驹的心紧缩起来：难道王文宇师长遇难了？敌人走开了。可冯白驹的心头愈发沉重。

一弯新月升起，母瑞山笼罩在月色里。敌军下山了，大家走出山洞，和藏在别处的同志们在约定的地点集合。布好岗哨，女同志动手做饭，王惠周和李月凤是最忙的人，打柴、挑水、淘米、挖野菜，她们先用芭蕉叶把锅灶围起来，以免暴露火光，再找来三块石头，架起锅，倒上水。冯白驹和几个干部凑过去帮忙。

火不容易引燃，湿漉漉的柴火冒着刺鼻的白烟，就是不起火苗。王惠周、李月凤两人跪在地上，弯着身子，把头伸向锅底，鼓着嘴巴呼呼地猛吹。火吹燃了，烟熏得她们直流眼泪。

饭做好了。说是饭，其实就是少得可怜的米和一大锅野菜煮成的稀粥。炊事员李月凤招呼大家拿出椰壳碗，挨个分发。分到最后，她和王惠周用勺子刮得铁锅嗤啦啦响，米没有了，只好勉强喝了点野菜汤。

在敌人的严密封锁和围困下，母瑞山上的红军无法与山下的群众联系，山上的粮食基本断绝。冯白驹领着100多人，在山上几个月没吃过一顿饱饭，有时候十几天都吃不上一碗稀粥。为了一碗稀粥，战士们你推给我，我让给你，干部让给伤病员，伤病员又悄悄留给干部。每当分粥时，特委书记冯白驹总是逐个检查，等到每个人都分到一碗，他自己才吃。如果不够，冯白驹就将自己的一份粥让给别人，自己另煮野菜充饥。

一天夜里，山脚下密集的枪声划破了母瑞山寂静的夜空。山上的人都紧张起来。过了不一会儿，岗哨就见一个人跌跌撞撞地爬了上来。原来是庶务长三爹突破敌人的防线，背着满满一袋粮食回来了！他一到驻地，就一头栽倒在地上。

冯白驹急忙把三爹抱起来，只觉得他全身软绵绵的，冯白驹摸摸他，还有呼吸，这时他发现自己手上有血，仔细查看，原来三爹的左手被敌人打伤了。

冯白驹和大家一起把三爹抬进草棚，王惠周给他包扎好伤口，喂他喝了点水，他才喘过气来，慢慢睁开了眼睛。冯白驹迫不及待地向三爹问起王文宇和突围部队的情况。三爹不答话，用手捂着脸哭起来。冯白驹心里一沉。他熟悉这个铁打的汉子，多少年来都没见他哭过一次。

山上的人都拥在三爹的周围，等待着，想问又不敢问。好一阵，三爹才止住哭泣，说起红军主力突围后又遭敌人追击，师长王文宇和政委冯国卿壮烈牺牲的情况。

冯白驹和大家都低下了头。一阵死一般的沉寂，只有山风掠过树梢的声音。有人在低声啜泣，有人含泪凝视着天空。

冯白驹打破沉默，他声音低沉却字字有力地说："革命总要付出代价的，一个人倒下去，千万个同志站起来。哪怕只剩一个人，同样要坚持到最后。我们要有信心，坚持到底，就一定能够取得胜利！"大家渐渐抬起头，都把目光集中在他的身上。只听他接着说："失败是暂时的，琼崖各地还有党组织，还有革命群众，全国革命还没有失败，胜利还是有希望的！"

当晚，冯白驹和符明经、王业熹、冯裕深等领导干部开会，分析形势，研究对策。大家一致认为：红军反"围剿"虽然失败了，主力部队也损失惨重，但是被打散的红军一定还在各地隐藏，敌人决不可能全部摧垮各地的党组织。我们不能只是等待，必须有所作为。他们决定，派人分批下山，到各地联系，了解情况。

两批同志下山了，却没等来半点儿消息。冯裕深见状，主动要求从干部、战士中带10多名共青团员第三批下山。冯裕深是冯白驹的亲弟弟，曾任共青团琼东县委书记。

动员会上，冯裕深说：共青团员愿参加第三批下山的举起手来！团员们都举起了手。冯白驹清点人数，发现还多了一名。冯裕深问，谁在冒充团员？话音未落，一个肩扛步枪的小战士站了出来，气哼哼地说：我要求入团好几次了，组织上总说我没有经过考验，什么时候是我锻炼的机会?！我今天不是团员，明天会是团员。他说着，几乎要哭了，举着的拳头久久不肯放下。

冯裕深挑选出10多名精悍的战士，冯白驹向他们交代了具体任务、联络暗号。黄昏时分，冯白驹和符明经、王业熹一起送冯裕深和10多名战士走出茂密的丛林。临近山脚，冯裕深站住了，不肯再让他们送。

冯白驹跨上一步，紧紧握住冯裕深的手，他想说点什么，可是所有的话好像全都涌了上来，堵在嗓子眼，却一句也说不出来，堵得他生疼。他感觉到自己的手在抖。冯裕深低低地叫了一声："哥哥！"

自从走进革命队伍，冯裕深好久没有这样叫过冯白驹了。"哥哥"这两个字让他心头一暖，裕深自小懂事，和哥哥很亲，他崇拜哥哥，信任哥哥，听他的话。在哥哥的影响下，他满怀热情，参加了革命，不论遇到什么困难，从不叫苦，义无反顾。他的表现让冯白驹很是为他骄傲。裕深这一声呼唤，让冯白驹心头一颤，他想起弟弟跟着他闹革命，受了很多苦，遭了很多罪，琼崖四二二反革命政变中，裕深也被捕入狱，差点死在敌人的屠刀下。"哥哥"这个称呼，让冯白驹的心一疼，他知道，裕深这一去，定是虎穴龙潭，前路凶险，如有不测，他这个做哥哥的将来怎么向父母交代?！可是，冯白驹什么都没说，只是凝视着裕深那年轻的面孔，紧紧地、紧紧地握着弟弟的手，似乎一辈子都不想松开。

时隔25年后，冯白驹这样回忆：“同志和兄弟的友爱之情，交织在我心中。我的心绪乱极了，惜别、眷恋和爱怜。明知道下山的风险，但为了革命斗争，又不能不派人下山。他向我和符明经一再要求，我们知道他当过琼东县共青团书记，很熟悉那里的情况，就答应了他。此刻，面对面站着，我仔细端详着他那坚毅、充满信心的面孔，我自豪我有这样一个弟弟和战友。我相信他一贯勇往直前，具有排除一切困难的精神，会在这次任务中发挥作用。‘哥哥，别难过吧。’他好像看出我的心情，‘万一我们离别成为永别，你告诉爸妈和同志们一声：裕深没有辜负爸妈和党的教养。’他突然笑了起来，‘不过，这是笑话，好吧，我走啦，一定要回来的！’”

冯裕深的这个笑容永远刻在了冯白驹的脑子里。

裕深走了。冯白驹躺在芭蕉叶上，翻来覆去睡不着。他暗暗祈祷苍天，千万不要听到枪声。他侧耳细听，大山的夜静悄悄的，只有山涧里的流水声，风刮过林梢的沙沙声。他吐出一口气，闭上眼睛。立刻，裕深的身影又占据了整个脑海。“哥哥！”他似乎又听到弟弟在唤他。他在心里应着，干裂的嘴唇动了动，似乎想说：裕深，你要小心啊！突然，猫头鹰“咕咕”地叫起来，声音凄厉。冯白驹猛地坐起身，一动不动，身子僵在那里。就在这时，山下隐隐约约传来了枪声！冯白驹的心顿时沉到无边的暗夜里。

冯裕深下山后，遭遇反动民团袭击，不幸牺牲。

风萧萧兮易水寒，壮士一去兮不复还！

4／野人生活

一连几批人下山，都如石沉大海，毫无回音。敌人的重重封锁与不停的搜剿，加上饥饿、疾病、寒冷的侵袭催逼，越来越多的人死去了。随冯白驹上母瑞山的100多人的队伍，最后只剩下冯白驹、符明经、王业熹和庶务长刘天佑（同志们都称他为“总务三爹”）4名干部，以及吴天贵、林天德、林茂松等20名战士，还有王惠周和炊事员李月凤两位女性，共26人。冯白驹决定不再派人下山。他决心带领大家留在母瑞山坚持斗争，保存革命火种，等待时机。

危险如影随形地跟着他们。一天拂晓，他们刚起来，附近突然响起枪声，大批的敌人忽然出现在面前。

“跟我来！”冯白驹拔出左轮手枪，且打且退。大家都紧紧地跟着他。敌人的子弹呼啸而过。他们穿过密林，跳过山涧，而敌人像恶魔似的死死地缠住他们，一边狠命地追，一边声嘶力竭地喊着要他们缴械投降，战士们回答敌人的是充满仇恨的子弹。共青团员环忠冲在前面给大家开路，神枪手吴天贵和林天德断后，弹无虚发。符明经被一个敌人迎头截住，他猛然绕过一棵大树，跟敌人转了几个圈子，一下子消失在山林里。一个敌人追上李月凤，伸手抓住了她背上的包袱。李月凤急中生智，将包袱朝敌人猛地一推，来了个“金蝉脱壳”，甩开敌人，隐没在林丛之中。敌人终于不敢再往密林深处追，撤走了。尽管摆脱了敌人，26人无一伤亡，但是，除了王惠周冒着生命危险保留下一个装有重要文件和特委印章的小包袱，其他人的东西全部丢光了。

在深山老林里，最难的还不是对付敌人。

此时，他们几乎成了与世隔绝的人。

吃，是他们的头等大事。采野菜、挖山薯、摘野果、剥山芭蕉心成了每天的主要任务。能下肚的东西实在不多。有一次，他们在挖野菜的时候，偶然遇到了苗人种的一块番薯地，大家像过节一样高兴。晚上，他们悄悄去挖回来，靠着这块地里的番薯，撑过了一段时间。这普普通通、在海南岛遍地都是的番薯在他们的眼里是那么珍贵，当时冯白驹就想，以后情形好转了，要找到主人，给人家钱。可是，在那个兵荒马乱的年代，到哪里去找呢？几十年后冯白驹回忆起这件事，还说，这是他一生的遗憾。

趁敌人没有搜山的时候，他们分散到山沟里去摸鱼虾，到林中采木耳、蘑菇，捕蛇。他们发现一种一尺多高、形状像蚕豆苗的野菜，一尝，叶嫩茎脆，味道也不错，大家都喜欢吃。一天，有人提出：吃了这么久，连这种野菜有没有名字也不知道，太委屈它了，该给它取个名，等将来革命成功，也好告诉我们的孩子。

大伙七嘴八舌地议论开了，有的说叫"饱肚菜"，有的说叫"山中宝"，有的说叫"长命菜"。冯白驹嚼着野菜说："最重要的还是在我们革命最困难的时候，它帮助了我们，支持了革命，何不就叫'革命菜'！"众人齐声说好。

由于长期吃不上盐，有的人得了夜盲症，有的人浑身浮肿无力。警卫员吴光病倒了，冯白驹煮了草药，烧了开水，像照顾自己的孩子一样照顾他。大家相互关爱，亲如兄弟姐妹，互相支撑着共度艰难岁月。这里不分上级下级，吃的都一样，穿的都一样，称呼都一样，所有的人都称冯白驹"冯同志"。直到几十年后，一些老红军回忆起战争年代的往事，仍然称冯白驹"冯同志"。"同志"这个词，在那个年代里是最尊贵的称呼，它不分地位，不分身份，不分贵贱，它意味着信仰相同的人可以以命相许。

除了吃，穿也成了万般为难的事。冯白驹和同志们由于长期应付敌人的搜剿，在悬崖峭壁和密林里穿行，衣服早被岩石树枝撕成了破布条条，有的甚至赤身裸体。特别是王惠周和李月凤两位年轻的女性，只穿着用以遮羞的裤衩，上身肌肤全部裸露，正值青春年华的姑娘，本应丰满的乳房，由于极度缺乏营养，干瘪如老妪。

红军战士充饥的“革命菜”。

台风来了，暴雨如注，山洪怒吼，整座山都在颤抖，他们的小草棚早就不翼而飞，他们只好抱着树任凭大雨冲刷。冬天来了，深山里寒风刺骨，阴雨连绵，昼夜不停。这一群密林中的“野人”躲在山洞里、大树下瑟瑟发抖。冯白驹看着大家，心里很难过，他想，不能这样下去，我们是人，是人就要有人的尊严。他带着大伙剥树皮，摘树叶，将树皮和树叶用山藤连在一起，披在身上遮羞御寒。男的披着树皮衣，活像穿着盔甲的古代骑士，女的穿起了母瑞山这位母亲馈赠的“百叶裙”。大家看着自己的新衣服，再看看同伴的，都笑起来。尽管走路时很笨重，刷刷作响，极不方便，但是毕竟有了遮体的东西，心里舒坦些了。

在艰苦的日子里，冯白驹带领大家始终保持革命的乐观主义，苦中寻乐。没有敌情的时候，冯白驹把大家的生活安排得井然有序。上午是政治学习，由冯白驹自己负责。他给大家讲中国革命和琼崖革命斗争的前途，他对大家说：“敌人把我们关进了母瑞山这座炼丹炉里，我们都像孙大圣一样，练就金睛火眼、钢筋铁骨，待日后冲破炼丹炉，我们就神通广大了。”

下午，有时挖野菜，有时讲故事。符明经读过大学，算是有大学问的，他肚子里似乎有个故事宝库，什么孙悟空三打白骨精，猪八戒高老庄招亲；什么诸葛亮三气周瑜，七擒孟获；什么武松打虎、林冲雪夜上梁山……古今中外，他好像越说越多，总是讲不完。符明经是琼崖革命早期领导人之一，出身在琼东县大路镇角塘村一个农民家庭。1920 年考进琼东县立一高小学。在校长、琼崖五四运动时的学生领袖杨善集的影响下，走上革命道路。1926 年加入中国共产党。1930 年 4 月，在琼崖党的第四次代表大会上当选为特委委员，为解决琼崖党政机关和红军的给养工作做出了重大贡献。1931 年当选为琼崖苏维埃政府常务委员会委员长。

夕阳西下，夜幕笼罩着母瑞山。符明经用竹棍敲击着椰壳碗当小鼓，冯白驹和王惠周爱唱海南戏，夫妻俩唱得有腔有调。符明经不会唱，就跟着哼哼，摇头晃脑，大家都被他逗笑了。王业熹背靠大树，吹起了笛子。这笛子是他的宝贝，不论走到哪里，他都带在身边。笛声悠扬，驱散了人们心头的迷茫。王业熹是乐会县中原镇文园村人。1923 年秋，他考进了上海远东商业专科学校，其间加入了中国共产党。1926 年，受党组织派遣回琼崖工作。琼崖四二二反革命事变后，他转移到乐会县四区，任共青团琼崖特委组织部长。1927 年 12 月，出任琼崖第一个县级苏维埃政权——陵水县苏维埃政府主席。他坚决支持王文明主张坚持农村根据地的意见，和琼崖苏维埃政府机关及红军 130 多人一起走上母瑞山，开辟农村革命根据地。1930 年 4 月，王业熹被选为琼崖特委委员。在中国革命军事博物馆里，陈列着一座雕塑《艰苦岁月》。雕塑以琼崖党组织在母瑞山艰苦卓绝的斗争为题材，一位老战士在艰苦岁月里，仍然非常快乐地吹着笛子，他的旁边偎依着一位聆听笛声的小战士，满怀希望地憧憬着未来。吹笛者的生活原型，就是王业熹。

冬夜，寒风嗖嗖，冷雨霏霏。大家冻得睡不着，冯白驹想了个办法，他把大家拢到一块，烧起火来，把芭蕉叶烤热了，一片当褥子，一片当被盖，两片叶子刚好能盖严一个人。王业熹躺在“被子”下面背起诗来：“离离原上草，一岁一枯荣。野火烧不尽，春风吹又生。”冯白驹想了想，随口说：“我给你改改。”他念道：“莽莽母瑞山，敌困我自强。野火扑不灭，春风吹又旺。”

一连下了几天的雨，问题又来了，他们的火柴用光了，火种也被雨淋灭了。千难万难，难不倒英雄汉，冯白驹把老祖宗的办法使出来了——钻木取火。真是天无绝人之路，当火星迸起，篝火点燃的时候，大家情不自禁地欢呼起来，就像打了个大胜仗。熊熊的篝火映着 26

张憔悴而又充满信心的面孔，26 双眼睛充满期盼地凝视着美丽无比的火焰。

符明经意味深长地说：“这火燃得真不容易啊！”

王业熹轻轻地说：“星星之火，可以燎原！”

静夜无声，万籁俱寂，似乎天地间唯有这一堆燃烧的篝火，似乎宇宙万物都在注视着这一堆红光暖暖的篝火。

冯白驹缓缓开口了：“我们 26 个人就是 26 粒狂风巨浪吹不灭、枪林弹雨打不烂的革命火种。孟子说，天将降大任于斯人，必先苦其心志，劳其筋骨。我们现在过着野人的生活，正是因为我们肩负着解放琼崖人民的伟大使命。我们有党的领导，有人民的支持，一定会胜利的！”

火光灼灼，映红了 26 张瘦削的面孔。

这是一群现代的燧人氏。在伸手不见五指的黑夜里，他们能钻出火来，是因为他们心中有一颗永不熄灭的火种——信仰。信仰是他们的食物，信仰是他们的衣服，信仰是他们活下去的支柱。靠着信仰，他们在母瑞山上挑战了人类的极限。他们千辛万苦保留下来的信仰的火种最终燃遍了大地，照亮了天际。

5／最后突围

1933 年农历年关，冯白驹和符明经、王业熹分析形势，三个人一致认为，封锁时间一长，再加上春节到了，敌人已经松懈，围而不剿，兵力减弱。这正是我们下山的好时机。于是，一天黄昏时分，冯白驹领着 25 名干部战士，告别了母瑞山，向山下走去。

山还是那座山，路还是熟悉的路，但他们一步一喘，步履维艰。这一年多来，他们的身体都变得虚弱不堪。但是，不能倒下，咬牙坚持啊！他们已经看到了东山再起的明天。

他们从敌人的结合部悄悄摸出山，向就近目的地新兴进发。炊事员李月凤是那里人。她带路，大家日伏夜出，经过两个夜晚，穿越敌人重重封锁线，到达澄迈县的一个村庄。李月凤的家就在这里。

25 个人躲在村边的树林里，李月凤进村联系。她用手指梳理了一下自己散乱的长发，进村去了。

冯白驹和同志们从日出等到日落，从黄昏等到深夜，总不见李月凤的影子。为了防止发生意外，冯白驹安排三爹和环忠留在原地等李月凤，其余的人转移到深山隐蔽。第二天中午，他们忽然听到从村庄方向传来几声枪响，大家顿时紧张起来，都把枪紧紧地握在手里，随时准备对付意外情况。直到晚上，三爹和环忠才回到深山里，大家一拥而上。三爹悲痛地说："就在中午，我们忽然听到村子里一片吵吵嚷嚷声，我爬到一棵大树上朝村子里望：一伙敌人把李月凤五花大绑，正推推拉拉地向村外走。李月凤满身是血，她放声大骂：'匪徒们，你们杀吧，你们不要妄想我出卖革命！你们杀了我，革命也一定会胜利！'李月凤的声音很大，不用说，她是有意让我们听见后转移。环忠忍不住了，要朝敌人开枪，被我拦住。敌人把李月凤枪杀了。"

听了三爹的叙说，冯白驹和同志们全体肃立，默默悼念这位曾与大家患难与共的好同志、年轻的红军女英雄。

李月凤牺牲后，对山下的情况无法了解，冯白驹看到形势如此严峻，领着同志们又回到母瑞山。

过了一段时间，冯白驹经过慎重考虑，认为琼山是革命老区，群众基础比较好，自己生长在那里，又在那里工作过多年，各方面情况都熟悉，到那里去是比较合适的。冯白驹的这个意见得到了大家的一致赞同。

1933 年 4 月，冯白驹领着 20 多人再次告别母瑞山。在一个漆黑的夜晚，冯白驹领着大家向海口至嘉积的公路朝北走。实在走不动了，便在山林里倒地睡下。到天亮一看，睡觉的地方竟是一片坟地，而且大部分都是新坟。这是敌人不久前对这里进行残酷的“清剿”后留下的。

正望着坟头发呆，忽然听到了脚步声，他们迅速藏到灌木丛中。这天正好是清明节，满山都是上坟扫墓的人。他们看得十分清楚，真想上去抱住乡亲们痛哭一场，再和敌人拼个你死我活。可是，这一带敌人的碉堡一个接一个，和敌人硬拼是不行的。大家强压怒火，总算把太阳熬下了山。

走走停停，三天三夜后，冯白驹领着大家终于回到琼山县大山乡长泰村。

冯白驹一个人摸进家门。老家的大屋已被烧毁，只剩了厨房和做牛栏的横屋。他压低了嗓子叫了半天，没有人应。出了什么不幸的事吗？不像是，厨房里有火光。他爬进厨房里，一股熟悉的香味吸引了他。他揭开锅盖，正好有一锅东西在火上煮。冯白驹也不管它是猪食还是什么，抓起来就往嘴里填，真香啊！

门吱的一声开了，一线灯光射了进来，母亲走进来。他兴奋得几乎跳起来。

“妈，妈！”他向妈妈扑去。

“你、你是谁呀？”母亲向后倒退了一步，惊恐的双眼直盯着他。面前站着的实在不像人呀！

“我呀，妈，是我，公孙……”他拢了一下长发，把脸凑近母亲，母亲提起小油灯，上上下下看了好久好久，才颤抖着扶住儿子：“儿啊，儿啊……回来了，真是你啊！”她抽泣着，“反动派说你们都死了……不，我不相信，我想着你们一定会回来的……”

冯白驹的眼泪也不知不觉流下来。母亲老多了。这些日子，父亲一直被关在监狱里，母亲一个人东躲西藏，不知吃了多少苦，担了多少心。

母亲马上做饭。冯白驹把饭拿到村外的树林里，同志们躲在那里等着他，他们吃了一年来的第一次饱饭。他们又回到母亲的怀抱，又回到大地的怀抱了。

冯白驹他们从母瑞山突围回到老家长泰村时，白色恐怖依然笼罩着琼崖大地。他们看到街上贴着国民党琼崖绥靖委员会公署发布的法字第十七号布告：

> 为悬红购缉事：照得琼崖共匪迭经警卫旅痛剿，次第肃清，惟要匪符明经、冯白驹、陈垂斌、胡展等四名尚未觉悟投诚，仍窜匿林泽，冀延残喘，以图死灰复燃，自应悬红购缉归案惩办，以绝根株而维治安。无论军民人等，如能将该匪符明经、冯白驹等二名生擒解案者，各赏给银六百元；将陈垂斌、胡展等二名生擒解案者，每名赏给银三百元。若将该匪首符明经等击毙斩首呈验属实者，赏银照半给予。务期各军贾余勇，严密踩缉，以膺懋赏而奏肤功。合行布告，仰知所属军民人等一体遵照，切切此布。
>
> 计开购缉要匪四名：
>
> 符明经，三十二岁，琼东四区人，琼崖苏维埃政府主席，悬赏银六百元。
>
> 冯白驹，三十岁，琼山九区人，琼崖共党特别委员，悬赏银六百元。
>
> 陈垂斌，三十岁，崖县人，崖县共匪首领，悬赏银三百元。
>
> 胡展，二十七岁，廉州人，共匪兵运委员，悬赏银三百元。

乡村家家户户的门上都贴着“军民合作、杀绝共匪”的反动标语。

廣東瓊崖綏靖委員公署佈告

中華民國二十二年二月九日

委員陳章甫

图为琼崖绥靖公署发布的布告。

尽管如此，地下的火仍没有熄灭。

冯白驹把同志们安置在村边的小山林里，他母亲和村中可靠的群众送饭。他自己开始秘密查访，先找到两个堂弟，他们都是共产党员。猛然间看到冯白驹，真是喜从天降，他们都不敢相信自己的眼睛。冯白驹和他俩一商量，决定分头寻找隐蔽下来的党员、红军。靠着群众的帮助，终于与琼文县委联系上，同坚持在琼文地区斗争的黎民、冯安全、朱运泽、刘秋菊和先期从母瑞山下来的李汉、冯健亚等人胜利会合。1934 年 5 月，他们又找到了在万乐地区坚持斗争的王白伦、冯甲。冯白驹把从母瑞山下来的 20 多个红军战士编成 4 个游击小组，分散到各县开展活动，打击反动民团，鼓舞斗志。新的琼崖特委组成了。在他们的努力下，各地党组织陆续恢复，群众看到了希望，纷纷帮他们做事，大批堡垒户形成，特别是妇女、老阿婆，不为敌人注意，帮他们找粮食，找药，送情报，群众成了红军的又一座“母瑞山”。正像冯白驹说的，“不是山藏人，而是人藏人”。红军和群众携起手，在废墟上重建信心。全岛县委先后恢复，建立了琼崖红军游击队，各根据地也逐渐有了转机。1934 年夏，陈汉光旅陆续撤离海南岛，客观上给琼崖党和军队的恢复带来了有利条件。1936 年 5 月，琼崖特委召开第四届五次扩大会议，产生了新的特委机构，并决定成立琼崖红军游击队司令部。这次会议为党和红军的发展打下了基础，为投身伟大的抗日战争做了准备。新的战斗拉开了序幕。

冯白驹带领 24 位同志从母瑞山成功转移，在琼崖革命史上有着深刻的意义，是“红旗不倒”的一个标志，以冯白驹为首的琼崖党政军领导核心的保存，对以后革命斗争的恢复和发展起了决定性作用。

今天的母瑞山上，万绿丛中有一尊雕像：王文明和冯白驹头戴红军帽，打着绑腿，肩并肩站在一起，眺望着前方。出乎意料的是，在雕塑家手下，他们的姿态不是昂首挺胸，他们的表情也不是豪情万丈，而是——从容，淡定，安详。细思量，应该是这样的吧。“仁者不忧，智者不惑，勇者不惧”，当年的他们，只有具备这种气度，这种定力，才能度过难以想象的峥嵘岁月。而今，倘若他们的英灵故地重游，看着今天的母瑞山，看着今天的琼崖大地，青山依旧，夕阳几度，他们定会微笑着阅尽人间春色。

第七章

抗日烽火

冯白驹走上台，
慷慨激昂地表示：
“宁为玉碎，不为瓦全。
誓死抗日，保卫琼崖！”

1/ 茶楼会谈

1931 年九一八事变后，日本帝国主义侵略了东北三省，又加紧对华北的吞噬，中华民族面临严重的危机。1935 年 8 月 1 日，中共中央和苏维埃中央政府发表了《为抗日救国告全体同胞书》，即《八一宣言》。宣言揭露了日本侵略中国的罪行，阐述了建立抗日民族统一战线的策略，号召全国人民“有钱的出钱，有枪的出枪，有粮的出粮，有力的出力”，停止冲突，抛弃成见，联合抗日，建立统一的国民政府，建立统一的抗日联军，以“兄弟阋于墙外御其侮”的精神，为抗日救国的神圣事业而奋斗。

琼崖特委自 1932 年遭到陈汉光的“围剿”而同党中央失去联系后，曾多次派人渡海北上，寻找中央和两广工委。1933 年 4 月，冯白驹刚刚从母瑞山突围，来到琼山，就派欧照汉到香港去找工委。1934 年 12 月，再派陈玉清到上海寻找中央。这期间，琼崖特委犹如走失的儿女，渴望得到母亲的消息。1936 年春，特委又派出人去找党，历经周折，终于在 1937 年夏天，同中共南方临时工作委员会取得了联系，恢复了党中央和上级党委对琼崖特委的直接领导。

在此之前，冯白驹并没有消极等待，他时刻关注着全国时局的变化。1936年下半年的一天，冯白驹从华侨带回的报纸上，忽然看到了中共中央公布的《为抗日救国告全体同胞书》，他如获至宝，非常激动，要知道这是与党中央失去联系好几年后，第一次听到中央的声音。之前，他也是从报纸上了解到日本的报刊发表了许多赤裸裸的觊觎海南岛的言论，妄图"以为南进基地"，引起他的警惕。现在，细读《八一宣言》，领会宣言的精神，明确了共产党的中心任务是号召全国各政治集团停止内战，结成抗日民族统一战线，集中一切力量投入神圣的抗日救国战争。

冯白驹迅速召集特委成员，通知各县县委书记、红军游击队干部，学习讨论《八一宣言》。他一面安排大家下到各县传达贯彻中央精神，一面以琼崖特委的名义向国民党琼崖当局提出停止内战、停止进攻红军，实现全琼团结抗日的主张。在冯白驹和特委的组织下，琼崖的抗日救亡运动普遍开展起来，成立救亡团体，出版救亡刊物，开展宣传活动，抗日救亡运动遍及全岛。中共琼崖特委先后组织出版了《救亡呼声》（后改为《新琼崖》）、《党团生活》、《救亡旬报》等刊物，宣传共产党建立抗日民族统一战线的主张。

冯白驹能文能武，写了不少文章发表在这些刊物上，其中，他的署名文章《对琼崖时局的我见》发表在进步报纸《国光日报》上。文章联系琼崖的实际情况，系统地宣传了共产党团结抗日的主张。这份报纸一出来，群众争相购买，一睹为快。琼崖各地普遍成立了抗日后援会、工人救国会、农民救国会、青年救国会等抗日救亡团体。1936年秋，特委为加强对城市工作和抗日运动的领导，决定成立中共海口市临时工作委员会，工委利用暑假组织中学生宣传队，步行下到各县宣传。店铺门前、街头巷尾、村寨里闹军坡（赶庙会），都是向群众宣传的好时机。同时，党组织积极开展统战工作，争取国民党上层人物对抗日运动的支持，特别是争取了国民党感恩县特派员史丹。史丹是进步知识分子，颇有声望。抗战一开始，他就积极投入到救亡运动中，四处演讲，还亲自扮演《放下你的鞭子》剧中的老头，很受群众欢迎。

1936年12月12日，发生了震惊中外的西安事变。1937年2月，我党致电国民党中央，提出停止内战、一致对外等五项政策。建立全国抗日民族统一战线的呼声越发强烈。也就是在这一年的夏天，琼崖特委终于和上级党组织联系上了。1937年6月的一天上午，在香港九龙尔敦道码头，冯白驹拿着两份香港报纸作为联络暗号。中共中央南方临时工作委员会负责人云广英同志走来，与冯白驹对上了暗号。

云广英将冯白驹引到一座茶楼里。

云广英欣喜地说："薛尚实同志（南方临时工委书记）高兴地告诉我，你从琼崖专门到香港同我们联系，希望我最好同你会面，直接向你传达中央关于抗日民族统一战线的方针政策，那就好了。我说，冯白驹同志我久闻其名，这次能与他会面交谈，那是很难得的机会。"

冯白驹按捺住心中的激动，说："1932年以来，我们和党中央久失联系，同志们虽然很困苦艰难，但对革命前途都很乐观。多年来，我们在对敌斗争的过程中，什么困难都经受了，由于有了党的领导，全体同志都团结得好，与群众有了密切关系，得到广大人民的支持，任何困难都能克服。现时最主要的问题是能尽快地与党中央取得联系，在党中央正确领导下，我坚信，琼崖人民会与我们共同奋斗，只要坚持到底，革命一定能够胜利，党给我们的任务是一定能够完成的。"

云广英听了他的话，深受感动："你们在极为严酷的环境下，革命意志很坚强，对党无限忠诚，对革命光明前途充满信心，是非常可贵的。当前全国掀起了抗日救亡运动，中共中央瓦窑堡会议确定了建立抗日民族统一战线的战略方针，你和琼崖特委要结合当前形势，为在琼崖建立抗日民族统一战线努力。"

冯白驹回来后，迅速传达了中央和南委的指示，琼崖特委从全岛人民利益出发，从抗战大局出发，致函国民党当局第九行政区督察专员黄强、第六十二军军长张达、一五二师师长陈章，提出了进行谈判、共同抗日的倡议。

1937 年 7 月 7 日，日本侵略军突然向卢沟桥发动进攻。中国军民奋起抵抗，全中国抗日民族解放战争从此开始。

卢沟桥事变的第二天，中共中央通电全国，号召全国同胞和军队团结起来，“筑成民族统一战线的坚固长城，抵抗日寇的侵略！”毛泽东、朱德以全体红军将领名义发出通电，愿为抗日前驱。7 月 15 日，中国共产党将《中国共产党为公布国共合作宣言》交给国民党政府，提出改编红军为国民革命军奔赴抗日前线等具体建议。8 月下旬，中共中央在陕北洛川召开政治局扩大会议，通过《抗日救国十大纲领》。在中国共产党和全国人民强烈要求团结抗日的压力下，9 月 23 日，蒋介石发表了关于团结御侮的谈话，承认中国共产党在全国的合法地位。至此，以国共两党合作为基础的抗日民族统一战线正式建立。

2／府城谈判

1937 年 7 月的一天傍晚，在特委驻地、琼山县演丰乡一个农家小院里，冯白驹坐在椅子上认真地看着《琼崖民国日报》。忽然，他大喊：“老黄，快来看，重要声明！琼崖国民党发表声明，同意我们提出的谈判要求了！”

正在写材料的特委宣传部长黄魂从屋里走出来，接过冯白驹递过来的报纸。冯白驹指着报纸对黄魂说：“你看看。”

黄魂高兴地说：“他们在报上公开声明答复我们啦。”

冯白驹冷静下来，略一思索，说：“谈判是不会一帆风顺的。”

不久，冯白驹通知乐万县委书记黎民来特委，向他交代谈判任务。

黎民接到通知后，立即赶到特委机关驻地，冯白驹、王白伦、黄魂等同志都在等着他。

冯白驹说：“鉴于目前的有利形势，特委研究决定，委派你为特委代表，去府城同国民党当局谈判。最重要的是，一定要坚持红军改编在政治上、组织上独立自主的原则，进行谈判，实现国共合作。否则，便失去了谈判的意义。”

黎民觉得很突然，这些年和敌人真刀真枪地干，坐在谈判桌前可是头一回呀。于是他说：“我没有这方面的经验，心中没数，假如对方问到我们有多少部队时怎么回答？我又不会讲广东话，会不会有麻烦？”

冯白驹说：“语言方面会有人翻译，国民党当局问我军多少人时，不要实说，就说我们有三四百人。”

王白伦说：“谈判中既要坚持原则，又要灵活应变，做到有理、有利、有节。”

黎民郑重地说：“我一定坚持谈判原则，努力完成任务。”

几个人又研究了很多细节问题，直到深夜。

黎民来到了府城。一到了就发现，琼崖国民党当局并没有合作抗日的诚意，只派一五二师政训处主任林序东出来应付谈判。

谈判开始。黎民说：“琼崖特委坚决贯彻中共中央关于停止内战、一致对外的方针，积极要求参加抗日卫国。冯白驹和琼崖特委关于改编琼崖红军的条件是：第一，国民党当局必须停止进攻红军，停止逮捕共产党人；第二，红军改编成为抗日救国的部队；第三，红军改编后，保持其完整性和独立性，不同国民党军队混编；第四，红军改编后，有单独的防区，不同国民党军队混驻一地；第五，红军改编后，当局要视同国民党军队一样发饷、发粮、发被服和各种军需物品；第六，红军改编后，要补足枪支弹药和各种武器装备；第七，红军是琼崖人民的子弟兵，在海南岛抗击日寇的侵略，卫国保家，当局不得以任何借口将其调离海南岛。”

林序东问：“你们有多少人？是集中还是分散？”

黎民从容答道：“共有三四百人（实际上纳入红军游击队建制的仅有五六十人），有时集中，平时分散在各县。”

林序东既无诚意，也无准备，随随便便敷衍了一阵，就草草结束了第一轮谈判。

第二轮谈判开始，林序东说：“我把你们的愿望和提出的条件向陈章师长报告后，陈师长说，你们的愿望是好的，但要冯白驹先把你们的队伍带出来，知道你们有多少人，情况如何，才能谈条件。”

黎民当即批驳道：“要先谈妥条件，双方签订协定，红军才能出来改编。”

争论了一个上午，国民党方面仍然坚持他们的无理要求。黎民认为这样很难谈下去，便再次强调：“要先谈妥条件，双方签订协定，我们有了安全保证，我军才能集中出来接受改编。这一点，我们是决不会让步的！”

当天下午，黎民赶回了特委驻地琼山县演丰乡。晚上，特委听了黎民的详细汇报。冯白驹说：“黎民，谈谈你的看法。”

黎民说：“陈章拒不见面，是藐视我们，不把我们当作政治和军事力量；林序东开口就要冯白驹立即把部队带出来，这说明国民党当局对谈判没有诚意，而且其中必有阴谋。我看，目前同国民党当局谈判，不会有什么结果。”

冯白驹仔细考虑了一夜，第二天上午，又召集特委成员研究分析谈判情况，制定对策。

冯白驹说：“建立以国共两党合作为基础的抗日民族统一战线，抗击日本帝国主义的侵略，是中共中央的指示，是中华民族的大局，也是大势所趋，不管琼崖国民党当局有无两党合作抗日的诚意，谈判还是要继续下去。在谈判中坚持不谈好改编条件、签订协议，就不带部队下山这个原则，警惕国民党琼崖当局乘机吃掉红军。在谈判的同时，各县委收集枪支，动员地方武装中的青年参加红军游击队，迅速扩充红军游击队实力，为谈判成功做好准备。”

特委成员都同意冯白驹的意见。黎民再赴府城。

第三轮谈判中，林序东又重提要冯白驹先带部队出来再谈条件的无理要求，黎民严词拒绝，寸步不让。他说：“第一，琼崖特委对贯彻中共中央关于停止内战、一致对外的方针政策是坚定不移的，对建立抗日民族统一战线，国共两党合作抗日是真诚的；第二，必须先谈妥改编条件，双方签订协定，琼崖红军才能同意改编；第三，为了国家与民族的利益，特委愿意和当局继续谈判，当局什么时候改变无理要求，郑重其事、诚心实意地谈判，特委就什么时候来，随时等候通知。”

就这样，由于国民党琼崖当局没有诚意，并且心怀鬼胎，三轮谈判下来，毫无进展。

3/冯白驹被捕

1937年10月的一天晚上，琼崖特委扩大会议结束后，同志们都回各地去了。冯白驹为了及时掌握国共谈判的情况，领导谈判桌上的斗争，从特委驻地琼山县演丰乡迁到塔市乡。年轻的妻子曾惠予与他同行。曾惠予是他的第四任妻子。1934年夏天，冯白驹领导琼文县委开展游击斗争时，白天藏在山林里，夜晚出来活动。一天，他们正在灌木林中隐蔽休息，突然遭到敌人袭击，他们边打边撤，冯白驹当时的妻子王惠周为掩护他们，勇敢地把敌人吸引开，不幸牺牲。后来，冯白驹在斗争中与曾惠予认识并建立了感情，1936 年结婚。

这天晚上，地下党将冯白驹和曾惠予秘密安排在一位老阿婆家里。曾惠予当时正患严重的疟疾，身体非常虚弱，老阿婆可以照顾她。这位老阿婆有两个女儿，都是共产党员，所以组织上觉得这一家很可靠。可是智者千虑必有一失，没想到的是，长女阿二的丈夫是个游手好闲、吃喝嫖赌的烂仔，阿二一气之下便回娘家住了。阿二的丈夫见她回娘家居住，怀疑阿二和别的男人有奸情，便暗中到阿二娘家盯梢。冯白驹夫妻住进来的这天晚上，躲在黑暗中窥探的阿二的丈夫看到有个陌生男人走进丈母娘家，又听到男女窃窃私语，以为是阿二正与情夫勾搭，便冒冒失失地跑到塔市乡公所，带了几名团丁来抓奸。

睡梦中的冯白驹没有料到，危险正在向他逼近。

天刚蒙蒙亮，曾惠予先醒来了，她穿好衣服，正准备叫醒冯白驹，突然，两个持枪的乡丁闯了进来。其中一个用枪指着冯白驹大叫："不许动！"另一个抢上一步，抓走了他们放在谷缸上的两把手枪。

冯白驹和曾惠予反抗已来不及。冯白驹是琼山县人，团丁中有人认识他，知道他是琼崖共产党的首领，便将冯白驹夫妇捆起来，带到塔市乡公所。

冯白驹是经历过大风大浪的人，路上，他十分冷静，镇定自若，他小声对妻子说："惠予，你不要怕，要坚强，要向冯惠秋（冯的第二任妻子，已牺牲）学习。我们此去要准备死，但绝不能出卖组织和同志。我们是共产党员，要死得有意义，懂了吗？"

曾惠予咬着嘴唇，默默地点了点头。她虽然只有 17 岁，但她相信丈夫，相信这个富有斗争经验的特委书记，他是那样的成熟老练，他的话一定没错。

到了塔市乡公所，冯白驹随身携带的一包作为公款的金戒指被乡丁搜走，夫妇二人被关进一个又黑又小的房子里。乡长将冯白驹一个

1937 年 10 月，冯白驹与妻子曾惠予在琼山县塔市乡演村被国民党琼崖当局逮捕。

图为冯白驹夫妇被捕的地点遗址。

人押出来提审，他煞有介事地摆开架势，审问道：“大胆奸夫！你叫什么名字？家在何处？”

冯白驹一听，顿时怒从心头起，大声说：“住口！我不是什么奸夫，我是共产党员！是冯白驹！别演什么‘捉奸夫’的闹剧啦！你们破坏国共合作抗日，绝对没有好下场！”

乡长虽是明知故问，但当他亲耳听到冯白驹自报姓名后，还是吓得浑身哆嗦了一下。他知道这位共产党的头面人物不好对付，慌忙停止审问，叫乡丁把冯白驹押回去。第二天便将冯白驹夫妇押上囚车，送往琼山县政府所在地府城。

其实，冯白驹一被捕就轰动了。当时，不光在海南岛人人知道冯白驹的名字，就是在东南亚一带，各国报纸也经常报道冯白驹在琼崖领导民众进行武装斗争的活动。得知他被捕了，立刻，舆论哗然。

琼崖特委首先行动起来，积极展开营救。

此时，王白伦代理特委书记。

王白伦是海南琼山人，少年时在泰国当船工，1925 年返回家乡，加入农民协会，参加农民运动。1927 年初加入中国共产党。1928 年起在红军独立师先后任班长、小队长、中队长、政治指导员。在艰苦的反“围剿”斗争中，作战顽强。1930 年被选为中共琼崖特委委员，1933 年后，与特委失去联系，在极端困难的条件下，独立坚持秘密斗争 3 年。1936 年初到琼山找到中共琼崖特委，协助冯白驹领导琼崖地区的革命斗争。王白伦得知冯白驹被捕后，万分着急，他立即领导琼崖特委想尽一切办法营救：一方面将冯白驹被捕的情况火速报告南委、中央，设法营救；另一方面派塔市党支部书记邓文进暗中观察动静，防止意外，并指示海口市工委和狱中党支部确保冯白驹的安全。

冯白驹被关押在塔市时，王白伦就组织特委成员召开会议，研究营救方案。最初提出两个方案：一、考虑到冯白驹随身携带着公款，敌人可能谋财害命（过去曾有类似事例），特委可武力包围乡公所，把人抢出来。二、中途劫车。趁冯白驹解往府城之机，在塔市至府城公路的龙窝村埋伏劫车。可是商量来商量去，大家认为，这两种营救方案都有漏洞，因为公开和敌人硬拼，有可能误伤了冯白驹。考虑到全国统一战线已形成，特委最后不得不放弃了上面两种营救方案，决定派黎民与国民党琼崖当局交涉，严正要求立即无条件释放冯白驹。同时公布消息，动员社会舆论给国民党琼崖当局施加压力。

特委通过报纸，向社会公布了冯白驹被捕的真相，争取社会舆论，揭露国民党琼崖当局不顾民族利益，破坏国共谈判的阴谋。

在冯白驹夫妇被押往府城的途中，特委安排人暗中保护。当时，林克泽是中共海口市工委书记，在海口开了一间月华鞋店，是我党的地下联络站。那时押解犯人没有囚车，而是乘班车。事先特委已做了了解，这辆车的司机陈德驹是同情我党的，售票员李琼福是地下党员。万一有情况，他们可助一臂之力。特委告诉林克泽三条原则：一是确保冯白驹的安全；二是在路上，敌人动手我们也动手；三是冯白驹到琼山监狱后，林不同狱中党支部发生联系，有什么事由符玉莲同志与狱中党支部联系。当冯白驹夫妇由两个乡丁押上公共汽车后，林克泽根据特委的指示，扮作商人，上了押解冯白驹的车，暗中保护。他身上藏着短枪，坐在乡长吴多仁后面，不露声色地留意着敌人的一举一动。车到了府城，林克泽眼看着乡丁把冯白驹夫妇押进监狱，才松了口气。

一到府城，冯白驹便被戴上沉重的脚镣，关进了琼山县监狱，曾惠予则和其他女囚关在一起。

抓到冯白驹，让国民党当局又高兴又紧张。高兴的是这个曾经派出几千兵力围剿、几千大洋悬赏都未能到手的鼎鼎大名的共产党头目，而今出乎意料地落网了；紧张的是他们料到此人极不好对付，况且在目前这种特殊的形势下，这张牌该怎么打，是个很头疼的事。琼崖国民党要人六十二军军长张达、一五二师师长陈章等轮番出面，对冯白驹进行“审讯”。张达说：“冯白驹，只要你把武装带下山，悔过自新，就可以委以要职，免受牢狱之苦，享荣华富贵；要是这样硬顶下去，你性命难保，随时可以就地处决！”冯白驹听了，仰天大笑，他反问道：“你认为你的话对我能起作用吗？”张达尴尬地无言以对。冯白驹完全占据了主动，他大义凛然、从容镇定地说：“在国家民族危难之际，共产党提出了建立以国共两党合作为基础的抗日民族统一战线的主张，蒋介石发表了团结御侮的讲话，承认了中国共产党在全国的合法地位。在这种形势下，停止内战，团结抗日，共赴国难才是你们应当做的。可国民党琼崖当局却反其道而行之，不仅置民族危难于不顾，也是对蒋总统命令的公然违抗。望你们三思。威逼利诱只能动摇混入革命队伍的渣滓，丝毫不能动摇真正的共产党人的崇高信仰！”屋子里鸦雀无声，张达等人面面相觑，一句话也说不出来。此时，连他们自己也觉得，仿佛被审判的是他们几个人。

敌人绞尽脑汁想迫使冯白驹就范，过了几天，他们又想出一招，他们逼着琼山中学校长王政和几位老师“陪审”，企图让王政等人以校长、老师的名义劝冯白驹向国民党“悔过”，把部队带下山，把武器交出来，以换取一个官职。20年前，冯白驹在琼山中学读书时，王校长和老师们都很欣赏这个有思想的学生。后来冯白驹参加了革命，成为琼崖赫赫有名的共产党领袖，他们并不觉得奇怪。多年不见，想不到在这样的场合重逢，老师们打量着这个当年的学生，目光里有惊奇，有赞叹。冯白驹微笑着向他们颔首致意。张达和陈章示意王校长他们劝降，可是，被迫参加“陪审”的王政等人为人正直，不愿为虎作伥，就都不吭声。这一场哑剧演下来，搞得张达他们无可奈何，只得作罢，灰溜溜地收场。

冯白驹虽然身陷囹圄，但是并没有停止斗争。在狱中，他日思夜想的不是个人安危，而是琼崖的抗战局势。他写信给张达和陈章，痛斥他们破坏团结抗日的罪行，并表示只要国民党琼崖当局保证停止内战，真诚地谈判，解决琼崖国共两党团结抗日的问题，琼崖红军愿意接受改编，共赴国难。

此时，中共中央获悉冯白驹被捕的消息后，十分关切。中共中央军委副主席周恩来亲自向国民党当局提出抗议，并指示中共中央南方临时工作委员会迅速向国民党广东省当局提出交涉。八路军参谋长叶剑英也写信给国民党广东省当局，要他们顾全大局，无条件释放冯白驹。

与此同时，琼崖各阶层人民纷纷起来抗议国民党琼崖当局的卑劣行径，要求释放冯白驹的呼声响彻海南岛。府海地区的工人、学生游行示威，质问当局：时下国共合作，一致抗日，为什么还逮捕冯白驹？爱国商人邱秉衡利用自己的身份和影响，联合海口工商人士郑昌运、著名医生徐爱之和海外琼侨、港澳琼侨共同上书抗议。当年琼崖中共一大就是在邱秉衡家的老宅召开的，他亲眼见过的一大代表王文明、冯平、李爱春等人此时都已经献出了自己的生命，不在人世了。邱秉衡对共产党有着很深的感情。眼下共产党又一个领头人被捕，他怎能袖手旁观？一时之间，抗议当局的信函、电报或公开谈话比比皆是，群众一致要求国民党当局以民族利益为重，立即无条件释放冯白驹和一切政治犯，恢复谈判，共商抗日大计。

在强大的压力下，张达只好派人与冯白驹联系，表示愿意恢复谈判。冯白驹告诉他们，国共谈判是关系到抗战的大事，不是个人之间的恩怨，因此，不能与我个人谈判，只能是与中共琼崖特委谈判。冯白驹还向他们提出，应先将曾惠予释放。

国民党当局迫于舆论压力，首先释放了曾惠予。曾惠予被释放后，住在府城一位老妈妈家里。她每天都到狱中看望丈夫，冯白驹则通过妻子同琼崖特委保持联系。曾惠予后来回忆：“我出狱时，白驹要我把一封信交给特委。我找到了特委代理书记王白伦同志，将白驹的信交给了他。我对白驹的安全很不放心，天天去探监，每次见面时都流眼泪。白驹见到我这情景，总是安慰和鼓励我说：‘惠予，要坚强些，我们都是共产党员，都知道革命是要付出代价的。我已把生死置之度外，只要对革命有利，能够唤起民众抗日热情，我牺牲也是光荣的，不过目前的抗日形势下，国民党当局或许不敢向我下毒手。’在这些日子里，我从他身上不但没有看到丝毫悲观颓丧情绪，相反地，却使我感到他是一个坚定的革命乐观主义者。”

当时琼山监狱关押着许多共产党员和进步人士，这些党员在中共海口市工委的直接领导下，成立了秘密党支部，张开泰任支部书记，符哥洛、林诗润为支部委员。冯白驹刚入狱，狱中党支部就决定，派符哥洛找机会与冯白驹联系，汇报狱中斗争情况，请冯白驹通过符哥洛指导狱中斗争。

国共合作后，蒋介石在大陆各地先后释放了一批政治犯，而国民党琼崖当局不但不释放共产党人，还在继续捕杀共产党人。狱中的一些同志对琼崖国共合作的前途感到失望，思想有些困惑。针对这种情况，监狱党支部派符哥洛向冯白驹汇报和请示。

冯白驹分析道：“全国政治犯释放了，但琼崖当局反共反人民的本性还是相当顽固，琼崖要实现两党合作，停止内战，一致抗日，还需要一段时间，我们必须经过一场激烈的顽强的斗争才行。”

符哥洛说：“前些时琼崖地方当局不是讲要同我们和谈，团结抗日吗？”

冯白驹回答：“这是放烟幕，当局还在大肆捕杀共产党人，哪有诚意和谈。不过大家不要灰心，要坚持斗争，要坚信党的事业一定能够取得最后的胜利！”

一个多月过去了，冯白驹还没有获释，狱中党支部很担心冯白驹的安危。琼崖革命需要他，抗战需要他，国民党当局顶着压力不肯释放他，会不会有什么阴谋？于是，他们专门为冯白驹制定了一个越狱方案。一天，到了放风的时间，狱友们都走出牢房，活动筋骨。符哥洛悄悄靠近冯白驹，轻声问：“老冯同志，你能安全出狱吗？这么拖下去，是否有危险？”冯白驹想了想，说：“危险不危险，这很难说。”符哥洛便向冯白驹汇报了狱中党支部制订的越狱计划。

符哥洛说：“有个看守监狱的小队长叫吴克之，与我是广东燕塘军校的同学，他已经是我们的人了，完全可以设法让你安全越狱的。”冯白驹对狱中党支部的意见表示赞同。

党支部的担心是有根据的，吴克之告诉符哥洛，国民党琼崖当局的确在商量如何处置冯白驹。国民党琼山县县长陈炜章、文昌县党部书记张泰信主张以“土匪头子”的罪名处决冯白驹，而张达、陈章不同意，原因是海南岛各界人士和群众都知道冯白驹是琼崖共产党的首领，杀了冯白驹将会影响大局。

我党通过吴克之了解了国民党的内部情报。吴克之向符哥洛表示：“万一冯白驹有生命危险时，我打算在监狱后哨楼布置心腹放哨，我可以亲自带冯白驹从哨楼的后面安全越狱。”

党支部和冯白驹认为，根据目前情况，再拖延下去恐怕凶多吉少，也只有越狱这一条路可行了。党支部的几个人立即投入秘密准备工作。

也就在这时，一个好消息传来，经过周恩来、叶剑英的多方努力，蒋介石被迫于 1937 年 11 月令国民党琼崖当局无条件释放冯白驹。

当时抗日民族统一战线在全国已经形成，琼崖当局也不得不做做样子，冯白驹离开之前，张达表面上客气地说：“张某非常敬佩你的品格，不周之处敬请原谅，我们也是不打不相识啊。政府愿意与贵党合作抗日。你回去后，继续派出代表与政府谈判武装改编的问题。”

冯白驹掷地有声地说：“我也再强调一遍：建立抗日民族统一战线，是我党的一贯主张，我希望早日实现琼崖国共两党合作，武装改编，共同抗日。”

11月的一天中午，冯白驹走到关押张开泰、符哥洛、林诗润等人的牢房前，与他们握手告别。他真挚地说：“感谢党支部的同志对我的关心。经过中央周恩来等领导同志向国民党当局交涉，我被释放了，特来告别。看来琼崖局势可能向好的方面发展，你们不久也会释放。如果他们不释放你们，我出去后再交涉。”冯白驹被释放是个信号，给难友们带来了希望和信心，几双大手紧紧相握，多余的话就不用再说了。冯白驹向同志们挥手告别，大步走出监狱。另一个残酷的战场正等着他去拼杀。

4／重开谈判

冯白驹出狱后，任特委常委。这时，上级党组织已安排李明任特委书记。1938年1月，琼崖特委派冯白驹为全权代表，前往府城同国民党琼崖当局重开谈判。

在谈判桌上，我方只有冯白驹一人，国民党方面是第十四统率区司令员杨永仁、参谋长吕承文和一两名随员。

琼崖当局代表杨永仁说：“红军改编就是要琼崖红军改为国民党一五二师陈章部下的一个特务营，直接受他们的领导。”

冯白驹毫不相让：“红军改编必须坚持独立自主的原则，将红军改编为琼崖抗日自卫部队，与全国红军改编一样，改编后政治上、组织上独立自主。我军改编的目的只是同国民党合作抗日救国，而不是受他们支配，这是一个原则立场问题，我们绝不能退让。”

在以后的几轮谈判中，其焦点就在“统一”还是“独立”。冯白驹据理力争，国民党琼崖当局顽固不化，谈判就这样一直拖着。

但是，形势继续恶化。

1938年9月下旬，日本侵略军的飞机轰炸海口、府城，日军军舰窜犯榆林港，战况吃紧。新任琼崖守备司令兼专员王毅一上任，就碰上日机疯狂轰炸，敌舰封锁海上通道。当时琼崖国民党的武装仅两个守备团、两个保安团。苦于自己力量薄弱，并且有感于共产党的诚意、广大群众的呼声，王毅到任后不久，在府城召开了“团结抗日，保卫琼崖”的公开演讲大会。王毅在台上慷慨陈词，他说：“我们为什么要奋起抗战？就是为了保住琼崖，为了保卫国土，为了驱逐日寇。日寇占领东三省后，继而向华北、华东、华中及华南大举侵犯，企图吞并整个中国，把中国变为它的殖民地。抗战就要不分党派，联合友党友军，一致对外。毅之职责，在于抗战。”台下响起了热烈的掌声。

王毅继续说：“屈服必亡，唯战能存。唯战能存，是全琼抗战的基本方针，我们现在穿的是抗战鞋，吃的是革命菜，住的是卧薪屋，用的是尝胆盐，希望全琼抗日将士，为了保住琼崖的每一寸土地，要誓死抗战，希望全琼各界积极支持抗战，全琼统一意志，同心协力，排除万难，坚持到底，争取胜利。”

王毅提出了抗日救亡的五条措施：一是组织宣传队，宣传扩大统一战线争取各阶层人士、海外侨胞的同情与支持，组织府海地区的群众开展抗日救亡活动，号召有钱者出钱，有力者出力，有械者出械；二是加紧在府海地区设立防空设施，保护人民生命财产的安全；三是号召群众坚壁清野，积蓄粮食，坚持抗日；四是要求各地筹集枪支，组织民兵武装，加强巡逻防奸防特；五是严格检查县、区乡领导，发现有消极抗战者撤，贪污行为者撤，不称职者撤等等。这五条措施顺应民心，在广大人民群众中产生了积极的影响。

针对国民党当局谈判代表坚持要琼崖特委交出红军，由国民党统编领导，王毅反驳道：“要冯白驹交出军队是不合理的，要顺应人民大众要求一致抗日救亡的大潮，各党都应该有自己治党治军的权力。在国难当头，为了国家的生存，民族的命运，国共应共同团结起来，共同抗日。”

王毅的到来，给海南岛的抗战形势带来了很大转变。在这种情况下，冯白驹认为琼崖国共合作的机会已经到来，便亲赴府城，果断地抛开谈判人员，积极争取王毅。

在府城国民党守备司令部，冯白驹和王毅相见，就红军改编问题进行谈判。

冯白驹对琼崖必须尽快实现国共两党合作，团结抗日的紧迫形势进行了分析，他说：“一则现在日军飞机对海口府城疯狂轰炸，日军军舰窜犯榆林港，封锁海上通道，情势非常吃紧，日军入侵琼崖迫在眉睫；二则是琼崖广大人民群众和社会舆论迫切要求达成两党合作抗战；三则琼崖成立了守备司令部，由你任司令，琼崖又没有正规军，守备力量很薄弱，我们必须合作。你临危受命，力不从心，可琼岛安危，责大于天。望王司令三思。”

王毅站起来，诚恳而果断地说：“在改编红军的问题上，我同意你们的原则和要求。琼崖危亡，迫在眉睫，两党合作，团结抗日，不辱使命，这才是我们言行的根本。”

红军改编独立这个根本问题解决了，其他问题就迎刃而解了。经过将近一年时间的谈判，1938 年 10 月 22 日，琼崖国共两党终于达成协议。协议文稿由琼崖国共双方最高领导人认可后，冯白驹和杨永仁代表双方签署。

琼崖国共两党达成的协议的主要内容有：（一）琼崖国共合作宗旨，是为了共同抗日；（二）琼崖红军改编为“广东民众抗日自卫团第十四区独立队”（简称琼崖独立队），在政治上、组织上保持独立自主；（三）独立队为一个大队建制，下辖三个中队，冯白驹任独立队队长，独立队和三个中队的副职由国民党选派，但须经共产党同意；（四）独立队部设政训处（或室），设正副主任各一名，由共产党选派；（五）国民党按一个营的编制，每月发给独立队军饷8000元。

琼崖以国共两党合作为基础的抗日民族统一战线正式形成，这是中国共产党抗日民族统一战线政策的胜利。在统一战线中坚持独立自主原则，是以冯白驹为代表的中共琼崖特委在策略上走向成熟的标志。从此，琼崖迎来了团结抗战的崭新局面。

5／云龙改编

按照琼崖国共两党协议，红军游击队按一个大队300多人枪的建制，编成三个中队和一个特务小队。但当时红军游击队骨干仅有五六十人，怎么办？琼崖特委决定号召各县委动员群众，开展有钱出钱、有枪献枪的抗日献枪活动；同时，动员进步青年，选拔地方武装中的优秀分子参加红军。

日寇打到了门口，是站出来保卫家乡父老的时候了！琼崖的群众深明大义，仅一个多月时间，琼崖红军急速扩大到300多人、近300支枪。儋县县委这次工作做得十分出色，全县收集了100多条枪，动员了200多名进步青年。琼崖抗日独立队组成，冯白驹任队长，马白山为副队长，张兴为独立队政训室主任，黎民为政训员。冯白驹根据谈判协议，同意国民党琼崖当局派刘振汉为独立队副队长，下面的中队副队长也有国民党派出的人。关于红军集中改编的地点和改编成琼崖独立队后的驻地选择，冯白驹认为琼山县云龙墟比较合适。云龙位于琼山至文昌的公路干线上，交通方便，共产党组织坚强，群众基础

图为云龙改编旧址——云龙祠堂。

好，是革命老区，仗打起来部队转入农村开展游击战争也方便。经特委同意，红军改编的一切准备工作都就绪了。

1938年12月5日清晨，阳光普照，云龙墟沉浸在欢乐之中。琼崖红军游击队改编暨抗日誓师大会在这里举行。

我军全体官兵身穿清一色的军服，手持武器，全副武装，在琼山县云龙墟六月婆庙堂前，排成三列横队，战士们昂首挺胸，威武雄壮。

上万名群众和各界爱国人士抬着慰劳品，举着锦旗，敲锣打鼓前来祝贺。男女老少从四面八方汇集而来，有的抬着菠萝蜜、椰子、香蕉，有的舞龙舞狮，热闹非凡。慰劳品堆积如山，写着"抗日先锋"、"人民救星"等字样的锦旗彩匾挂满会场周围。大会开始，爆竹齐鸣，锣鼓喧天，口号声、欢呼声此起彼伏。

王毅宣布任命："兹委任冯白驹为广东民众抗日自卫团第十四区独立队中校队长。给独立队授军旗、关防。"接着，王毅又发表了勉励独立队抗日救国、保卫家乡的讲话，他表示："要支持独立队英勇抗日，奋勇杀敌。为了抗日需要，要给独立队发军饷、枪支和弹药，支持独立队的发展，独立队的扩大不受限制。"

王毅讲完后走下台，和冯白驹亲切握手。全场掌声雷动。

冯白驹代表琼崖抗日独立队全体指战员讲话，他慷慨激昂地表示："决不辜负全琼300万同胞和海内外关心琼崖抗日的各界爱国人士的希望和重托，宁为玉碎，不为瓦全。誓死抗日，保卫琼崖！"

这就是琼崖抗战史上著名的"云龙改编"。

"云龙改编"是中共中央制定的抗日民族统一战线的策略和方针政策在琼崖的胜利，是琼崖300万人民同仇敌忾、要求抗日的共同心声。从此，独立队在中共琼崖特委和冯白驹的领导下，高举团结抗日的旗帜，奋勇打击日本侵略者，独立自主地发展壮大自己，成为琼崖抗日的中流砥柱。

6／潭口阻击战

1939年1月13日，日本御前会议作出攻占海南岛的决定。

海南岛不仅是中国南大门的重要屏障，而且是通往越南、马来西亚、新加坡、印度尼西亚、菲律宾的要冲，战略地位十分重要。日本若控制了海南岛，就可以进一步控制南太平洋以及东南亚国家，实现所谓的“大东亚共荣圈”。并且，海南岛资源丰富，尤其是岛上有优质铁矿，是制造武器、舰艇的原料。日本帝国主义对这座宝岛早就垂涎三尺，19世纪就曾派人来海南岛侦察，《朝日新闻》发表文章赤裸裸地说：“该岛如世外桃源”，“日本应在这里筹设领事馆，停驻军舰，为日本南进政策之目的。”七七事变后，日本公然派人对海南岛的经济资源状况进行全面调查了解，为侵占海南岛做准备。

1938年10月21日，广州陷落。日军飞机、军舰频繁窥视海南岛。原本岛上有国民党六十二军一个半师，1.5万人，可是在战前，这些队伍都撤走了，枪支弹药及物资全部搬空，只剩守备司令王毅的地方保安队十一团、十五团及壮丁常备队和一些地方武装，驻防分散，力量薄弱。2月10日凌晨，由日本侵略军第五舰队司令长官近滕信竹中将和陆军第二十一军司令长官安滕利吉中将指挥的“台湾混成旅团”数千人，在海军第五舰队30余艘舰艇护卫和50余架飞机的掩护下，在海口西北角琼山县天尾港登陆，随即分左右两翼进攻海口、府城。日军左翼部队击退在大英山的国民党保安十五团三营和海口政警队一个连的抵抗后占领海口，右翼部队击退在府城甘蔗园一带的国民党保安十一团二营和保安第五旅旅部直属排的抵抗，占领了府城。

2月13日，日军海军第五舰队载着佐世保海军陆战队三个队约2500人，从雷州半岛的深尾湾启航，14日拂晓在没有遭受任何抵抗的情况下占领了三亚、榆林、崖县。

入侵琼崖的日军派出数十架飞机轮番轰炸岛上各中小城镇，顿时火海一片。日军铁蹄践踏之处，皆成地狱，琼崖人民遭受空前的劫难。

日军入侵琼崖的当天，冯白驹召集独立队的领导骨干认真分析敌情，预计日军占领海口、府城后，渡南渡江东进的可能性相当大。为了打击日本侵略军的嚣张气焰，冯白驹决定派出第一中队前往潭口渡口阻击可能入侵的日寇。

潭口渡口位于南渡江下游，是海口至文昌、海口至嘉积公路的必经之地，距海口 15 公里，是日军东进必经之渡口。奉冯白驹之命，抗日独立队第一中队 80 多人在中队长黄大猷的率领下，于日寇登陆的当天上午，也就是 2 月 10 日赶赴潭口渡口。

一路上都是扶老携幼逃难的老百姓，他们抛弃祖祖辈辈居住的家园，一步一回头，难舍难离。可是逃往何方呢？能逃出日寇的魔爪吗？海南岛，乃至整个中国都已成了日本侵略者觊觎的肥肉。头顶上时不时还有敌机发出鬼怪般的嚎叫，呼啸着向人群俯冲扫射。人们四处奔逃，哭声震天，乱作一团。独立队指战员目睹种种惨状，复仇的怒火在胸中燃烧，恨不能立刻把侵略者赶出去。

一到潭口渡口东岸，独立队就利用有利地形，迅速挖好工事，严阵以待。

不多时，瞭望哨就看到远处出现了一面“太阳旗”，大队日军果然从海口方向朝潭口开来。等敌军进入了埋伏圈，一中队指战员扣动扳机，奋起杀敌，满怀仇恨向敌人射击。

日军突然遇到强劲的阻击，甚是奇怪，日军头目问：“情报说中国军队已经跑了，怎么一下子又冒出这么一股军队？”

他身旁的副官猜测：“可能是遇上了共产党的游击队。”

日军头目不以为然：“看样子分明是正规军。琼崖除了王毅的国民党军事力量，还有共产党方面冯白驹领导的抗日独立队。这肯定是碰上冯白驹的队伍了。”

一中队指战员英勇杀敌，阻击东进敌军，掩护群众撤退，同日寇激战一天，击退敌人数次进攻。他们一直坚持到黄昏，才奉冯白驹之命撤出阵地。

潭口阻击战鼓舞了琼崖广大人民群众的抗日情绪，坚定了他们保卫琼崖的信心，同时也提高了琼崖抗日独立队的威望。这一仗，也使琼崖广大人民群众、海外琼侨、国民党爱国人士认识到：共产党领导的琼崖抗日独立队是琼岛真正抗日的军队。民主人士王集吾先生说出了琼崖人民的心里话：“冯白驹的队伍能抗日，琼崖有救了。”

冯白驹对这一仗做过画龙点睛的总结：“琼崖抗日独立队人数少、装备差，加上改编不久，训练时间短，而且军事技术和政治素养都不太高。但有一条，我们是党领导的人民军队。人民军队来自人民，是全心全意为人民服务的，它有着红军的光荣革命传统，因此革命意志坚定，作战勇敢，不怕牺牲。在潭口阻击战，已经受到了考验。”

琼崖抗日民族统一战线和抗日独立队在发展过程中并不是一帆风顺的。1937 年 11 月，王明从苏联回国后，打着“共产国际”的旗号，提出了右倾错误主张，他抹杀抗日民族统一战线中国共两党本质上的差别，抹杀阶级差别，否认我党独立自主的原则，主张放弃党的领导权，相信国民党超过了相信共产党和人民群众，迁就国民党反共反人民的政策。他轻视游击队和抗日根据地，把胜利的希望都寄托在国民党身上。基于这种观点，他提出了“一切为着统一战线，一切服从统一战线”的口号。当时的琼崖特委也受到了右倾思潮的影响。

潭口阻击战后，琼崖人民从中国共产党领导的独立队身上看到了抗日的前途和希望，不愿当亡国奴的青年学生和农民，在自己家乡组织起抗日队伍，主动派代表到琼崖抗日独立队来联系，要求把他们编为独立队领导下的队伍。甚至有些爱国的国民党地方武装也自动脱离

图为潭口阻击战遗址。

消极抗日的国民党军队，要求改编为独立队的抗日武装，接受中国共产党的领导，共同抗战。

但当时特委领导机关认为收编那些武装力量会妨碍统一战线，所以不同意收编，把他们拒之门外，还规劝一些离队的国民党官兵返回国民党军队原建制去。甚至以“解决经济困难”为由，要把抗日独立队一个中队改编为琼山县国民党第三区区属武装。

特委对这些重大问题作出决议时，冯白驹没有参加讨论。冯白驹得知这个决议后，立即反对。他说：“特委在一般问题上作出决议，尽管自己有不同意见，也要坚决服从。但是要把独立队的一个中队改变为国民党的地方部队，那岂不是与府城谈判时国民党当局的言论如出一辙？国民党当局为谈判僵持一年还未实现的阴谋竟通过我们自己的同志得逞，这个问题太严重了，是原则立场问题。”他解下武装带和手枪，对特委书记李明说：“我这个队长不当了，你来当吧！”

在冯白驹的强烈反对下，特委重新召开会议，大多数特委成员支持冯白驹的意见，避免了一次重大失误。

另一方面，也有一些不怀好意的人到王毅那里挑拨离间，破坏国共合作。有一次，琼崖守备司令王毅和冯白驹正在司令部讨论战事，忽然，一位县长心怀鬼胎闯进来，他满头大汗，吞吞吐吐地说：“报告，司令……”

“什么？”

“机……机……密……”

“青天白日之下，有什么机密不机密。现在，我们是互信共信；机密，这是对付日人和汉奸的，在我们阵营里用不着。”

“是……是……”县长无可奈何，结结巴巴地说：“共产党到处活动，全县都成了他们的势力啦，让他们这样胡闹下去，将来怎么了得呀！司令，我们应……”

“胡说！”王司令猛然跳起来喝断他：“日本人已经打进来，还说什么共产不共产。现在我们只有各党各派精诚团结，在民族统一战线领导下，抵抗民族的敌人——日本法西斯。这是我们目前最迫切的任务，你晓得吗？”

“是……是……团结……统一……”县长不自觉地往后退了两步。

“这消息是从哪里来的？”王司令严肃地追问。

“也许是外间的谣言哩……”县长害怕地支吾道。

“你是一县的长官，竟然轻信谣言，这还了得！”王司令更迫近一步，警告他：“捏造谣言，煽惑人心，制造磨擦，破坏统一战线，应照汉奸论罪，依法惩办。你回去把这案子调查清楚。”

“是……是……”县长碰了一鼻子灰。

潭口阻击战之后，冯白驹又指挥抗日独立队多次伏击日军，缴获了轻机枪等一批枪支弹药，独立队威望与日剧增。冯白驹认为，为了适应抗日形势的发展，必须趁此机会迅速扩军，既可以满足琼崖地方抗日武装要求加入独立队的强烈愿望，又可以壮大共产党领导的抗日队伍。

王毅的守备司令部退守定安山区后，日寇为逼迫王毅屈服，派特务将王毅的大哥从澄迈掳到海口。严刑拷打，软硬兼施，迫使他向弟弟王毅劝降。王毅得知，说：“国将亡，家何在？”

琼崖独立队闻讯，派战士潜入日军监狱，救出了王毅的大哥，然后送回了老家。王毅对独立队非常感谢。潭口阻击战也使王毅对冯白驹由衷地敬佩，坚定了支持他的决心。当冯白驹提出扩编队伍，于公于私，王毅都不能不同意。

1939 年 3 月，在冯白驹的主持下，独立队正式扩编为琼崖抗日独立总队，下辖三个大队（相当于营）和一个特务中队。冯白驹任总队长，副总队长为马白山、符振中。琼崖抗日独立总队成立仅几个月时间，队伍就由300多人激增到1000多人，武器装备也有了明显改善，第三大队还配备有一挺捷克轻机枪。

总队成立后，接二连三地袭击日寇，搅得敌军惶惶不可终日。

3月，独立总队获悉，在海口至文昌的公路上，日军车辆来往频繁，车上的日军经常对公路两旁的村庄进行骚扰。为了打击日军的嚣张气焰，第一大队一、三中队趁着夜色进入琼文公路两侧的伏击地点，歼灭日军大佐指挥官以下20余人，缴获了一批枪支弹药。

5月，文昌石桥村小学住进一队鬼子，一大队大队长黄大猷和当地民兵做了一架荔枝炮，装上碎铁片，一炮把鬼子住的屋子打了个大窟窿，鬼子当即撤走。

6月，活动在文昌县城附近的独立总队第一大队第二中队，在打入敌人内部的秘密共产党员黄守全的配合下，由中队长陈永泰带领短枪班9名战士，趁赶集之机，化装潜入文昌县城，袭击日军北门哨所，击毙日军6名，缴获步枪5支、短枪1支。

7月，第一大队第二中队副中队长陈求光带领一支精干的突击队，挺进文昌县的敌占区，伏击由码头至东郊墟公路上的日军，毙敌4名，击毙东郊墟维持会长符玉光。

8月，日军在琼山县道崇乡滨洋村修建据点，派重兵驻守，以扼制独立总队在琼山县的咸来、道崇一带的活动。冯白驹识破了日军的意图，发动群众破坏敌据点的水源，使日军不得不从三江墟用汽车运水，并派10多名日军配备一挺轻机枪押运。9月2日，冯白驹令独立总队第一大队和第二大队第五中队，进入罗板铺公路西侧高地伏击日军运水车，激战半小时，全歼敌官兵11名，焚毁军车，缴获轻机枪1挺，步枪5支，短枪1支，各种子弹150发。

9月，独立总队战士化装进入琼山县永兴日军据点，击毙几名敌兵，缴获枪支、弹筒等武器。

独立总队的每一次战斗，每一次胜利，都威慑了海南岛的日军，鼓舞了琼崖抗日军民，也引起了国民党最高当局的关注。

国民党琼崖守备司令王毅将冯白驹率独立总队指战员在琼岛浴血抗日的事迹报告给蒋介石。蒋介石为了标榜自己是抗日救国的“领袖”，特传令嘉奖冯白驹，并发给独立总队一批枪支弹药。在广东省的国民党中央委员陈策也致函冯白驹，赞扬冯白驹和独立总队的抗日功绩。

海南岛的抗日斗争吸引了媒体的关注。香港救亡社记者蔡磊来琼采访。王毅问他：“你们见过独立总队长冯白驹吗？”

“还没有。”

“独立总队是琼崖抗战的中坚部队，也是一支民族的忠实队伍。自从抗日开始以来，予敌人打击最大的是他们，战绩最高的也是他们。他们不单是跟敌人作战，而且还要教育群众，组织群众，发动群众参加抗战，帮助群众撤退或生产。对于抗战建国的纲领，抗日民族统一战线，他们都坚决地忠实地执行着。他们实在太辛苦了，你们应该去慰劳他们，同时也可以从他们那儿多得些工作经验和指示。”王毅说。

蔡磊在司令部逗留了几天，便出发到独立总队部去。在他回来后写成的文章中回忆说：“他们那种艰苦卓绝的战斗精神，已经很够使人感动，使人敬佩了。他们上自长官，下至士兵，都是一样地生活，一样地整天工作着。冯总队长也是一样，他的个子高大，是一个十足‘夏伯阳’式的农民游击领袖的典型人物。他说话的声音响亮而清晰，待人接物非常和蔼可亲。他们的物力财力都异常困难，但是他们并不如别个队伍那样强派捐饷，强拉民夫，他们借用老百姓的东西，损坏的完全照价赔偿，出发的时候却把东西弄得干干净净的送给老百姓。他们的给养大都由老百姓自动地征募送来。”

7／求贤若渴

1939年冬，海南岛的抗日局势进入了相持阶段。一方面，日本帝国主义妄图把海南岛当成侵略东南亚诸国的基地，增派驻军，调集兵力，加紧扼杀抗日军民。另一方面，国民党广东省当局调派吴道南、李春农、林荟材来琼崖，担任要职，因王毅有“亲共”嫌疑，夺了他的权。他们来到后，倒行逆施，严禁独立总队扩编，缩减其军饷，取消地方的抗日组织。琼崖抗日民族统一战线面临破裂的危机。针对严峻的局势，冯白驹在1939年12月召开的特委四届八次扩大会议上，作了题为《当前形势和任务》的报告，他一针见血地指出，琼崖的抗日民族统一战线有比全国统一战线先破裂的可能，琼崖的抗日斗争更复杂、更艰苦。经过讨论，大家一致认为，要尽快创建靠近五指山的根据地。有了根据地，我们的力量才能有效地保存，才能发展壮大。

1940年1月，中共中央书记处作出指示：“冯白驹部应做长期坚持计划，因在任何条件下，日本必占琼崖不退。”冯白驹经过周密的考察，决定在美合山区建立根据地。美合靠近五指山区，在澄迈县境内。这里山林茂密，物产丰富，居住着一些客家、黎苗族百姓，周围没有日伪据点。琼崖特委和独立总队进入美合后，清匪反霸，发动群众，自己动手开展大生产运动，养猪种菜，减轻群众负担。很快，美合焕然一新。

1940年，美合根据地诞生了两所学校，这就是琼崖特委党校和琼崖抗日公学。

20世纪30年代，在中国的革命圣地延安有两所著名的学校——中共中央党校和抗日军政大学。其中抗日军政大学于1936年6月1日在陕北瓦窑堡成立，创建这所学校的目的是为抗日战争培养人才。这是一所世界上独一无二的学校，学员边生产边学习，边战斗边学习，

1940 年 7 月，琼崖特委在美合根据地创办琼崖抗日公学，冯白驹任校长。

图为 1945 年 6 月在乐东县番阳（今属五指山市）复办的抗日公学旧址。

“认字就在背包上，写字就在大地上，课堂就在大路上，桌子就在膝盖上”。1938 年 3 月，毛泽东在抗大成立三周年庆祝大会上发表演讲，提出了抗大的教育方针：坚定正确的政治方向，艰苦朴素的工作作风，灵活机动的战略战术。这年 5 月，毛泽东为抗大题写了“团结，紧张，严肃，活泼”的八字校训。一批批杰出的人才从这里走向全国。

美合根据地巩固之后，琼崖特委在党中央精神的指引下，也办起了学校，为抗战造就人才，输送人才。1940 年 7 月，他们以抗大为楷模，创办了琼崖抗日公学。冯白驹任校长，史丹任副校长。

海南竹子多，学校的校舍因地取材，屋顶是竹条夹着茅草绑扎的，墙壁是竹篾编成的，桌椅是木条和竹竿搭的。大门口立着竹子的牌楼，上面写着“琼崖抗日公学”六个大字，两旁是毛泽东为抗大题写的校训：“团结，紧张，严肃，活泼。”学校分初、高级班，还有妇女班、儿童班、工农班，一些爱国知识分子来到学校担任教师，冯白驹亲自给学生上政治课，从延安派来的总队参谋长李振亚讲授游击战术课。毛泽东的《论持久战》是学员的必修教材。学员们用小竹枝削成笔，用锅底的灰调成墨汁，在废报纸上写字。每天早晨，随着树林里的鸟雀的欢唱，校园里也沸腾起来，年轻的学员们个个生龙活虎，朝气蓬勃，操场上口号声声洪亮，朗朗的读书声从一间间教室里传出：“火火火，日本鬼子放的火；血血血，中国人民流的血……”傍晚，夕阳的余晖下，学员们有的唱歌，有的打球，生活非常丰富。冯白驹看着、听着，心里说不出的喜悦。

抗日公学办了两期，培养了 600 多名学员，为海南岛的抗日战场输送了优秀的人才。遗憾的是，1940 年 12 月 15 日，因国民党顽固派悍然发动“美合事变”，毁掉了根据地，办学不得不终止。

斗争经历丰富的冯白驹深知人才的重要性，抗日战争是一场持久战，没有人才，我们就不能坚持到胜利的一天。他不仅注意培养本地的后备力量，对上级党组织从外面派来的同志也是求贤若渴。琼崖虽是一座孤岛，但党中央和南方工委一直非常关注琼崖的革命斗争。抗战爆发以来，应冯白驹多次请求，中央和省南委陆续委派一批得力的同志来琼崖协助工作，有来自延安的庄田、李振亚、覃威，有广东南委派来的欧照汉、陈健、黄康，有从南洋回琼和从南路地区委派来的陈青山、罗文洪。冯白驹对外来同志和本地同志一视同仁，任人唯贤，放手使用，委以重任，搞五湖四海，不搞小团体，得到了大家的尊重和拥戴。1940 年 5 月，中央派经验丰富、参加过长征的庄田赴琼崖美合根据地。庄田回忆说，他一到美合，就看到一个身材魁梧的人朝他大步走来，远远地就伸出双手走上前来，紧紧握住庄田的手，自我介绍："我叫冯白驹，你是党中央派来的庄田同志吧？欢迎欢迎！"他摇着庄田的手，诚恳地说："这回就好啦，有你们这些跟随毛主席参加过二万五千里长征的同志来参加领导我们琼崖部队的抗日斗争，我们就更有力量啦！"庄田打量着他，只见他穿着补丁摞补丁的黑短衣，打着赤脚，头发长长的，如果不是佩着短枪，跟警卫员、老百姓完全没有区别。部队开饭的时候，他让炊事员给庄田他们端来饭菜，自己却走到外面，和战士们蹲在地上，用椰壳碗盛了一碗饭，等值日班长下口令后才开始吃。庄田看了非常感动，敬佩之情油然而生。从这些不起眼的小事，庄田就明白了，琼崖的革命斗争为什么在那么困难的情况下竟能坚持到今天。

冯白驹坚决服从中央的领导，党中央领导人也对冯白驹给予了充分的信任和支持。1940 年 4 月，琼崖特委领导人李明、黎民赴延安参加党的七大，向毛泽东汇报了琼崖的情况。毛泽东作出重要指示，他说："冯白驹同志在琼崖搞得那么久，情况熟悉，和群众联系密切，琼崖特委书记和独立总队的队长还是冯白驹同志担任。"毛泽东还希望他多读书，并且亲自为他开了书目。周恩来在接见即将赴琼崖的庄田时，特别指出："冯白驹是琼崖人民的一面旗帜。"这句话是琼崖革命斗争史的点睛之笔，可谓字字千钧。派来的同志和代表回到琼崖后，传达了中央的指示，冯白驹激动地说："党中央、毛主席委我以重任，这是我非常感激的。但我个人能力有限，还得大家热情帮助。"

8/抗击日伪顽

1940年，日本开始准备向南太平洋英、美军队进攻，因而加强了对海南岛的军事占领，完成了在琼崖海、陆、空的全面部署。而蒋介石不但不一心抗日，反而在华中、华南掀起反共高潮，制造了"皖南事变"和"美合事变"，公然破坏国共合作，挑起内战。

1940年12月15日，琼崖保安副司令李春农率部3000多人，兵分五路，偷袭美合根据地。我军为保存力量，撤出美合，经过一个多月的行军，抵达琼文根据地。

"美合事变"后，国民党顽固派继续调动兵力进犯琼文根据地，日本侵略者也加紧对抗日根据地的"扫荡"，我军腹背受敌，形势严峻。在这种情形下，琼崖特委召开了第三次执委会。会上，冯白驹带头检讨了丢失美合根据地的错误原因，大家也都进行了反思，认为此次失利，是因为思想上麻痹大意，缺乏足够的警惕性，在美合的西南边没有布防，给顽固派可乘之机。会上有人提出，抗日斗争陷入低潮，应分散隐蔽，放弃公开的军事斗争。冯白驹、庄田对这种主张进行了严厉的批评，要求大家打消悲观情绪。经过激烈的争论，会议作出了"集中力量，打退国民党反共逆流，坚持团结抗战"的决议。在这次会议上，冯白驹被选为琼崖特委书记。

国民党占据美合后，继续推行"反共灭独"的政策，叫嚣"三个月内消灭独立队"，于1941年3月，在琼山纠集兵力，猖狂来犯。冯白驹决定要狠狠打击顽固派的气焰，让他们吃点苦头。他和庄田计划在罗蓬坡设埋伏，临战前，冯白驹声音洪亮地动员道："为了孤岛抗日战争的胜利，任何牺牲损失我们都可以忍受。同志们，前进吧，胜利在等待我们！"这一仗，杀伤顽军50余人，缴获两挺轻机枪，30多支长短枪，在美合失利后及时鼓舞了独立总队的斗志。同年12月，李春农为打通运输线，再次进犯根据地。冯白驹命令吴克之、马白山在顽固派必经之地三江乡斗门村截击他们，打得他们抱头鼠窜。逃跑途中，李春农被击毙。顽军残部躲进树德乡大水村。独立总队第一、二支队将村子合围，冯白驹亲自指挥，激战五天四夜，上万名群众来支前，顽军损失惨重。独立总队有力地打击了顽固派的气焰，顶住了国民党的反共逆流。吴道南因"剿共"不力被撤职，调离海南。

在与国民党顽固派斗争的同时，日本侵略者也对我抗日根据地进行大"扫荡"，他们实行惨绝人寰的"三光"政策，致使生灵涂炭，很多村庄成了无人村。独立总队给予坚决回击，在黑眉岭、洛基、美德之战中有效地打击了敌人。1941年12月，太平洋战争爆发后，日军一方面加紧掠夺琼崖的铁矿、木材资源，另一方面对我根据地实施"蚕食"政策，"芳草见火，石头过刀"，到处烧、杀、抢，一时之间，岛上血流成河。琼崖特委召开四届九次执委会扩大会议，冯白驹代表特委作了《一切为了反攻》的报告，告诉大家法西斯已经穷途末路，要克服悲观情绪，开展游击战。

冯白驹对游击战的认识是在挫折中不断清晰、不断深化的。1933年他们25个人从母瑞山突围后，冯白驹回过头来总结教训，认识到琼崖革命的特点，认识到游击战的重要性。琼崖是一座孤岛，不可能有大批援军，只能依靠自己慢慢壮大。而敌人在兵力物力上都占有巨大优势，对我军的"围剿"越来越残酷。在敌强我弱、斗争异常激烈的琼崖，有正确的战略思想和灵活机动的战术，是克敌制胜的法宝。土地革命战争时期，由于受“左”倾思想影响，过于强调进攻，在反“围剿”中，阵地战打得多，和敌人死拼，结果失败了。吃一堑长一智，当年在哪里摔的跟头，就在哪里爬起来。抗日战争中，冯白驹针对敌人行动规律，组织游击小组，采取破坏、伏击、袭击的战术，有勇有谋地消灭敌人。竹垠桥伏击战、坡头尾村之战等大小战斗都是游击战成功的范例。其中，坡头尾村一仗，我军战士对空射击低空飞行的日军飞机，击落了一架敌机。在反“蚕食”的斗争中，独立总队歼灭日伪顽军队1200余人。

由于日寇大肆屠杀人民，琼文根据地人民无法正常生活。冯白驹和特委研究，改变策略，退一步，进两步，让百姓隐蔽斗争，维持生产生活。我军留一小部分人在内线坚持斗争，主力深入敌后，外线作战。至于转移到哪里，特委领导人有不同意见。冯白驹认为，琼东南被敌人摧残严重，人力物力枯竭，军需得不到保障；而琼西南是新区，人力物力充足，日伪力量薄弱，因此应转移到琼西南。但当时特委多数人赞成移至琼东南，冯白驹只好服从。事情的发展果然被他言中，特委副书记李明带领五支队去了内洞山后，当地百姓已跑光，到处都是断壁残垣，一片焦土。部队缺衣少粮，无人接济，病死饿死很多人，几乎全军覆没，造成极大损失。而冯白驹派吴克之带领第一支队突破南渡江，来到儒万山，引出了围困根据地的日军，牵制了敌人兵力。他们在公路、大桥袭击敌人，连战连捷。接着，他们又向六芹岭挺进，开辟新的根据地，为日后进军五指山打下了基础。靠着顽强的意志，独立总队度过了最严酷的阶段，顶住了来自日伪顽三方面的野蛮进攻。

在党中央的指引下，在琼崖特委的领导下，琼崖人民浴血奋战，熬过了艰苦岁月，终于迎来了胜利的曙光。

1945年，日军已经走到了悬崖边，节节败退，垂死挣扎。当时，盟军的飞机常常来轰炸日寇在三亚、榆林的军事设施，冯白驹领导独立纵队（1944 年秋总队改名为琼崖抗日独立纵队）和地方抗日武装密切配合。5 月，一架美国飞机在作战中失事，飞行员迫降三亚荔枝沟，日军出动搜捕。危急时刻，当地抗日武装迅速出发，凭着对地形的了解，抢先找到了飞行员。日本投降后，美军代表将其接走，并派飞机空投了 15 箱礼品和枪支，向独立纵队表示感谢。美军恩格洛斯中校还亲自从三亚乘飞机至儋县，步行到南丰墟，向独立纵队领导致谢。独立纵队还在伏击日军军车的战斗中，救出了英国和荷兰的战俘，解救了印度的劳工。他们都是被抓来挖矿石、修据点的。独立纵队官兵把不多的大米、猪肉让给他们吃，给他们治病，送给他们衣物，临别时，他们抱着纵队的官兵痛哭流涕。

1945 年 8 月 15 日，日本裕仁天皇宣布无条件投降。就在全中国举国欢庆的时候，因为美合事变时丢失了电台，与外界无法及时联系，冯白驹和独立纵队的指战员竟不知道这个消息。直到在一次战斗中，从缴获的敌人文件上看到了日本投降的天大喜讯，战士们跳着叫着，帽子飞上了天空，泪水和笑容同时出现在脸上。冯白驹站在欢乐的人群中，心情像大海一样起伏。想起牺牲的战友，想起惨死在日寇屠刀下的父老乡亲，想起伟大的中国人民这不屈不挠的八年，他慢慢摘下了帽子。

抗日战争中，琼崖独立纵队指战员牺牲 5600 余人，对敌作战 2200 余次，击毙日、伪军 3500 余人，击伤、俘虏敌人 2000 余人。历史证明，中国共产党琼崖特委及其领导的独立纵队是琼崖抗战胜利的决定力量，是海南岛的中流砥柱。

9 月 19 日，盟军代表与琼崖独立纵队代表在南丰会谈，我方首席代表是冯白驹司令员。当时，美军太平洋舰队已派出船舰，加紧运送国民党部队来琼崖，夺取胜利果实。会谈时盟军代表提出，海南岛的日军部队应“听候中国政府军受降，而不是将武器交给任何人民抗日部队”。冯白驹义正词严地驳斥了他：“请恕我直言，对于这些论点，我们很难理解，更无法接受。中国工农红军改编的第十八集团军即八路军、新四军、华南纵队是经国民党中央政府承认，成为中国国防军——‘国民革命军’的一部分的。即如我们琼崖独立纵队，它的前身独立队、独立总队的番号、编制，都是经琼崖的政府和军事领导机关确定的。我军在琼崖打响了抗日的第一枪，最早缴获日军的第一挺机枪，曾受过国民党中央军事委员会的传令嘉奖。琼崖抗日六年半，我军人民武装部队与日、伪军作战次数最多，战功也最大。为什么抗日有功的人民武装部队却没有接受日军投降的权利，而一贯避战、观战的所谓政府军倒要独占胜利果实？这在情在理能说得过去吗？”盟军代表十分尴尬，只得搪塞了事。会上，盟军代表问，琼崖纵队有多少人？纵队副司令员庄田回答，抗战开始时，有 300 人，现在有 1 万多人。盟军代表极惊讶，赞叹道，贵军以简陋的武器，在极困难的条件下，在孤岛坚持长期斗争，赢得生存发展，真是奇迹，本人无限钦佩！冯白驹淡淡一笑：“我们琼崖独立纵队和八路军新四军一样，是依靠正确的战略战术，依靠广大人民群众的支持，克服重重困难，战胜日本侵略者的。如果说是奇迹，那是人民群众在共产党领导下创造的奇迹。”

第八章

拳拳爱国心

由于中华民族具有极顽强的适应能力，
他们在异国他乡落地生根；
又由于中华民族特有的血缘、地域、宗亲的强有力的纽带，
他们不忘桑梓。
“日久他乡即故乡，
晨昏须上祖宗香。”

1/ 不忘桑梓

海南岛向海外移民的历史可以追溯到南宋。由于岛上可耕地少，经济相对封闭，遇到台风、地震等自然灾害，岛民生活无着，不得不出走寻找生路。宋元时，岛上粮食就奇缺。到了明朝，郑和下西洋促进了海外移民潮，海南岛又处在海上丝绸之路上，走出去的人越来越多。鸦片战争后，海口开埠，仅海口就有 10 所招工馆，招聘华工，仅马来西亚一国就有六七个“海南村”。19 世纪上半叶，下南洋的有 10 多万人，到了 20 世纪初，就增至 50 万至 70 万人。华人怀着梦想，离乡背井，渐渐集居于东南亚、欧、美、澳洲的 60 多个国家。他们在异国他乡流血流汗，凭借着剃刀（理发）、菜刀（开饭馆）、砍刀（种橡胶）这三把刀，为自己开辟了一爿立足之地。由于中华民族具有极顽强的适应能力，他们在异国他乡落地生根；又由于中华民族特有的血缘、地域、宗亲的强有力的纽带，他们不忘桑梓。“日久他乡即故乡，晨昏须上祖宗香”，是他们心态的真实写照。在东南亚国家，有很多华人的义山（墓园）都面朝北方，北方是故国，北方是故乡，是他们生不相忘、死亦魂牵的地方。文昌清澜镇义门村有个穷苦渔民的孩子，叫王兆松，因家贫如洗，衣食无着，13岁上辞别父母，跟着乡邻搭帆船去了马来西亚。开始他捞虾，后来在英国公司当冰块推销员。他很勤快，主动划着舢板给有不同需求的渔船送冰块，获得了信誉，渐渐站稳脚跟，经营起冰鱼生意，越做越大，开发房地产、种橡胶、开锡矿，成了知名的企业家，被马来西亚雪莪兰州政府委任为华人参事局员。王兆松发达后，始终不忘自己根在何处。王家9个儿子，每个人的名字里都有一个“国”字。他家的家规是：无论你懂多少种文字，无论会多少种语言，在家里必须说海南话，任何人都不能例外！1926年，王兆松为建海口医院捐1000大洋，三次为海南中学捐款，为文昌中学捐建图书馆，在文昌修路建桥。这就是海南的华侨，这就是海南的子孙！

海南人走向四面八方，又从四面八方走回来，人口的流动带来了文化的传播，很多海南的华侨首先接受了新思想。辛亥革命前后，一大批华侨加入了同盟会、兴中会，追随孙中山投身反清革命。他们变卖了血汗换来的家产，买枪，制炸药，刺杀清政府要员，参加起义，很多第二代、第三代华侨青年没喝过故国一口水，没踏上过故国一寸土地，却义无反顾地回来参加革命，慷慨赴死。“爱国以命，爱党以诚”——这是孙中山对爱国华侨的发自肺腑的赞叹。北伐战争和土地革命战争时期海南岛的中国共产党人中，也有一批优秀的从南洋回来的华侨或华侨子弟，如徐成章、冯平、严凤仪、王器民等等，琼崖纵队里的重要领导者庄田、吴克之等人也都下过南洋。这一代人继承光荣的传统，为了国家和民族的解放事业，奉献一切，在所不惜。他们当中的王器民，侨居南洋数年，本过着衣食无忧的生活，可是为圆强国之梦，毅然放弃了稳定的职业，幸福的家庭，弃职回到家乡海南岛，与王文明、杨善集、徐成章一起，参加五四运动，宣传马克思主义，讨伐军阀邓本殷，1922年加入中国共产党，1927年国民党反动派发动政变时被捕入狱，被敌人杀害。他在给妻子高慧根的遗书中这样写道：

“为求主义实现而奋斗，为谋民众利益而牺牲。我们夫妻可谓因国而忘家，为公而忘私啊！你虽然体谅我，而我终是觉得对不住呢！亲爱的慧根，我和你做夫妻是生生世世的，在精神，不在形体，我苟牺牲之后，你应谨记着我的遗嘱，那我就瞑目了……慧根呀！我不想说了，继我志啊！继我志啊！”这封遗书与黄花岗七十二烈士之一林觉民写给妻子陈意映的遗书何其神似：“吾充吾爱汝之心，助天下人爱其所爱，所以敢先汝而死，不顾汝也。汝体吾此心啼泣之余，亦以天下人为念，当亦乐牺牲吾身与吾之福利，为天下人谋永福也。”

当日寇的铁蹄践踏到故国家园时，这些海外赤子再一次把心掏出来，毫无保留地奉献给祖国。他们成立了“援八（八路军）援新（新四军）委员会”、“援冯（冯白驹）委员会”、“琼崖华侨联合会”、“琼崖抗日救护队”等爱国组织。1938 年夏，宋庆龄领导的“保卫中国同盟”号召海外华侨回国参加战地救护工作，旅居香港的华人社团率先成立青年抗战救护队，唱着歌赶赴抗日前线：“再会吧南洋！你海波绿，海云长，你是我们的第二故乡……你不见尸横着长白山，血流着黑龙江，这是中华民族的存亡。”1938 年 8 月，抗日的大动脉滇缅公路急需大批机工（司机及车辆维修技工），爱国侨领陈嘉庚在南洋招募，华侨青年踊跃报名，其中海南籍人 800 多名。他们在滇缅公路上运送了大批枪支弹药，抗日物资，抛头颅洒热血，舍生忘死。1939 年 1 月，海外琼侨在香港举行代表大会，宣布成立琼崖华侨联合总会，统一领导琼侨的抗日救国救乡工作，总会的救济委员会主任就是王兆松。会议决定组织琼崖华侨联合总会回乡服务团，归国参加抗日。

中国共产党对海外华侨做了很多组织动员工作。早在 1935 年，中共中央在《八一宣言》中就号召一切关心祖国的侨胞们团结起来，支援抗战。1938 年，又从延安派出海外工作团，前往东南亚发动华人华侨积极参加抗战。同年 3 月，毛泽东、周恩来会见马来亚华侨抗敌后援会代表团，并为其题词：“全体华侨同志，应该好好团结起来，援助祖国，战胜日寇，共产党是关心海外侨胞的，愿意与全体侨胞建立抗日民族统一战线。”对琼崖特委，中共中央也作出指示：“你们要把琼岛创造为争取九百万南洋华侨的中心根据地。”为了加强与海外琼侨的联络，特委以独立队的名义在湛江设立了办事处，在香港派驻代表。冯白驹多次致函海外侨胞，报告琼崖战况，请求援助。其中一封信函这样写道：“本队对日作战至今，大小不下百余次……为提高我军抗战实力，以及配合有利情势，相机举行大规模之反攻，而早日将日驱出琼崖，本队长切望诸先生暨各琼侨继续努力，踊跃输财，给琼崖抗战更大援助……本队的遭遇之困难，亦即民众之困难，而上述困难之解决，主要亦惟有赖民众之援助，深信诸先生必能明了此意。临笔神驰，切望佳音。谨致抗战敬礼。”11 月 9 日，香港《工商日报》刊出冯白驹致函，并附有一篇文章，文章这样写道：“琼崖失陷，虽经半年有余，然日军所占领，不过近海数处城市据点，而我军之英勇杀敌，迭次反攻，使日军立足不安，死伤惨重。在琼我军作战较力者，当推琼崖独立自卫队冯白驹所部，惟因医药缺乏，物质之供给困难，影响作战实力重大。该队乃发函吁请海外侨胞，予以更大之援助。”而南洋“援冯委员会”也以情动人，动员侨胞支援抗战，他们写道：“秋深了，烽火弥漫下的琼州大地，早已刮起朔风。我们低头想一想，现在辗转于枪林弹雨之下的琼崖同胞、守土将士，是过着怎样的日子。冯长官白驹指挥下的抗日将士，屡能与敌以重创，实为出生入死，牺牲血肉所致。”冯白驹的致函和报纸的文章引起极大反响，华侨们捐款捐物，在所不惜。仅 1939 年 4 月至 10 月，救济难民会就收到近 10 万元捐款，其中琼籍侨领王兆松捐款 1 万元。冯白驹亲笔致函，称赞他们“热诚义举，无任感佩”。

2 / 冒死偷渡

从抗战开始，海外侨胞便节衣缩食，募捐款项和物资，不断送回祖国，无数抱着必死决心回国参战的华侨青年，从南洋各地回到香港。但是，侨胞们募捐的款项和物资，总送不到抗日前线，都被发国难财的国民党贪官污吏们中饱私囊了；回国参战的青年由于国民党当局不予受理，也只有怀着一片丹心徘徊在街头。正当广大爱国华侨报国无门的时候，“琼侨联合总会”在香港成立了。在总会的积极支持下，琼籍爱国青年早已酝酿组织的“琼崖华侨回乡服务团”正式成立。第一批团员共32人，都是爱国工人、学生、小商人或自由职业者，其中还有8名中共党员。1939年2月10日，日军的魔爪伸到了海南岛，消息传来，团员们怒火中烧，再也不能等待了，他们纷纷要求立即返琼，直接投入救国保家的斗争。

渡海返琼并非容易，除了要准备与鬼子作生死的斗争外，还得应付国民党的阻拦。1939年4月，由符思之率领的第一批团员到达雷州湾外的硇州岛。为了做好返琼的渡海准备，在这儿住了几天。

这时，日军已占领了海南岛的沿海城镇，并基本完成了海陆封锁部署。不堪敌人蹂躏的琼崖同胞，一批又一批地冒死偷渡敌人的海上封锁线，向大陆逃难，从海南岛东北部逃出来的同胞，第一个落脚站便是硇州岛。他们带来消息，有敌舰经常在“急水门”海面巡逻。逃难的同胞不知多少人在“急水门”被发现而丧命。这些消息并未吓住团员，渡海航线必须经过“急水门”，此时，他们已义无反顾，破釜沉舟。

4月15日傍晚，他们乘着一只木船，载着侨胞募捐的部分药品，向海南岛驶去。

他们的武器是每人一包胡椒粉、一把尖刀，准备一旦遇上敌舰，就向跳上船来的鬼子脸上撒胡椒粉，动刀子拼命。

这晚的东北风很大，小木船在大海中飘飘摇摇，似一片落叶。然而，也只有这样大的顺风，才是偷渡的有利时机。

海浪滔滔，夜色茫茫，对面就是苦难深重的祖国，任狂暴的波涛咆哮、翻腾，风吹浪打中，他们勇敢地破浪前进。

突然，在“急水门”外，他们望见了鬼子巡逻艇上的点点灯光，赶紧落帆静候，待它巡逻过去，再扬起风帆，飞快地划进“急水门”。不料航行不久，突然碰上旋风。帆被风撕扯着，船身跟着打旋。未及落帆，船桅便折断了。幸好木船未被卷覆。老天爷似乎有意要考验他们，又下起了骤雨，雨水直往船舱里灌。浑身湿透的团员们一面舀水，一面奋力划行。好艰难的航程啊！

天亮了，风浪渐渐停息。服务团的小船终于在冯家坡港登陆了。

先后渡海返琼的有：由陈琴率领的星洲团，由符建平率领的泰国团和由符克率领的越南团，还有一些侨胞从南洋各地零星回到海南岛加入服务团，总共有 276 人。

他们在途中也并非一帆风顺。

星洲团从雷州半岛的赤坎子渡海。启航的傍晚，忽然来了几个国民党的武装税警，硬要他们纳税。副团长梁文墀说：“我们是华侨服务团，从海外回来到海南抗日的。”

“管你们什么团！”一个家伙涉水到了船边，用竹竿敲着船上的东西说，“有货物就要纳税！想溜走不行！”

“这些都是华侨募捐的抗日药品，不是货物。你们回去问问你们长官，他们敢让纳税？”梁文墀驳斥他们。

税警们无以对答，莫可奈何地走了。木船赶紧起锚扬帆。可是没走多远，后边又传来税警的呼叫：“站住！快回来——长官有命令：抗日也要纳税……”

同志们遥遥地回答他们："好！等我们胜利回来再跟你们算账！"

岸上啪啪地打起枪来。艄公巧妙地掌着舵躲过了背后的射击。

泰国服务团在渡海时，有 7 人不幸在海上被日寇杀害。

各地服务团一到海南岛，便与琼崖特委接上关系。特委派王白伦接见了华侨回乡服务团，并向他们介绍了琼崖的抗日斗争情况。王白伦冷静地提醒他们："消极抗战，积极破坏人民抗日活动，是国民党的既定政策，只是目前日本鬼子对他们还有压力，服务团的活动暂时还不会受到国民党的限制。我们应该抓紧有利时机，放手发动群众，壮大抗日力量。"

为了加强对各华侨回乡服务团的领导，提高工作效率，团员们主张成立总团。在中共琼崖特委和冯白驹的支持下，经设在香港的琼侨联合总会批准，1940 年 6 月 19 日，琼崖华侨联合会回乡服务团总团在琼山县树德乡成立，符克任总团长，陈琴、梁文墀任副总团长。总团下设歌剧队、工作队、医疗队。

服务团里有共产党员，中共琼崖特委在服务团里组建了一个特别支部，符思之任书记。

200 多名琼侨赴家乡与全岛抗日军民并肩战斗的壮举，得到了"保卫中国同盟"及宋庆龄的大力支持。宋庆龄怀着对故土和同乡的深情表示："此不独琼州官兵之幸，抑亦琼州抗战之幸，诸君深明大义，慷慨悲歌。临笔神驰，庆龄谨致抗战敬礼！"

3／神医来了

有了共产党的领导，有了独立总队的支持，服务团的工作便立即开展起来。

乡下本来就缺医少药，抗战爆发后，乱世之中，不测风云时时袭来，性命难保。服务团带来的药品一部分给了独立总队，一部分给了国民党当局，还有一部分自己保管。有一次，文昌县游击区的一个年轻媳妇邢彩花因反抗日本兵的侮辱，被刺了八刀，昏迷不醒。符克闻讯立即率领医生跑到现场抢救。急救时邢彩花由于失血过多，需要输血，在没法检查血型的情况下只能找 O 型血的人输血。符克一听立即挽起袖子说："我是 O 型血，抽我的吧，快！"

这时另一团员朱明也赶到现场："我也是万能血。"医生从两人的血管中抽足了血液输给了邢彩花，她的性命保住了。救人救到底，符克同大家商量决定，邢彩花的护理、生活费用都由服务团包下来。一个多月里，服务团的同志天天为她换药、清洗伤口，邢彩花的丈夫阿虎感动万分，决定报名参军，加入抗战队伍。

服务团不避艰险，深入敌后。当时日军为了巩固占领区，到处"扫荡"，烧杀抢掠，病伤群众比比皆是。服务团的同志都受过一段时间的战地救护和医疗训练，他们尽心尽力地为群众治疗，一面行医，一面宣传，逐渐把活动地区从琼山、文昌扩大到琼东、定安、乐会和万宁等侨眷最多的县份。尽管医术并不十分高明，但凭着一片爱国热忱，他们克服了许多困难，受到了群众的称赞。

抱罗乡翁家村有位名叫林树义的农民，在鬼子"扫荡"时上腿中弹了，鬼子还没完全退走，服务团员就冒险将他抢救出来，为他治疗。凡牛乡大满村一位老伯，全身患了 20 多年的顽癣，也被治好了。琼山县甲子墟遭敌机轰炸，炸伤数十人，由于服务团同志及时赶去抢救，结果无一死亡。

人心换人心，服务团同志真诚地服务百姓，感动了无数群众，群众把服务团当作自己的亲人，把他们誉为"神医"。

4/ 宣传抗日救亡

“我们是保乡的战士，我们是卫国的先锋。琼崖已到危险关头，快起来为家乡奋斗！我们要回乡服务，唤醒同胞，更要深入农村，推动人民参加抗日斗争！”这是服务团团员朱明谱写的《琼崖华侨回乡服务团团歌》。这些热情高涨的琼崖儿女唱着歌，下到文昌、琼山等地农村，开展抗日救亡的宣传。每到一地，他们先向群众演讲，讲抗日的道理，讲华侨的无私支援，讲抗日将士的英勇事迹。百姓们把他们围得水泄不通，慷慨激昂处，讲的人和听的人都热泪盈眶。

1939 年 11 月，琼崖人民的子弟兵——中共琼崖特委领导下的抗日自卫团独立总队第三大队，经过十几个昼夜的战斗，攻克了西路重镇那大，全歼敌伪军一个中队。这是日军进占琼崖以来我军首次收复的城市。捷报传来，群众大为振奋。

为了庆祝胜利和动员群众参军、支前，趁着墟日，服务团歌剧队在文昌县昌洒乡演出了街头剧《放下你的鞭子》。剧中的女儿、老头和青年工人分别由何秀英、曾英儒、朱明扮演。锣鼓声吸引来赶集的人们。何秀英悲愤地唱起来，控诉日军的滔天罪行，场子里鸦雀无声，人们的心被紧紧地抓住了。当剧中“女儿”饿得唱不下去，“老头”拿着鞭子、含着泪水、追着要打她时，观众大声呵斥起来：“住手！不要打她！”朱明立即跑出人群，制止“老头”，厉声呵斥：“放下你的鞭子！”当“老头”讲出了他们父女逃难的真情后，观众充满同情。戏演不下去了……此时，张奋便跳上桌子向观众演讲，从抗战形势、党的方针讲到那大镇的胜利，讲到保家救国、参军支前的重要。

这时，一个身穿黑绸衣、提着手杖的家伙挤过来打岔：“哎哎，这是干什么呀？你们宣传抗日，向政府注过册没有？”

“我们是琼崖华侨回乡服务团！”朱明严正地告诉他，“宣传抗日无须注册！”

“那不行……”那人还要强辩。“谁说不行！”群众当中不知谁愤然说道，“只有汉奸才反对宣传抗日！”场里骚动起来，有人喊着：“打汉奸！”那家伙见势不妙，夹起手杖赶紧溜走了。

服务团歌剧队最受群众欢迎，每场观众少则百人，多则上千人。服务团把抗战的道理送到了人们的心坎里。同时，他们还在村镇的大街小巷写标语，发传单，油印宣传册，自己编写以抗战为内容的识字课本，发给群众，深受大家欢迎。

5／血的教训

1939年5月，以蒋介石为首的国民党顽固派掀起了抗战以来的第一次反共高潮，进犯陕甘宁边区，同年12月，阎锡山又在山西策划“十二月事变”，抗日民族统一战线面临严重危机。新到琼崖上任的专员兼保安司令、国民党顽固派吴道南大肆推行反共反人民的政策，服务团来到后，他就想把服务团控制在他的势力范围，独吞华侨捐助的抗日物资，不让服务团独立活动。服务团设法摆脱他的控制后，他又纵容琼崖的国民党顽固派限制刁难服务团。乐会县国民党县长就公然驱赶服务团：“我这里的日军你们打不了，用不着你们来宣传！回海外去吧！”再后来，居然发展到无理逮捕、杀害服务团团员。团员符兰平（共产党员）和陈永炎在琼山县大坡乡为群众治病，回来的路上突然“失踪”，后来得知是被国民党琼山县县长杀害了。陈永炎当场被打死，符兰平被抓去，严刑拷打，又被扔进开水锅里活活烫死。年纪最大的服务团团员范清（共产党员）在文昌县迈众乡工作时突遭国民党文昌县县长何定之逮捕。何贼用尽威胁、利诱等各种无耻手段没有结果，最后将范清杀害了。

国民党自毁长城，中国人杀中国人，服务团总团长符克义愤填膺，他再也忍不住了，团员一再被顽固派杀害，他怎么向海外华侨交代？他决定派梁文墀出海，去香港总会向侨胞控诉国民党的反共卖国罪行。同时，他自己以华侨代表的身份去找国民党琼崖当局，提出抗议，敦促其团结抗日。

他找到冯白驹，说出自己的想法。

冯白驹担心地说："蒋介石已在全国各地发动了又一次反共高潮，国民党政府颁布了一系列反共反人民的法令和条例。琼崖从吴道南接任广东第九区行政督察专员后，反共的调子也越唱越高，磨擦增加，形势恶化，这个时候去琼崖国民党那里，恐怕人身安全很难得到保障。尽管你是华侨代表，可他们是反共反人民的顽固派呀！"

符克毅然说："我知道有危险，这个时候更要挺身而出，尽最大的努力。我是华侨的代表，是受琼崖华侨总会的委托，前去汇报工作，研究救济难民方案，斡旋国共合作、加强抗战的。国民党琼崖当局如不顾大局，不讲仁义，敢对我下毒手，一定会受到舆论和海外华侨的谴责。我是为抗日救国回琼的，作为一名共产党员，个人安危是小事，抗日救国是大事，绝不能因为出现反共逆流，畏缩不前。"

望着符克坚毅的面容，冯白驹很感动，他说："是啊，我们共产党人应该有这种精神。我们和国民党打交道，一定要坚持原则。对团结抗战的问题，态度要鲜明。凡有利于团结抗战的，我们支持，凡不利于团结抗战的，我们反对。我们与友军的关系要坚决执行党中央制定的原则：'人不犯我，我不犯人，人若犯我，我必犯人'。"冯白驹想了想，又说："既然这样，我们请民主人士韦义光（地下党员，琼山县第三区区长，县参议员）同志同你一道去。"

梁文墀副团长知道这个消息后，同样感到这一去凶多吉少。他劝符克："我看现在去是危险的，你是总团长，责任重大，你不要去，让我去吧。”

符克说：“谢谢你。我不去是不行的。正是因为我是总团长，我才必须去，我一定要去，这是我的职责。我们不要争了，我是总团长，你服从我。”

1940 年 8 月，符克带着总会的公函和慰问品，同韦义光一道爬山越岭，先到琼山县新兴墟对国民党保安第七团进行慰问，计划再往国民党琼崖当局驻地——定安县翰林墟，向吴道南汇报，研究救济方案，递交总会公函，商讨国共两党团结抗日问题。不料，吴道南命令王德带领手枪班 4 人，埋伏于定安县龙塘乡和琼山县博文乡交界处人烟稀少的山间，将符克、韦义光两人秘密杀害，埋尸山间。

符克于 1914 年出生在广东海南文昌县昌洒区东太山村的一个贫农家庭。1933 年侨居越南，在西贡当小学教师。1935 年，符克回国考入上海国立暨南大学学习。抗日战争爆发后，1938 年春，符克赴延安陕北公学学习，并加入中国共产党。同年秋，符克被选入海外工作团，受党的派遣，前往越南发动华侨支援祖国抗战。1939 年 2 月，日军侵占琼崖的消息传到越南。在符克的建议下，琼侨救国总会于 3 月组织越南琼侨回乡服务团，委托符克任团长。

对于抗日斗争中的危险，符克早就做好了充分的思想准备。他在给家人的信中说：“我在艰险的环境中生活，倘不敢冒险前进，寻求民族出路，祖国是不会有光明的。”“我的工作是在危险环境中进行，似随时都有生命之虞，假如万一遇有不幸，那也是我所负的历史使命的完结。”

解放后，符克纪念馆里高挂着当年的中共琼崖特委书记、琼崖抗日独立总队总队长冯白驹的题词：“生为民，死为民；生伟大，死光荣。”这是对符克一生最好的评价。

6 / 不辱使命

在符克被害后，副总团长陈琴心急如焚，决定前往香港向总会汇报，经特委同意后，派交通员陈大贵带领陈琴出海。可是，这一去消息杳然。10月底又传来噩耗，陈琴、陈大贵在海上不幸被日寇炮击，光荣牺牲。

符克生前曾派出梁文墀赴港汇报，但一直没有音信，服务团估计他可能遇到不测，便决定派张奋继续赴港。服务团总团长符思之找张奋布置任务，张奋当即答应："为了向总会汇报，为了完成党交给的任务，即使赴汤蹈火也在所不辞。"

张奋这次赴港，除了服务团本身的任务外，冯白驹还有重任委托。

在交通员的带领下，他日夜兼程，三天三夜后，终于到达美合山区。

一个高大的中年人从草棚里迎出来，那双温暖的大手紧紧地握着张奋的手，一股暖流立刻传遍张奋的周身。

张奋随冯白驹走进了草棚。

竹子搭的办公桌上放着油印的毛泽东的《论持久战》、《抗日游击战争的战略问题》单行本，还有一本破旧的《水浒传》。床头挂着一个皮制的公文袋，墙壁上挂着琼崖地图，地图上用蓝笔标着各种符号和标志。

"来，冬天海南也有点冷，烤烤火。"冯白驹拉着他坐下，又递来一只椰壳碗："这是野生的水满茶，是黎胞从白沙送来的，喝了身子暖和，还能防感冒病呢。"说罢，他也坐在火堆旁，一起烤火。

在海外华侨中，冯白驹有着很高的声望，没有想到他如此平易近人，张奋忐忑的心情顿时消失了。

冯白驹说："广大华侨港澳同胞热爱祖国，热爱家乡，组织服务团回琼参加抗日，从精神上、物质上大力支持我们，不少人还把自己的亲生儿女送回家乡参加抗日斗争，这对我们部队的建设和发展起了很大的作用。但是，国民党顽固派不仅阻挠、破坏你们的工作，还杀害了你们的团长，实在令人气愤！听说你要到香港向总会汇报，请你谈谈，准备怎样汇报？”

张奋回答说：“我准备汇报琼崖抗战的形势和服务团遇到的困难，请总会继续在人力财力物力上大力支持我们。”

冯白驹听了频频点头，然后站了起来，用红蓝铅笔指点着地图说：“这次我想请你完成一个特殊使命。你到香港后，除了向总会汇报外，还委托你向廖承志主任汇报我们创建美合根据地的情况、部队发展的情况和琼崖抗日形势。现在国民党当局控制五指山区，日军占领沿海的城市和村庄，我军腹背受敌，每前进一步都要同日、伪、顽进行激烈艰苦的斗争。尽管处境非常困难，但我们有信心战胜一切困难，坚持琼崖抗战的胜利。”

张奋认真地听着、记着。这时，警卫员将饭菜端来，四个饭团，三块猪肉，一盘番薯叶，一碗竹笋汤。

独立总队官兵一致，上至总队长，下至炊事员，每人每日两角钱生活费，一样的标准。今天为了招待张奋，特地加了菜。

冯白驹把两个饭团递给张奋，还往他的椰壳碗中夹了两块猪肉，自己只吃了一块。

美合根据地的一切给张奋留下了非常深刻的印象。对比国民党琼崖当局的所作所为，他在冯白驹和独立总队的身上分明看到了抗战胜利的希望。

张奋从澄迈海边潜渡到广州湾，正好遇到从文昌潜渡来的梁文墀，原来他还活着。两人辗转冲过敌人的重重封锁线，终于偷渡成功，于 1941 年初抵达香港。几经周折，找到廖承志。廖承志听取了汇报，作出了重要指示。

向总会汇报之前，总会的人就告诉他们，吴道南派人来香港向总会告状，说服务团不听军令，破坏抗战，让总会停止接济。恶人先告状，吴道南先下手了。看来香港也不会风平浪静。果然，马上要开汇报会了，香港的国民党当局忽然打电话给总会，说他们要派代表出席这次会议，显然，驻香港的国民党特务分子企图破坏这次会议。总会毫不退缩，研究对策：一是横额写明“旅港琼崖同胞热烈欢迎琼崖华侨回乡服务团代表大会”；二是请卢逊委员主持会议，因为他主持会议别人不敢捣乱；三是大会改期到星期日召开，让各界人士都能参加。

星期日，礼堂里气氛热烈。当梁文墀和张奋走进来时，会场里响起热烈的口号声：

“热烈欢迎琼崖华侨回乡服务团的代表！”

“中华民族大团结万岁！”

“打败日本帝国主义！”

参加大会的群众纷纷向他们拥来，争着和他们握手。

这时，入口处传来吵闹声，一个穿着西装的瘦高个带着一批人冲进会场。

瘦高个冷冷地说：“服务团千里迢迢回乡抗日，令人敬佩。不过，应该支援国军将士！”

梁文墀说：“谁真正抗日我们都支援，琼崖抗日独立队……”

“独立队？”瘦高个轻蔑地打断他，“他们抗战？他们有几个人，几条枪？他们是游而不击。”

梁文墀立即反驳道：“云龙改编时，他们虽然只有300人，但他们与全国人民共赴国难，誓死抗日。潭口一战，威震敌胆，先生可知否？”

瘦高个卡壳了。

卢逊先生宣布开会："请琼崖华侨回乡服务团代表——刚从琼崖潜渡来港的梁文墀先生汇报琼崖抗战情况，大家热烈欢迎！"

顿时，会场上爆发出雷鸣般的掌声。掌声刚落，又有人捣乱，说总会偏心，不欢迎政府代表，只欢迎服务团代表等，那瘦高个跳出来说："应该请政府代表先讲话……"

有人跟着起哄："对！应该请政府代表先讲话……"

"要服从国民党政府领导……"

主席台上，卢逊先生拍着桌子，指着横额说："你们吵什么，看看横额。我是会议主席，我叫谁讲就谁讲，你们吵啥？"会场安静下来。

梁文墀走上讲台，大声说道："下面，我给大家讲讲琼崖抗战形势。1939 年 2 月 10 日，日本侵略军在天尾港登陆。当天，日寇长驱南下，琼崖抗日独立队在潭口阻击，打响了琼崖共产党抗战的第一枪。之后，吴克之指挥的第一支队在罗板铺、罗牛桥伏击，消灭了日军几辆军车，缴获了几挺轻重机枪；马白山指挥的第三大队和儋县人民群众围困那大日、伪军，攻克了那大，收复了失地……"他的讲话吸引了全场听众，大家静静地听着。梁文墀继续汇报，当讲到符克总团长被害经过时，人们愤怒地攥紧了拳头；讲到经费困难时，冯裕芳博士大声说："总会会支持你们……"

"对！有钱出钱，有力出力！"

"国家兴亡，匹夫有责！"

"团结起来，共同抗日！"

在一片口号声中，梁文墀走下讲台，人们向他拥来，热烈握手。那瘦高个见这里没他的市场，带着人，在大家的怒视下离开会场。

血的教训使服务团深深体会到，对顽固派已没有什么道理可讲了。特委指示：丢掉幻想，武装自己；顽固派拿刀杀人，服务团也必须以刀自卫。他们节衣缩食，买了10多支枪，成立了一个短枪班和两个步枪班，保护服务团在敌后开展工作。

1941年12月，日军发起了太平洋战争，东南亚的广大地区和人民也遭受到了日军的摧残，香港沦陷，华侨服务团从此与海外侨胞失去了联系。

严峻时刻，琼崖特委和独立总队伸出热情之手，把全团人员全部接收过去，安排到部队、党、政及群众团体等各级组织继续工作，琼崖华侨回乡服务团团员和海南岛抗日军民并肩作战，坚持到抗日战争的最后胜利。

琼崖华侨回乡服务团和众多投身抗日战争的侨胞一样，是中华民族的优秀儿女，是炎黄子孙的楷模，他们的事迹注定要在史册上写下浓重的一笔。当祖国母亲遭受欺凌的时候，他们继承了爱国华侨的光荣传统，奋不顾身，以命相报。海南岛解放后，他们继续发扬了先辈的精神，满腔热忱地支援家乡建设，捐资出力，建起一座座学校、图书馆，盖起一所所医院，修建一条条公路、一座座桥梁，开辟一片片橡胶林，硕果遍海岛，桃李满天下。时代更迭，人心不变，割舍不断的血缘是他们的原动力，不思量、自难忘的夙愿是他们冥冥中的使命，一代代华侨就这样踏着前人的足迹，续写丹心谱，报得三春晖。

第九章

黎苗人民的漫漫求索路

∨

独木鼓敲响了，
勇士们大声呼喊着，
咆哮着，
胸中的仇恨比粉枪喷出的铁砂还多，
血债要用血来偿，
火山终于爆发了！

1/ 白沙起义

海南岛中部，有一片山水明丽的地方，高耸的鹦歌岭在白云下顾盼大地，南渡江、昌化江、珠碧江都发源于此，江水碧绿，缓缓流淌，滋润着肥沃的土壤。山林里有高大的见血封喉树，有名贵的花梨、沉香木，还有丰富的矿藏沉睡在大山里。3000 多年前，这里就出现了先民劳作的身影，他们驾着小船，渡过琼州海峡，迁徙而来，逢山开路，遇水搭桥，创造了自己的文明，繁衍了自己的族群——黎族。

黎族同胞世世代代生活在五指山区这个祥和的地方，他们用茅草搭起船形的屋子，种山栏，打野猪，织黎锦，日出而作，日落而息。明朝时，一部分苗族人也漂洋过海而来，在这片土地上扎下了根。

1939 年，平静的田园生活被打碎了。当日本侵略者的炮声在大海边炸响，国民党顽固派为了保存实力，龟缩到五指山区，驻扎下来。仅白沙就有国民党守备司令部、琼崖专员公署、守备二团及儋县、临高等 7 个流亡县政府。从此，黎苗同胞大难临头。

国民党来到后，摊派的苛捐杂税多如牛毛，什么抗战粮、官长粮、草鞋费，名堂甚多，各个机构轮番敲诈，劳役也像山一样压下来，连怀孕的妇女和孩子也不放过。龙阔村王建凤家70多头牛一年内全部被抢光，毛贵乡王友旺被诬陷害政府，罚他2000大洋。黎族上层人士也同样处在水深火热之中。王国兴，白沙县红毛峒番响村黎族人，是一位世袭峒长、大总管。因为没有按时上交规定的钱物，被吊起来毒打，打得遍体鳞伤，口吐鲜血。那些日子里，黎、苗族村村寨寨常能见到反穿着衣服哭号报丧的人。

黎、苗族同胞被逼到了绝境，沉默的火山就要爆发了。

1943年春节后不久，红毛乡王玉锦、王高定、柯开取、王家芳、王家聪等几个保甲长，到番响村王国兴家里拜年。没说几句话，大家就纷纷控诉开了。

王国兴说："现在'国贼'（指国民党）把黎人欺压得太惨了，虽然是过年，但是大家连吃的都没有。我们应该怎么办呢？难道我们这些'奥雅'（黎语，老人、头人之意）就天天睁着眼睛，看'国贼'来抓人抢粮，杀人放火，坐着等死吗？"

王玉锦一拍大腿，斩钉截铁地说："那么，按照大总管的意思，发动各村老百姓，大家都起来打'国贼'吧！"

保甲长们立刻齐声应和。他们早已忍无可忍了。

王国兴吼出一声："好！"起身拿出仅存的一点番薯酒来，每人倒一小碗，双手举过头顶，大家一饮而尽，表示决心已定。

王国兴安排人到各乡去联络，两个月后，他又在红毛乡什亲山召开会议。参加会议的有红毛乡、细水乡、元门乡首领及苗族代表邓明仁等50多人。会议决定了起义日期，为1943年农历七月十七日丑时，鸡叫头遍时刻。攻击目标是附近的国民党军政机关。会上对队伍组织、武器准备、火药购买等问题进行了具体安排。大家一致推选王国兴为总指挥。

最后，王国兴提议，按黎族古老的传统盟誓，捉来一只公鸡，当场

王国兴（1894—1975）

杀了，在每个人的酒碗里滴几滴鸡血，王国兴带头，面对苍天，齐齐下跪，先将酒洒在地下，然后一饮而尽。

为了防止黎苗人民造反，国民党顽固派早就下令禁止黎苗人购买一切可以制造火药的原料，在各交通要道设置关卡，严格检查。王国兴派出购买火药原料的人被顽固派查出，杀害了。黎胞们并没被吓倒，他们一次又一次地翻越鹦歌岭、什寒山，到腰子、南丰一带，一点一点地购买火药原料，趁着夜色背回来，加工配制。苗族同胞冒着生命危险送来500斤火药，50包粉枪弹。汉族商人王泰信拿出40块光洋购买火药，支援起义群众。

1943年春天，王国兴在红毛乡合茂村再一次召开了16个乡100多人的大会，认真地检查了各乡的准备工作。

就在起义军起早贪黑加紧筹备时，又发生了一件骇人听闻的事情。1943年6月13日，因怀疑个别苗族人带领日军进攻琼崖国民党军用物资仓库，琼崖国民党守备司令王毅等人以发公民证为借口，诱骗住在山上的苗民下来，集聚在中平村，灭绝人性地枪杀了1900多名苗胞，制造了“中平惨案”。

“中平惨案”似火上浇油，更激起黎、苗同胞对国民党反动统治的深仇大恨。王国兴召开首领开会，对天发誓：（一）同心同德，驱逐国贼，黎、苗族自治自理；（二）同生共死，永不叛变；（三）谁投降国贼，就杀死谁。

国民党杀害了那么多苗胞，并不当回事，在他们眼里，黎人、苗人就不是人，而是供他们作践的奴隶，所以，他们继续雪上加霜。8月初，国民党白沙县县长曾祥训召集一区的保长和各村头人，在白沙乡什丛村开会，强令各乡在8月15日前缴齐所谓“抗战粮”、“参议粮”，缴足猪肉、牛肉等物品，还要抽壮丁，不出人就以500光洋顶一个名额。

散会后，白沙乡、牙叉乡的首领王亚义、符尤相等十分气愤。其中一位首领说："咱们已经没有什么吃的东西了，到哪儿搞那么多给国贼？实在活不下去了，不如趁此机会提前起义，反了吧！"他的话好像往一堆干柴里扔了一支火把，大家七嘴八舌地喊道："对，反了！反了！"他们当即决定，在农历七月十二日（即8月12日）鸡叫二遍时起义。

1943年8月12日，这史无前例的一天终于来到了。白沙、元门、牙叉等乡4000多名起义群众，在王亚福、符尤相、符焕昌、符桂刚、符亚友、符中玲、符清刚、符昌造、符桂林、符打彭、马亚明（苗族）、王公护、王打亲、王明育等首领率领下，半夜就来到预定地点埋伏好。

黑沉沉的夜，没有星光，山林寂静，树梢微微抖动着，似乎感到了不安的气氛。大山无声，地下的岩浆悄悄酝酿着，翻腾着。不知不觉，东方现出一丝曙光，撕裂了黑色的夜空，雄鸡陡然唱起二遍，这报晓声如同嘹亮的冲锋号，埋伏在灌木丛、竹林里、岩石后面的勇士们一跃而起，挥舞着手中的弓箭、钩刀、粉枪（用火药引燃，可喷射出铁砂的土枪），向驻在向民村和印妹村的国民党白沙县政府以及驻在什空村（苗村）的国民党白沙县中队同时发起进攻。独木鼓敲响了，勇士们大声呼喊着，咆哮着，胸中的仇恨比粉枪喷出的铁砂还多，血债要用血来偿，火山终于爆发了！

国民党白沙县政府人员仓皇向南开乡逃跑，途中被击毙5人。敌人丢下尸体逃往毛栈乡。驻在什空村的国民党白沙县中队长来不及逃跑，便带着十几名士兵逃到向民村附近的南坑岭躲藏起来。过了四五天，被向民村群众发现，群众报告了苗族起义首领马亚明。马亚明立即带领50多人围攻南坑岭。儋州村的符桂森上山诱骗他们下山，把他们全部消灭。与此同时，驻在志道村的国民党昌江县流亡政府也被起义军驱逐出境。起义军第一仗旗开得胜。共计缴获短枪1支，步枪

11支，毙敌20余人。

8月16日，牙炳、探扭、九架、对俄等村的起义军开始围攻驻在长岭村的国民党琼崖游击大队陈文才部队。陈文才见各军政机关已被击溃，无心抵抗，也从白沙逃往石碌。在细水乡合口村的国民党军械厂和驻在罗任村的国民党守备二团闻风丧胆，逃之夭夭。起义队伍肃清了家门口的国民党军政机构后，为了扩大战果，越过鹦歌岭向红毛乡的毛西村进发。

8月17日，这支队伍乘胜前进，进攻驻在番加乡坡春村的儋县、临高、感恩三县的国民党县政府。敌人事先得到消息，已经逃走。起义群众放火焚烧了这三县流亡政府的办公室。接着，这支起义队伍又攻打驻在番称村的国民党白沙县第一区公所。恰巧遇到国民党白沙县一区区长张开玉从南丰带来几十个援兵。经过一个多小时激烈战斗，张开玉招架不住，逃到了儋县。

白沙一区等乡提前起义的消息传到驻在二区什存村的国民党三县联络所。所长李有美派出士兵，通知二区红毛等各乡、保长到什存开“紧急会议”。王国兴接到通知后，装病躺在床上，他在地上洒些牲畜的血，想以病重吐血躲过这一关。但还是被国民党兵用箩筐强行抬至联络所。同时逮捕的还有王玉锦、王正义、王其轩等。听得懂广东话的王玉锦听到李有美对士兵说，等把人抓齐了就一起枪决。王玉锦急中生智，假装肚子痛要去厕所，逃了出来。

王玉锦跑到毛西村时，村头大榕树下已经聚集了1000多人，其中包括王打亲率领的一区元门乡的100多名起义群众。他们听到王国兴等首领被捕的消息焦急万分，要求马上攻打三县联络所，救出他们的总指挥。也有人不赞成，怕打起来被抓去的人会先被处死。就在大家议论纷纷的时候，王国兴的弟弟王国琼来了，他对大家说：“今日起义是黎人的一致要求，是各乡首领结盟定下来的，只能执行，不能改变。

我哥哥被抓去，不打，敌人要杀他；打，敌人也要杀他。反正是死，我看只有打，也许还能把我哥哥和其他人救出来。”大家觉得国琼的话有道理，意见统一了。为了救出王国兴，王玉锦挑选了20多名年轻力壮、胆大心细的青年组成一支敢死队，全部光着上身，带着锋利的匕首，悄悄地摸去。就在敢死队走近关押着王国兴等人的房子的时候，有一位队员不小心摔倒了，火药枪走火，“啪”的一声响，惊动了敌人。李有美马上派人去杀王国兴。

听到外面的喊声，王国兴他们知道这是王玉锦带的起义队伍来了，便不顾一切地砸门。门“砰”的一下开了，哨兵端着枪冲进来，凶煞煞地骂道：“娘卖 × 的想干什么？”王正义跳起来向敌人扑去，哨兵开枪了，王正义倒了下去。王国兴乘敌人推子弹时，一下子扑了上去，扭住枪杆，敌人再想掉过枪来打王国兴已经来不及了，两个人扭打成一团。这时，王玉锦率领的敢死队冲进来。哨兵见事不妙，顾不得对付王国兴，拔腿就跑。王国兴等首领被救了出来。

起义队伍得知总指挥王国兴已安全脱险，就从四面八方呐喊着向三县联络所冲去。激烈的战斗持续到天亮，起义队伍占领了三县联络所，打死10多个敌人，缴获步枪8支。

紧接着，王国兴命令起义军攻打国民党感恩县政府及其军队、国民党昌江县政府及其军队、国民党乐东县政府及其武装人员、国民党苏启辉中队部。起义军所向披靡，连战连胜。

按照王国兴的部署，红毛上乡的起义群众围攻驻在什响的国民党守备二团团部。敌人倚仗坚固的工事抵抗，起义军武器简陋，无法攻破。其时，敌军人心已散，无心应战，准备突围。王国兴得知后立刻率军向什响进发，以便配合围攻起义军全歼敌人。但途中遇到大雨，他们手里的火药及火药枪被淋湿，无法使用，只好在合赖村休整，烘干火药和枪支。

8月19日，敌人从乐东方面开来一个连支援守备二团，先是在毛栈、毛贵一带遭到起义军阻击，到红毛乡后，又被王国兴率领的起义军伏击，结果连长被打死，仅剩数人逃跑。接着，起义军又和国民党白沙县三区区公所派来支援的一个连展开激战，毙敌10多名，残敌向守备二团驻地逃命。

不久，王国兴、王玉锦率领的起义军和毛栈、毛贵的起义军，以及从白沙一区前来支援的起义军共3000余人会师，合围守备二团。

8月26日凌晨，王国兴通知各路起义军共同发动攻击。守备二团团长王碧正在睡觉，子弹打穿了他的蚊帐。他从梦中惊醒，和士兵争相逃命，团部乱作一团。这时，天不作美，又下起大雨，起义军的火药枪被淋湿失灵，王碧和他的军队趁机冲破包围圈逃跑了。

白沙起义从8月12日到26日历时半个月，参加者达2万多人，总共打死打伤国民党军政人员300多人，缴获步枪90余支、轻机枪1挺、子弹一大批。黎苗同胞凭着高昂的斗志，用原始落后的武器赶跑了国民党正规部队，创造了奇迹，在少数民族反抗压迫的历史上极为罕见。

国民党反动派想不到自己竟败在了平日为他们当牛做马的奴隶的手下，岂能甘心？一个多月后，他们纠集了1000多兵力，分三路向白沙县反扑过来。他们切断一切交通要道，把山区严严实实封锁起来，收买黎奸，诱降招安。

面对国民党顽固派的猖狂反攻，起义群众毫不畏惧，英勇抵抗。一区的起义军被黎族败类哄骗，进入一条山沟，预先埋伏在山上的敌人用机关枪扫射，起义军牺牲数十人。最后，巴王乡奥雅刘亚勇带着7名青年冲上山同敌人展开肉搏，全部壮烈牺牲。细水乡起义首领王定江失败后去找共产党，不幸被捕，惨无人道的敌人将他剥皮、挖肝、取胆，暴尸示众。白沙乡首领王亚福被黎奸用毒酒害死。元门乡首领王公护受挫后退到山上，敌人拿全乡人的性命威胁他，为了保护乡亲，他毅然下山，舍身成仁。

由于武器太原始，又没有基本的军事素养和严密的组织，只凭着一股不怕死的勇气去和敌人拼，起义军牺牲了很多人。王国兴带着 200 多人的队伍上了鹦歌岭，王玉锦带着 70 多人上了什寒山，坚持斗争。

在毛贵和毛栈乡，王老朋、王元喜等首领带领起义群众奋勇迎击王碧的国民党军，多次打退敌人的反扑。最后在弹尽粮绝的情况下，剩下的 80 多人撤退到毛兴岭坚持斗争。

全县的起义队伍在国民党军队的连续追剿下，撤退到深山老林之中。国民党又在经济上实行封锁，不许任何客商运进食盐和火药原料。没有火药，只能用其他土办法配制火药。而用这种土火药即使打中敌人，也只能击伤，不能致死。有时起义军只能靠石头来对抗敌人。

国民党顽固派用日寇的“三光”政策来对付黎、苗同胞。他们宣称要“斩尽黎仔，杀绝苗人”。国民党陈文才部队窜进牙叉乡九架村，一次就杀戮无辜群众数十名，有几个儿童被国民党兵塞进米臼中活活舂死，一些群众被关进谷仓用火烧死，有些被剖腹、剥皮、凌迟、活埋等方法处死，真是比法西斯还要残忍。

王国兴的故乡——红毛乡被杀害的人更多，起义时村子里有 2000 余户，被洗劫后不足 200 户。王国兴的一个女儿被国民党兵踢下水溺死，另一个被抓去转卖他乡。9 个堂弟参加起义，3 个被国民党军队杀害。全县约有 1 万多名黎苗同胞被杀害。白沙的黎村苗寨都被鲜血染红了。

起义被镇压之后，国民党顽固派恢复起反动的保甲制度，实施暴政，他们勒令群众交出所有武器，猎枪、弓箭、大刀、长矛等，以及在起义期间缴获的枪支弹药。还要求各村寨先交 300 元光洋的议和费，没有光洋的，用牛折价缴纳。然后还要赔偿战争损失。敌人为了对付

“白沙起义”时黎族起义军用过的“三山国王”旗和“福安团”旗。

王国兴，严密封锁了鹦歌岭的所有大小山路，烧毁了岭下村子的所有房屋，企图困死、饿死王国兴。敌人到处张贴告示，悬尝1000光洋收买王国兴的头颅，并且派出叛徒刺探王国兴和起义军的活动。

被困在山上的起义军不屈不挠地坚持着。没有粮食，就挖山薯、山芭蕉，采野菜、摘野果。鹦歌岭的夜晚，山风呼啸，砭人肌骨，起义军没有衣服，没有被子，就钻进落叶下取暖。蚊虫、蚂蝗叮咬后，很多人染上疾病，没有疾病的也骨瘦如柴。王国兴心情异常沉重。他思来想去，同奥雅们商量后，选出一批精干的战斗人员留在山中，动员一部分人先回村子里去。王国兴嘱咐回去的人要尽力支援在山上坚持斗争的队伍，这样才能活下去。如果大家都在山上，非全饿死不可。在他的动员说服下，多数人下山了。下山的群众想办法给山上的队伍送粮食，送食盐，送情报，支持山上的斗争。

王玉锦带领的队伍在什寒山上坚持斗争，其困难也不亚于鹦歌岭。红毛乡的群众知道王玉锦坚持在什寒山上，经常偷越敌人的封锁送粮食、衣物上山。

就这样，起义军在大山里熬过了一天又一天，像野草那样活着，比野草还顽强；像岩石那样活着，比岩石还坚硬。人人心里都牢记着王国兴话：活在一起，死在一处。只要活着，就要和“国贼”斗争到底，死也不投降！

黎、苗同胞不怕死，但是不能等死啊。每天黄昏，王国兴站在山巅，望着西坠的落日出神。苍山如海，残阳如血，出路在哪里？希望在哪里？光明在哪里？

2/ 寻找救星

1943年10月，分散在各山上的起义队伍建立了联系，王国兴约王玉锦、王老朋、王文聪等 10 多人到红毛乡的什兵村相聚。

“怎么办？”这是他们见面时的第一句话。但是谁都拿不出好办法。有人说：“既然国贼怕日本鬼子，那么我们就请日本鬼子来打国贼，把他们赶出山去。”王国兴、王玉锦马上反对，这不是引狼入室吗？狼要吃人，人不能反过来找狼做朋友，绝对使不得！王国兴皱着眉头苦苦思索，心里把他所知道的军队细数一遍。忽然，他想起父亲王政和临终时说过的话：“世上的军队只有共产党领导的红军最好。”土地革命战争时期，陵水、万宁等县黎苗地区就建立了苏维埃政权。抗战初期，琼崖特委也派出一批党员到昌江、感恩等黎苗汉杂居区宣传抗日。王国兴年轻时曾去岭门一带替人挑担，也听说过共产党，当时有一位他信任的汉族商人告诉过他，“共产党好”。他把这些讲了出来，王玉锦经他一提醒，也谈起当年他被抓去大陆当兵时听到的有关共产党和红军的传闻，知道红军是国民党的死对头。国贼打红军，说明红军是好人。而且，共产党领导琼崖人民抗日的事情也传到五指山，黎族头人听说过。可是，耳听是虚，眼见为实，谁也没见过红军，红军也是汉人，会不会也欺压黎人苗人呢？话说回来，不找红军，也没有别的出路可走了。

回到鹦哥岭，王国兴日思夜想，琢磨着找红军这件事。一天夜里，他做了一个梦。梦见五指山上飘着五朵红霞，红霞里隐隐闪现五面鲜艳的红旗，把半边天都染红了。红旗招展，指向东北方。他正看得出神，忽见一支队伍扛着红旗，背着枪朝他走来，嘴里还唱着歌。队伍里有人向他招手。他想跑过去问他们是不是红军，可是两条腿不听使唤，怎么也跑不动。他一急，就醒过来了。

王国兴把这个梦告诉众首领和弟兄们，大家异口同声地说，这是神灵的指点，那支打着红旗的队伍是来搭救黎家出苦海的，红旗指引的东北方一定有红军在那里。于是，王国兴和王玉锦等人商议，立即派人到白沙东北面的临高和儋县边境去找红军。

王国兴挑选了适当的人，分三个方向去寻找共产党和红军。吉有理去琼山县一带，王文聪和王高定去定安、岭门、枫木和南吕一带，王国深从林田、乘坡去万宁。王国深走到乘坡，因敌人封锁太严就回来了。王文聪和王高定也因为找不到人而回来了。唯独吉有理找到了红军的线索。大边村有个买卖人张永文愿意为他们带路去找红军，但要带路钱2000大洋。吉有理一口答应，和他立了字据。

吉有理激动极了，恨不能飞回去，他紧赶慢赶回到红毛，王国兴、王玉锦正因为那两批人无功而返，一筹莫展，唯一的希望都寄托在吉有理身上了。一见到他就着急地问："阿理，找到红军了吗？"他从口袋里掏出那张字据，交给国兴。他俩看了，连声说："太好了！太好了！咱们黎人有救了！"

王国兴立即召集红毛、毛栈、毛贵等地的主要头目到什乓山，商量筹款找红军的事。会后大家分工到各乡筹款。可国民党抢劫钱粮是家常便饭，百姓穷得餐餐吃野菜，哪里有余钱呢？几天下来总共筹到五六百元，离规定数额还差得远，怎么办？王国兴想来想去，去良办村和王国深商量，借他两头牛，说好等胜利后还他。这才终于筹齐了钱。

大总管王国兴指派吉有理和王文聪、王高定为代表，寻找共产党和红军。他考虑到光洋体积大、分量重，又增派一人，将钱送到大边村。他们四人各找一段很粗的竹筒，竹筒底下放着光洋，上面再填上米饭，这样背着竹筒就像上山砍柴的人了。临行前，大总管王国兴郑重地交给他们一封求救呈文。大意是：七月起义失败，黎民遭到大屠杀，黎人处于紧要关头，请共产党派红军救救黎人。若来迟了，黎人就会被杀光的。为了保险起见，吉有理借来一条黑狗，把呈文放在一根小竹管里，用绳子系在狗脖子上，万一途中碰上敌人搜查，就把狗踢跑，以避免暴露身份。

四个人爬山越岭，躲过敌人重重哨卡，好不容易来到大边村，交上带路钱。第二天天还没亮，鸡啼头遍，三人跟着带路人张永文向那大走去。他们扮成挑夫，吉有理牵着黑狗。经过腰子、大保、三脚岭，来到北昌溪渡口。

远远地就看见渡口上敌人的哨兵正在盘查来往行人。

吉有理小声问张永文："怎么办？"

张永文说："不要害怕，你们也不要说话，由我来对付。"

几个人挑着担子走过去。

哨兵大声问："干什么的？到哪里去？"张永文答道："我们是去那大买盐的。"他边答话边走到哨兵跟前，将一包钱塞到哨兵手里。哨兵挥挥手，四个人顺利地通过了封锁线。张永文指明了路，返回去了。

几经周折，11 月上旬的一天，三个人终于站在了临儋联县抗日民主政府的门前。

一个多月的艰苦跋涉，顶风冒雨，担惊受怕，穿过渺无人烟、荆棘丛生的深山老林，绕过敌人的重重封锁，历尽千辛万苦，此时，三个人已经憔悴不堪，披头散发，面黄肌瘦，一条白藤扎在腰间，上面吊着用以遮掩下体的"扁辫"，已经被荆棘撕成了破布条。

当县长符英华走到他们面前时，三人向县长行黎族大礼，深鞠一躬，头几乎碰到地上。他们泪流满面，痛哭着说："父母官，请救救我们黎人吧，黎人就要被国民党杀光啦！"县长连忙还礼。吉有理哭着从竹筒里取出那张王国兴写的呈文，双手交给了县长。

县长看了呈文，才知道白沙起义被国民党残酷镇压，遭受严重挫折，王国兴派代表来找共产党。符英华立即告诉他们：共产党是解救劳苦大众的党，国民党是我们共同的敌人，黎族兄弟的仇一定要报。三位代表听了，激动得不知说什么好，他们互相对视，目光里写着同一句话：找对人了！符县长看到他们衣衫破烂不堪，便叫公务员拿出三套衣服，让他们换上，又叫人给他们理发。挑了两间好一些的茅屋让他们住。40 年后，吉有理对当时的情景依然记忆犹新，他回忆道："我们在那里受到了非常热情的接待，主人百般照顾我们，让我们吃米饭，菜也比同志们多一些。我们在那里住了几天，感觉到从来没有过的温暖和愉快。"

符县长带着三位代表来到第四支队驻地，找到支队长马白山。马白山听了他们的哭诉，很受感动。为了表示对少数民族兄弟的诚意，他们在清平乡加板村后山坡杀鸡宰羊，烧香拜天，举行盟誓。誓词大意是：汉黎是亲兄弟，共产党派出红军进五指山帮助黎人争取解放，黎族人民永远跟着共产党闹革命。誓毕，符县长、马支队长和三个代表刺破手指，挤血入酒，一饮而尽。

几天后，马白山派第四支队政治处主任江田带领吉有理三人，到澄迈县六芹山特委和独立总队驻地，见到了冯白驹总队长。

冯白驹知道，这几个黎族兄弟千辛万苦地寻来可不是一件小事。黎族受汉族统治阶级的压迫由来已久，他们有句话，叫"鸡不吃米，汉不吃黎"。今天他们主动来找共产党，非同寻常。冯白驹热情地请他们坐下，仔细听了白沙起义的过程和代表们路上的经历，深深地被打动了。他赞扬说："黎、苗人民自古就有反压迫、反剥削，英勇斗争的光荣传统，白沙起义打击了国民党反动势力，客观上配合了琼崖共产党领导的抗日战争，也鼓舞了琼崖各族人民的斗志。"冯白驹告诉三位黎族代表："在你们四处寻找共产党的时候，共产党也在寻找你们。由于敌人的严密封锁，白沙起义的消息很迟才传出来。特委在得知黎族人民战斗的音讯以后，立即指示第四支队和临高办事处派联络员前往白沙联系，同时指示第三支队派人通过苗族群众打听白沙起义队伍的消息。但是，因为起义已遭血腥镇压，小部分起义队伍又隐蔽在密林深处，无法找到你们。今天黎族起义代表的到来，也正是我们殷切盼望的。"

冯白驹根据王文聪、吉有理的汇报，召开了特委和总队领导参加的重要会议。会上分析研究了白沙起义的形势。1940年庄田从延安来琼崖时，周恩来就明确指示，要逐步建立五指山根据地。同年11月，中共中央书记处发来电报说："认真在30余万黎民中进行艰苦联络工作，尊重他们的民族风俗习惯，使他们信任我们……与我们一起抗战。"琼崖特委根据中央的指示，在黎汉杂居的南桥、牛漏等乡建立了抗日民主政权。因为国民党六七千人龟缩在白沙，而琼崖抗日独立总队一直在奋力抵抗日伪顽残酷的进攻，腾不出手来开辟山区的工作，白沙一直是空白。而白沙起义恰恰证明具备了我们挺进五指山的基础。听取了大家的意见之后，冯白驹决定派第四支队参谋廖之雄、会讲黎语的临儋联县抗日民主政府科长王茂松和两名警卫员，组成武装工作组，由吉有理带路回到红毛峒。又派一个驳壳班护送他们。特委还送了硫磺、火柴、食盐、衣服等一批物品让他们带回去。

11月下旬，吉有理带着武装工作组日夜赶路，抵达什寒村。王国兴、王玉锦见到党派来的廖之雄、王茂松等人时，激动得不得了。王国兴紧紧抱住廖之雄，热泪盈盈，连声说道："日盼夜盼父母官、父母军，终于来了，五指山出太阳了！"这时，百姓们也拥上来，国兴领头唱起黎歌："四亲啰，苦难黎家找救星，找来救星共产党啰，唰啰；党指导赛傣去打日本国贼无处藏啰，咯啰唰。"

工作组的进入，标志着白沙黎苗族人民的斗争从此有了共产党的直接领导。

3／初进白沙

廖之雄他们来到红毛乡后，黎胞们喜出望外，感到有了希望，但又觉得来的人太少，迫切要求共产党开进大部队来打"国贼"。

廖之雄心里时刻想着冯白驹的叮嘱，耐心地对王国兴、王玉锦说："国民党反动派不抗日，逃到五指山区来屠杀黎苗同胞，不得人心，最后一定要失败的。白沙县黎苗人民的反抗斗争是正义的，已经得到汉族人民的同情和支持，现在共产党派我们来帮助大家，我们要做好各种准备工作，积蓄足够的粮食，到时机成熟，大部队就会开进来的。现在那么多人进山来吃什么呢？没有饭吃，怎么打胜仗呢？"经过深入、耐心的解释，他们的情绪安定下来了。

廖之雄、王茂松和王国兴、王玉锦等人在什寒山里建立起斗争指挥部。一方面，布置红毛乡的群众做暂时的妥协，在山下搞生产，探听敌人动静，支援山上的斗争；另一方面，派人去毛栈乡鼓励在山上坚持斗争的黎胞。又派人往牙叉等乡联系，寻找失散了的首领，把共产党派人进山的消息告诉他们。

遇上敌人搜山，群众无法送粮，大家就吃芭蕉心和野菜。首领看见廖之雄他们吃野菜，很是过意不去。可见他们吃得津津有味，又感到十分惊奇，共产党也能吃野菜吗？廖之雄趁此机会对首领说："共产党和国民党不一样，共产党领导的军队是人民的子弟兵，和老百姓有福同享，有难同当。现在的苦日子，是日寇、'国贼'加重剥削、压迫造成的。我们要同心协力，打败日寇和'国贼'，才有好日子过。"黎族兄弟更敬重他们了，不久，彼此之间就建立了深厚的感情。

国民党听说共产党上了什寒山，断定大事不好，组织了三次"围剿"。工作组运用游击战的方法，敌进我退，敌疲我扰，敌人搜山时，就撤到大山深处，敌人来了，不过烧几间茅屋而已。等敌人一走，就抓住机会袭击。工作组带领起义军救出起义家属，伏击抢粮队伍，训练黎族青年，给他们讲革命道理，还挑出十几名青年送到部队受训。他们渐渐赢得了百姓的信任，形势逐渐好转。王国兴等首领对共产党更加信赖。

1944年2月初，传来了一个好消息：冯白驹和琼崖特委为了加强对白沙地区的领导，加快创建五指山区白沙根据地的步伐，增派朱家玖、郑心梓和原已在白沙的廖之雄，组成黎苗民族工作委员会，王国兴接受冯白驹的建议，成立统一的指挥部，组织群众，开展斗争，挑选出60多人组成常备队。不久，独立总队第四支队一、二两个大队奉冯白驹和特委的指示，进入白沙县的阜青和龙头两乡，发动和组织黎族同胞，赶走了国民党顽固派驻该地的军政人员，成立了阜龙乡抗日民主政府。接着，白沙县临时抗日民主政府成立，吴文龙任县长，王国兴任副县长。

黎苗同胞终于迎来云开雾散时。红军来了，救星来了，他们捧出山栏酒，跳起竹竿舞，山野里响起阵阵歌声：

五指山啰五条河，
你知哪条河水多？
你知哪条流向海？
你知哪条流回来？

五指山啰五条河，
前面那条河水多。
国贼失败流下海，
红军胜利流回来。

4／歃血盟誓

1944年秋，特委根据中共中央的指示，将广东省琼崖游击队独立总队改编为广东省琼崖游击队独立纵队，冯白驹任司令员兼政委，庄田任副司令员，李振亚任参谋长，王白伦任政治部主任。纵队下辖4个支队，共5000余人。独立纵队成立后，冯白驹强调：琼纵的中心任务就是建立五指山区白沙抗日根据地，推进全琼的抗日斗争。部队逐步向五指山区推进。

1944年冬，国民党顽军守备二团1000多人反扑，袭击那凡村，再次将鹦歌岭各山口道路封锁起来。敌众我寡，又没有粮食来源，为避免打消耗战，我军激战一天后撤出。之后，王国兴率领的起义队伍突出重重包围，奔向儋白边区的第四支队，请求出兵白沙，反击国民党顽军，解救黎胞于水火。

马白山立即让第四支队政治处主任江田护送他去见冯白驹司令员。

在六芹山黑藤水岭的一间茅屋里，琼崖革命的擎旗人冯白驹和黎族英雄王国兴相见了。

冯白驹热情地握住他的手，两人一见如故，亲如兄弟。冯白驹不会讲黎语，但王国兴会讲海南方言，交流起来没有障碍。

冯白驹打量着王国兴，只见他身材魁梧，一头棕红色的长发披在肩上，古铜色的脸上，一双眼睛炯炯有神，目光刚毅，腰间扎着白山藤，挂着笼嘎，里面是钩刀，脚上蹬着两只不同式样和颜色的鞋子，撕成破布条的衣服遮不住他一身的豪气。王国兴也望着冯白驹，眼前这位大名鼎鼎、妇孺皆知的琼岛英雄正像亲人一样看着自己。王国兴顾不上喝口水，急切地向他倾诉了黎族人民的深重苦难，详细地介绍了起义军现在的状况。冯白驹认真地听着、记着，不时询问一些细节。王国兴这个硬汉子含着热泪激动地说："起义失败后，国贼杀了我们1000多名黎苗同胞，他们会把我们杀光灭种的。请冯司令赶快出兵白沙吧！"

根据王国兴的迫切要求，为了尽快建立稳固的白沙抗日根据地，冯白驹和特委领导同志讨论后，决定成立一支党领导的以黎族起义战士为核心的战斗队伍——白（沙）保（亭）乐（东）人民解放团，任命王国兴为团长，郑心梓、许世淮为副团长，王玉锦为参谋。同时，挑选了30多名黎族优秀青年，组成一支武装工作队，潜进白沙一、二区开展群众工作，打击奸细，加速开辟白沙抗日根据地。

临走前，冯白驹和王国兴歃血盟誓："汉黎一家，共讨'国贼'"。冯白驹拿出礼物，对王国兴说："送你一条毛毯和一支钢笔，聊表相识、相知、相亲、相尊的兄弟之谊，同志之情。"

王国兴接过礼物，激动地说："冯司令待我亲如兄弟，馈赠这稀罕之物，我拒之无理，受之有愧，不知该如何感谢。冯司令如不嫌弃，我就把我的儿子王家贤送来，服侍你吧！"

冯白驹亲切地笑着说："在革命队伍里，都是同志，没有尊卑贵贱，只是分工不同。兄弟愿让儿子参加革命队伍，我一定像对自己的儿子那样倍加爱护，努力培养的。"

冯白驹送他们上路。走出很远，王国兴回头看去，冯白驹还站在寒风里。

解放团到了白沙，立即派人四处活动，寻找那些潜伏在各地的起义骨干分子，秘密发动群众，除恶霸，惩内奸，开展对敌斗争。

王国兴回来后，真的托可靠的人把儿子王家贤送到琼崖独立纵队。他再三叮嘱家贤："孩子，要听党的话，跟着红军，永远不变心！"王家贤先在冯白驹身边当公务员。以后，又在马白山、刘秋菊、李英敏、张开泰等人身边当公务员，在他们无微不至的关怀下不断成长。

1945年1月，冯白驹率琼崖特委、独立纵队和东北区抗日民主政府机关，从澄迈的六芹岭迁到白沙县的阜龙乡文头山，向白沙腹地推进，首先攻击驻在白沙的国民党琼崖守备二团和白沙县游击大队，首战歼敌 100 余名，缴枪数十支。此时，全岛建立抗日民主政权的已达 16 个县。

7 月，随着形势的发展，冯白驹和特委决定，将调至白沙的 3 个大队组建成挺进支队，由纵队参谋长李振亚兼任支队长，继续向白沙腹地推进。在合口消灭守备二团教导队后，即分兵两路击溃顽军守备二团的抵抗，直捣红毛、毛阳、毛栈、毛贵和国民党顽固派的后方基地文堂。至此，国民党驻在白沙县的所有党政机关和军队全部被逐出，白沙县全境解放。8 月初，白沙县抗日民主政府成立，标志着白沙抗日根据地的诞生。詹力之任县长，王国兴、王茂松任副县长。这是以冯白驹为核心的琼崖特委正确执行党中央指示和党的民族政策的必然结果，为迎接抗日战争的胜利，特别是为日后解放战争时期建立五指山中心根据地奠定了坚实的基础。

1946 年冬，琼崖特委作出关于“集中力量开辟五指山中心根据地”的指示。1947 年 1 月，琼崖特委、琼崖领导机关率领警卫部队迁入白沙县红毛乡，着手开辟五指山中心革命根据地。5 月，琼崖特委在红毛乡什寒山召开琼崖党的第五次代表大会，根据党中央毛主席的指示，将琼崖特委改为琼崖区党委。冯白驹当选为书记。1948 年 6 月，解放了整个五指山区，黎、苗族人民翻身做了主人。

5／黎族雄鹰

冯白驹说过：“本来我们琼崖纵队里是没有少数民族战士的，后来少数民族兄弟竟越来越多，形成了海南革命斗争的一个不可缺少的主要力量。直到海南解放时，琼崖纵队里的成员，五个人当中就有一个少数民族战士，他们贡献很大。”这段话真实地反映了海南岛的黎、苗族人民自身得到解放后，在中国共产党的领导下，逐渐觉醒，成长，升

∨

陈理文（1928—1986）

∧

华，最后投身到全海南、全中国的解放斗争中。他们砸碎了自己身上的锁链，得到的是整个世界。

这其中，最突出的是全国战斗英雄、特等功臣、黎族战士陈理文。

1928年10月，陈理文出生在海南保亭县加茂乡什小村。6岁跟着爹娘拾柴火、挖野菜，10岁学会犁田，一家人靠着5分水田过活。年景不好时就吃野果充饥，陈理文曾经因空腹吃了过多的木瓜而食物中毒，差点被山洪冲走。1940年春，日本侵略军入侵保亭县。他们为了“以战养战”，强迫当地群众每家出一名劳工，为他们修公路、挖铁矿。陈理文12岁时，顶替父亲去服劳役。矿山旁边就是日本人挖的“万人坑”，横七竖八地扔着劳工的尸体。陈理文干活时顶撞了监工，遭到毒打，在乡亲们的掩护下，悄悄逃出了矿区。

1940年冬，共产党为了组织群众起来抗日，为迎接琼崖独立总队的到来打下基础，建立了保亭县抗日民主政府接洽处，共产党员经常深入到乡里、村里，向黎族群众宣传抗日的道理，陈理文的父亲、叔叔、堂兄都是抗日队伍的成员。耳濡目染之下，陈理文也受到影响，当上了小小交通员，送信、送情报、当向导，干得热火朝天。1941年9月，张开泰率领琼崖独立总队第三支队开进保亭，在响水、八村打了胜仗，击毙击伤众多日伪军、国民党顽军，黎族同胞彻底信服了共产党领导的队伍，陈理文的心从此有了归属。当第三支队离开保亭向六连岭进发时，这个穷得连裤子都穿不起的黎族少年毫不犹豫地拔腿跟了上去。战士们发现队伍多了条“尾巴”，这孩子又黑又矮又瘦，下巴尖尖的，上身穿件破衣服，下身绑着两块遮羞布，不说话，走得飞快。部队休息，他站在一旁看着；部队开饭，司务长见他人小可怜，也给他盛了一碗，他毫不客气，接过碗就狼吞虎咽吃起来。本以为他吃完饭就会走了，哪知他看见战士们睡了，也蜷缩在岩石边睡了。就这么跟了三天，引起了张开泰的注意。张开泰和气地问他：“你跟着我们有什么事吗？”陈理文想都不想：“打鬼子，打国贼！”“你年纪小，又那么瘦，吃不了苦。”“有饭吃，有水喝，我身子会好的，能打仗的！你们是好人里的好人，我信你们！”看着他那执着真诚的眼神，张开泰实在不忍心拒绝这个孩子，收留了他。这一年，他13岁。

天高地阔，雄鹰展翅。在部队这个大熔炉里，生铁煅成钢，陈理文找到了自己的人生舞台，大放异彩。他的身上，有山民的粗犷勇猛，有黎人的敢作敢当，有农家子弟吃苦耐劳的品格。他从小跟着父亲打猎，入伍后刻苦训练，成为有名的神枪手。他18岁入党，从战士到班长，再到排长、副连长，十年来，陈理文打了大大小小100多次仗，身上伤痕累累，几块弹片一直存留在他的身体里。

当时我军缺乏重型攻坚装备，敌人的碉堡成为严重的威胁，在战斗中每次遇到碉堡，多靠组织突击队以命相搏。在这种时刻，陈理文从来不含糊，总是第一个报名参加突击队，似乎他天经地义就属于这个行列，冒着枪林弹雨冲锋陷阵就是他当仁不让的职责。1949年3月，琼崖独立纵队的春季攻势在澄迈拉开序幕，陈理文所在的第一团和第三团包围了好保据点。好保墟街道两端各有几个堡垒，还有一个双层的主碉堡，构成交叉火力，周围有铁丝网、木篱、堑壕，前面是一片开阔的稻田，对我军进攻十分不利。部队命令各团组织突击队，陈理文的名字在突击队员名单的第一位，他提出带领一个突击组拿下一个堡垒群。天黑下来，陈理文端着冲锋枪，背着大刀，腰间缠着满满一圈手榴弹，他毅然决然地说：“我一定打下这些堡垒，如果打不下，我绝不返回连队！”说完，纵身一跃，跑向稻田。碉堡里的敌人发现了他们，子弹嗖嗖地扫过来，陈理文和战友们身体紧贴地面，冒着弹雨往前爬。距碉堡还有四五十米，陈理文一声喊：“投弹！”手榴弹爆炸了，在弥漫的硝烟中，陈理文像一头矫健的豹子，第一个弹起来，冲过稻田，剪开铁丝网，拔掉木桩，跳进两米深的堑壕，又噔噔噔攀上壕沟，直扑堡垒，一气呵成，如履平地。敌人还没反应过来，他已经把手榴弹塞进了碉堡的射击孔，几声巨响，碉堡变成了敌人的坟墓。半个小时过去，70多颗手榴弹都甩光了，只剩下那个双层中心碉堡还在撑着。陈理文不顾敌方火力凶猛，孤身返回我军阵地，帽子都被子弹打飞了。他跟排长要了6颗手榴弹，捆在一起，又跑回敌军阵地，踩着两位战友的肩膀，从侧面攀上碉堡，把一捆手榴弹一股脑塞了进去。“轰隆隆……”火光闪闪，爆炸声声，那个射击孔再也吐不出罪恶的子弹了。

不怕死的陈理文出了名，在南辰战斗、攻打屯昌据点、攻打重兴据点等战斗中，他每每一马当先，时而冒死把地雷抬上战场，时而裹着湿棉被踞灭敌人抛过来的熊熊燃烧的火球，几度负伤，几度伤未痊愈又重返战场，他的豪言壮语总是回荡在最危险的地方：“打仗需要千军万马，突击队里不能没有我陈理文！”“我一定要当突击队员，不给我当突击队员比让子弹打中还难受！”“打仗参加突击队是最过瘾的，应该留给我陈理文一份！”这个血性的黎族汉子从来不懂“害怕”是什么感觉，在他面前，死神也不得不低头。战争结束后，1950年夏天，陈理文请假回到阔别10年的家乡探望亲人。少小离家老大回，沿着当年走出大山的那条小路走到村口，遇到了远房堂叔，老人见到他竟吓得一屁股坐在地上，哆嗦着问：“你不是死在外面了吗？”放牛回来的父亲抱着他号啕大哭，哭完，摔掉了供在陈理文灵位前的香炉……

陈理文在突击战中打出了威风，打出了名气。1950年9月，他作为琼崖独立纵队战斗英雄代表到北京出席了第一届英雄模范代表大会，中央军委授予他“战斗英雄”的称号，毛泽东、朱德接见了陈理文等24位全国战斗英雄，毛泽东笑呵呵地跟他们逐个碰杯，并亲手送给陈理文一副崭新的军用望远镜。这个沿着大山的羊肠小道走出来的黎族小伙子在首都笔直的大街上昂首阔步，高兴得情不自禁仰天大吼了一声，他觉得自己“就像走在天路上，浑身轻飘飘的，舒服得很！”

海南岛解放后，24岁的陈理文担任了保亭县县长，他穿着打了补丁的旧军装，骑着马去上任。在任上，他把黄军装染成蓝色，赤着脚走遍山山水水，领着父老乡亲改变了“牛踩田，手捻稻”的落后生产习惯，全县粮食连年增产。多年来，他一身正气，两袖清风，不论在什么职位上，他心里都把百姓的福祉放在第一位，为党为民再立新功。1986年，陈理文因病逝世。工作人员清理他的遗物，打开柜子，发现只有一本日记本，4元外汇券，两套旧衣服，一把组织配给他的手枪。

按照黎族的风俗，人死后应当落叶归根，回老家安葬。然而，陈理文去世之前却留下遗嘱，他要和牺牲在战场上、曾经生死与共的战友葬在一起，选择了革命公墓作为自己的归宿。举行葬礼这天，众多的黎苗汉族群众自发地赶来，为这位海南岛的优秀儿子送行。遵照古老的习俗，黎族男子全都扛着粉枪来到会场，齐齐举枪向天，用自己的方式表达对逝者的敬意。枪声回荡，经久不息。

6 / 吊罗山山魂

海南岛东南部，地跨白沙、保亭、陵水三县有一座吊罗山，山上原始森林繁茂，飞瀑流泉，云海雾岚。山谷里，200多种兰花幽幽吐露芬芳，岩石旁，与恐龙同龄的活化石桫椤树静悄悄地在风中摇曳。吊罗山上，一个不为人知的角落里矗立着两座石碑，比肩而立，这里埋葬着苗族英雄陈日光、陈斯安父子。几十年前，他们为了寻找一条光明大道，付出了无比艰辛的努力。

在古老的传说中，苗族的始祖是盘瓠，与汉族传说里开天辟地的盘古是同一个神。盘瓠打败了对手，保护了自己的族群，娶妻生子，繁衍成群，成为苗族人民的图腾。陈日光自幼在长辈的教导下信仰盘皇泰翁祖，他虽然没上过学堂，但10岁时就会背盘古皇经书，虔诚地把字字句句刻在脑子里。长大后，陈日光力气过人，擅狩猎，口才好，有见识，渐渐成为一方首领。1913年，陈日光在老林里打猎，遇到了一头熊，猝不及防的陈日光右眼皮被熊抓破，眼珠外露，十分痛苦，他用了很多草药，都无济于事。两年后，一个好心的货郎把他带到山下，在嘉积教会医院治好了眼睛。陈日光亲身体会到了西方现代医学的神奇，心服口服，在基督徒的劝说下，接受了基督教教会的洗礼，成为琼崖苗族第一个基督徒。他兴高采烈地回到吊罗山，积极传教，每天诚心诚意地祷告。可是，时光流转，他看到的依然是一贫如洗的村寨，受尽欺凌的族人。上帝为什么不眷顾苗人？皈依了基督教的苗人为什么离天堂越来越远，离地狱却越来越近？陈日光百思不得其解。他开始怀疑了，慢慢地脱离了基督教。1922年，他领着家人迁到吊罗山北麓的太平乡牙防村，在这里盖起了一座盘皇圣殿，仿效基督教的称呼，改“盘皇泰翁祖”为“盘皇上帝”。这个一度“迷途”的子民重新走回祖祖辈辈的老路，把一颗困惑的心安放在盘皇的神龛前。

1927年，大革命的熊熊烈火燃到了陵水，陵水县成立了苏维埃政府，1928年，太平乡也成立了苏维埃政府，共产党为穷苦的苗民撑腰，告诉他们，他们才是这片土地的主人。这和为害乡里的国民党完全不同。陈日光在沉沉黑夜里看到了一线曙光，他积极投身到时代的大潮中，领着苗族同胞起来闹革命。1929年，反动乡团四处捕杀共产党人和革命群众，陈日光组织乡民拿起粉枪，保卫家园，伏击上山搜捕的陵水县国民党当局的中队，击毙了中队长。

吊罗山位居海南岛东西要冲，国民党当局、日伪政权都向这里渗透，对生活在山上的苗族同胞，既祸害他们，提防他们，又拉拢他们。1942年，保亭县国民党政府搬到了陈日光的家乡牙防村之后，这个仅有50户人家的小山村遭到了日本飞机的狂轰滥炸，陈日光和乡亲们的房子全被烧光。他担心再遭涂炭，并且，也对国民党政府深怀戒心，于是，领着全村迁到了大山的高处。1942 年 8 月，又迁到五指山南麓的仕阶村。第二年，从春天开始，当地的地头蛇敲诈勒索，天天堵着门口逼他们交地租，闹得陈日光和苗民难以安身。万般无奈，只好丢下已经成熟的玉米和山栏（稻），逃回吊罗山。没有粮食，回到家乡也无法生存，茅草屋早就烂掉了，可怜的一点地也长满荒草，两手空空、一无所有的陈日光只得又下山去陵水、万宁县给人家当雇工，卖苦力，一天累死累活，仅能挣口饭吃。在外面漂了三个月，陈日光和苗族同胞饱受压榨欺凌，不得已又回到吊罗山。1943 年，“中平惨案”发生后，很多苗民逃上吊罗山。保亭县国民党县长李汉仪担心陈日光像黎族起义军首领王国兴那样起来造反，三天两头派人来，训斥陈日光，要他管好苗民。同时，保亭县伪维持会会长王昭夷则利用苗族同胞与国民党当局的矛盾，上山拉拢陈日光，诱惑他归顺日本人。陈日光深明大义，断然拒绝。这些人你方唱罢我登场，走马灯似的纠缠陈日光，不堪其扰的他想出了一个主意，让家人和村民谎称他病死了，在村口修了一座假坟，自己藏进了山里。

这些年，东躲西藏，居无定所，不得安宁，越是这样，陈日光越是渴望找到一座靠山，一棵大树，找到自己的主心骨，苗家的顶梁柱。在他心里，一直插着一杆红旗，他始终没有忘记大革命时期共产党给穷人、给苗民带来的好日子。他藏进山里以后，暗中派可靠的人去外面打探共产党在哪里，焦急地等待着消息。

吊罗山是五指山的屏障，开辟吊罗山革命根据地，发展苗族革命武装，就可以敲开国民党琼崖当局的老巢的南大门，从东西向南北开展游击战争。1943 年冬天，为了配合主力部队挺进五指山，建立中心根据地，琼崖抗日独立总队第三支队派军需主任周海东来到了吊罗山。饱经磨难的陈日光开始不知周海东的底细，辨不清他是不是真的共产党，真的红军，怕是国民党顽固派给他下的圈套，不敢相信他的话，自己仍然不露面，在暗中悄悄观察周海东。村民们也是见到周海东就躲，不许他迈进自家的门一步。周海东非常理解苗族同胞的心情，知道他们的苦难经历，他不急于求成，而是默默地用行动证明自己。他帮助老婆婆扫地背水，和气地跟她们拉家常。有一天天降暴雨，山洪说来就来，眼看一间苗民的草寮就要被冲走，而家里的男人恰好不在，只剩几个老弱妇孺，情势迫在眉睫。周海东奋不顾身，冲进去背起老人拉着孩子就跑，跑到山上回头一望，好险啊，草寮早就不见踪影了！等男人哭着赶回来，本以为今生再见不到老娘和孩子了，却见家人完好无损，愣了。老婆婆一个劲地按着儿子的脑袋要他谢红军大恩人，围拢过来的乡亲们个个眼含热泪，嘴里喃喃着："红军，红军，真的是红军，只有红军才会救咱的命啊……"周海东终于赢得了苗族同胞的信任。

由于日寇和国民党顽军的封锁，吊罗山的苗民长期吃不到盐，身体衰弱，疾病蔓延。周海东见状，送信给部队，让他们想办法送盐上来。而我们的部队自己吃盐也很困难，在这种情况下，第三支队想尽一切办法，为苗族同胞解决难题，他们先到海边汲水煮盐，之后武装护送，翻山越岭，穿过原始森林，踩着厚厚的落枝败叶，给吊罗山苗民送来了十担盐。苗寨沸腾了！路遥知马力，日久见人心。苗民的大救星来了！日思夜想的共产党来解救苗族百姓了！陈日光从藏身之处走到了灿烂的阳光下，他再也不用过这种人不人、鬼不鬼的日子了！他紧紧拉住周海东的手，泪珠扑簌簌掉下来。这个执着的苗族汉子在寻找信仰的路上摸索了半辈子，今天终于明白了心归何处。

苗人有盼头了，日子有希望了，陈日光仿佛一下子年轻了十岁。在周海东的指导下，陈日光把苗族同胞组织起来，成立了吊罗山苗民抗日后备大队，他的次子陈斯安任大队长。在成立大会上，陈日光握着周海东的手，含泪道出了心里话："我一辈子敬神，但神没有帮助我们苗民。今天，共产党领着我们成立苗民自己的队伍，我们一定跟着共产党好好干！"

抗战胜利了，日寇打跑了，陈日光和苗族同胞都以为这下可以过上安生日子了。没料到，战火又烧到了美丽的吊罗山。1946 年 5 月 15 日，国民党四十六军一支 300 人的队伍偷袭吊罗山，陈日光与 22 名苗族同胞被捕，被关押在陵水县城一座日军留下的油库里。陈日光的罪名是"通共"，审问他的国民党军官逼他自首，陈日光大声质问："我跟着共产党打日本鬼子、打叛国贼，有什么错？我们苗人有什么罪？"他不忍心看到一同被抓的村民受苦，就要求释放他们："一人做事一人当，我的事和他们没有关系。"国民党军官狠毒地笑笑："呵呵，你是好汉，那你就让你儿子陈斯安来陵水换他们！"陈日光明知儿子来了绝无归路，为救同胞，一咬牙，给斯安写了一封信，信中说："愿我父子同死，救出众乡亲！"信送上吊罗山，被抓走的村民家里正在大人哭孩子叫，陈斯安看罢信，毫不犹豫，将村民召集起来，坚定地说："我要去陵水城了，只有我去，乡亲们才能回来。我这一去就回不来了，但我一定要去！"众人哭着送了一程又一程。最后，为解救同胞而上刀山下火海的陈斯安揖别乡亲们，头也不回地走了。

在狱中，陈日光、陈斯安父子受尽酷刑，坚决不背叛共产党，不向"国贼"投降，1946 年 12 月 31 日，父子双双遇害。

苗族英雄陈日光、陈斯安的壮烈牺牲唤醒了更多的苗族同胞，他们的觉醒为五指山根据地的开辟和建设创造了非常有利的条件。陈日光父子是吊罗山的山魂，他们为了探寻真理虽九死而犹未悔的精神流芳百世。

7/ 参加开国大典

1949年6月28日，中共中央统战部给琼崖区党委书记冯白驹拍来了电报："黎民中能否派一代表参加新政协，如有适当人选，望即开报姓名简历并准备经港赴平。速复。"

黎族代表参加第一届全国政协会议，参与建国大政，是黎族政治史上开天辟地的大事。琼崖区党委将意见报告党中央以后，党中央于7月17日又来电指示："同意派王国兴为黎族代表，望即设法派适当同志当翻译，护送他安全到港来平。"

当时国民党10多万重兵盘踞着海南岛，黎族领袖王国兴如何冲破敌区封锁，完成这一历史使命呢？冯白驹经过缜密的思索，作出了安排。他委派曾在鹦歌岭与王国兴共同战斗过的朱家玖沿路护送。又派新华社琼崖分社记者冯子平作为翻译陪同赴京。冯子平是前琼崖工农红军总司令冯平烈士的侄子，19岁。一年前他从泰国侨居归来，正好可以同王国兴扮作父子，以儿子回国接父亲出国侨居的名义出海赴港。冯子平护照的名字是冯裕深，王国兴化名为冯凤吉。

8月初，他们一行三人从白沙县的毛贵动身，步行了好几天，来到南渡江渡口。渡口的敌人严密把守，逐个搜查行人。朱家玖扮成富商，王国兴和冯子平化装成挑夫，头戴儋州笠，身穿汉族衣服，脚穿草鞋，肩挑竹篓。哨兵见他们走近，吆喝道："干什么的？"

朱家玖镇定地说："往那大进货的。"他边答边走到哨兵近前，塞给他一包钱。

哨兵又问："你们看见黎匪头儿王国兴了吗？"

王国兴用海南话答道："做挑夫一年都挣不到100元光洋，要是我见到王国兴，就割了他的头拿去领1000光洋啦！"

哨兵瞥了他一眼，放他们过去了。

来到儋县的泊潮村，临高县长符英华、船民黄金女正等着他们。

为了阻止琼崖纵队北上联络和解放军南下渡海，当时，海南岛沿海各港口几乎全部被控制在国民党军的手中，北起临高，西至乐东，都有坚固的防御工事。夜晚，沿海碉堡的探照灯照射着海面，巡逻舰艇沿着航道来往巡逻，潜渡琼州海峡非常危险。

夜里，他们的小渔船向茫茫大海驶去。敌人的探照灯在海面上划来划去，一片亮白。黄金女是风里生浪里长的船家女，胆大心细，不慌不忙。要过碉堡了，金女快快把船贴近岸边，在阴影里划，探照灯光看不出了。

冲过碉堡控制的封锁线，他们又听到巡逻艇的马达声由远而近。黄金女掉转船头往回走，避过敌人的巡逻艇。等巡逻艇的声音消失了，小渔船又朝正北方向前进。

天渐渐亮了。他们刚松了口气，忽然看见岸上有敌人巡逻队正在他们预定的登陆点搜寻。朱家玖从怀里掏出手榴弹。王国兴和冯子平隐蔽在船舱里，黄金女也停止划桨，大家都屏住了呼吸。

耐着性子等敌人巡逻队走开了，他们赶紧上岸。在岸上的一个小渔村里，他们同粤桂边区纵队的联络员接上了头。

昼伏夜行，一行人到达粤桂边区纵队总部，粤桂边区纵队司令员梁广热情招待，又派了6名武装人员护送他们过境。第二天，由湛江市地下党联络员将他们送上一艘开往香港的轮船。王国兴扮成华侨，身穿西装，颈系领带，他的“儿子”冯子平提着一个考究的手提袋，跟在他身后。

上船的时候，国民党巡察队盘问：“你们是做什么的？去哪里？”看看王国兴，又问：“你是黎族人吗？”

王国兴意识到是国民党得到情报，正在通缉他。他急中生智，装开了哑巴，“叽叽咕咕”说起来。

冯子平顺水推舟，说：“他是我的父亲。3年前得了重病，说不出话来了。我们要去泰国。今日有缘，送上一份见面礼，还请各位笑纳。”冯子平一边解释一边将光洋塞到队长手里。

“嗯，你是华侨，有证件吗？”

冯子平拿出证件，王国兴的证件上面写着：“姓名：冯夙吉，性别：男，年龄：52岁，籍贯：文昌，职业：商，出任赤坎湛江市琼崖同乡会理事，中华民国36年12月10日。”

队长接过证件看后，放他们过去了。

抵达香港时，中共中央香港分局的人员已在码头上等候迎接了。在香港，王国兴见到琼崖纵队原四支队队长、已晋升为琼崖纵队副司令员的马白山，喜出望外。原来马白山也是应党中央的邀请，代表琼崖纵队赴京参加全国首届政协会议的。

3天后，马白山和王国兴乔装华侨登上了一艘外国轮船。马白山和冯子平穿着笔挺的西装，王国兴则穿着汉族老人宽大的唐装，每个人都提着崭新的小皮箱。在外人看来，这是几个“金山伯”荣归故里。他们登上海轮，才知道同船的还有华南其他地区赴京代表20多人。轮船顺利地通过台湾海峡，经东海抵达黄海，在山东省青岛靠岸了。在山东解放区参观后，他们乘火车直上北京。数十天辗转万余里，王国兴终于来到北京。

一到北京，王国兴就被接到少数民族代表团驻地。中央早就为他准备好一整套过冬服装：一顶暖和的鸭舌帽，一套崭新的中山装，鞋袜等物品一应俱全，还有一件皮衣和漂亮的铜制水烟筒。王国兴捧着水烟筒爱不释手，从北京回来后，逢人便说：“嗳，这是从北京带回来的。”

1949年9月21日，全国首届政协会议召开。大会邀请王国兴代表国内少数民族发言。之前，冯子平代他拟写发言稿时王国兴说：“就写两点吧，第一，一定要讲历来统治阶级都不把黎人当人看待，只有共产党领导，黎人才有出路。第二，要说明自己只有跟共产党走，才能摆脱苦难，获得解放。”

新中国给予这位黎族英雄很高的荣誉，在这次会议上，王国兴当选为全国政治协商会议第一届全国委员会委员，并被任命为中央民族事务委员会委员。毛泽东主席中肯地评价他：中国少数民族自发起义，主动寻找共产党，建立革命根据地，王国兴是有代表性的一人。

1949 年 10 月 1 日，是中国历史上具有划时代意义的一天。这一天对王国兴和广大少数民族人民也同样意义非凡。王国兴参加了开国大典，同党和国家领导人一起登上了天安门城楼。

站在高悬的大红灯笼下，王国兴的目光越过万杆红旗，越过欢腾的人群，越过天安门广场，看到了五指山，看到了白沙。这条长长的路就像一座横亘在万里山河上的丰碑，镌刻着少数民族的苦难史和斗争史，铭记着中国共产党领导下的崭新的民族关系——民族团结，亲如一家。

第十章

铁肩担道义

∨

面对突如其来的变化，
他沉着冷静，
洞若观火。
他了解海南岛就像了解自己的身体一样，
每一条河流、每一座山脉、每一个村寨都装在他的胸中，
琼崖革命的起起落落、风风雨雨都刻在他的脑子里。

1/ 阴错阳差

抗战胜利后，中国何去何从，成为迫在眉睫的问题。1945年8月，蒋介石连发三封电报，邀毛泽东到重庆谈判。毛泽东为了党和国家的利益，不顾个人安危，来到重庆。10月10日，国共两党签订了《政府与中共代表会谈纪要》，也就是《双十协定》，协定主张避免内战，和平建国。然而，就在谈判期间，蒋介石秘密印发《剿匪手册》，调集大批部队前往华北；阻挠共产党军队受降，突然袭击根据地，激烈争夺胜利果实；出卖国家主权，依靠美国援助，压制共产党。在海南岛，新的危机已经生成。美国太平洋舰队派出船舰，帮助国民党运兵来海南岛。蒋介石密令广东和琼崖当局，在3个月内消灭共产党。9月，国民党接收大员抵达海南岛，成立“前进指挥所”。10月，蒋介石派全副美械装备的四十六军三个师进驻海南岛。内战一触即发。

琼崖特委根据中央精神作出指示，一方面，主动积极地恢复团结，尽力保障和平，不主动攻击；另一方面，提高警惕，随时提防意外的事变与袭击。与此同时，特委两次致函给国民党当局，建议双方会谈，共商琼崖和平大计。

历史充满了戏剧性的阴错阳差。战争年代的不确定因素往往能改变历史的走向。琼崖党组织只知道谈判对手韩练成是国民党四十六军军长，却不知道他的背后藏着一个不为人知的秘密。于是，冯白驹和韩练成之间发生了一段令人叹息的误会。

韩练成是一个传奇性的人物。1909 年 2 月 5 日，他出生于宁夏同心县预旺堡山区谷地台村。1925 年从军，随冯玉祥将军参加北伐战争，后所在陆军第七师编为国民联军第四军，政治处处长是刘志丹。刘志丹曾经多次单独和韩练成交谈，并为他指定了入党联系人。1927 年 6 月，冯玉祥联蒋“清共”，刘志丹离开，韩练成也和我党断了联系。他被视为“亲共分子”，幸好冯玉祥念其与之共过患难，把他保了下来。之后，韩练成所在部队拨归白崇禧指挥。1930 年中原大战爆发，一次，蒋介石被包围，部队命令韩练成去增援解围，蒋介石得救，从此另眼相看韩练成，将他晋升为少将，并送入黄埔军校学习。

虽被器重，但韩练成内心却十分苦闷，有一种压抑、孤独的感觉。在重庆、桂林，在任何军中，他都很难看到革命的气息。国难深重，中央和地方却在明争暗斗，说是共同抗日，其实处处倒行逆施，将反共看得比抗日更重要。抗战爆发时，他的好友在古北口英勇抗击日寇，他找到蒋介石，要求前去参战，却被蒋介石斥为“不懂政治”。韩练成是个有信仰的人，他不能忍受长期在国民党这个污浊的泥坑里沉沦下去。1942 年 6 月，他通过民主人士搭桥，见到了仰慕已久的周恩来。

韩练成诚恳地说：“周老师，委员长对我有知遇之恩，我本不应干对不起他的事，但他热衷于内战，这是我无论如何不愿忠心效力的。现在的形势，是一场全世界各国各个方面都在两面作战的大混战，可贵的是共产党，只坚持抗战这一个方向。八路军百团大战，毙伤日伪军 25000 人，共产党的军队包括地方游击队也不过只有 50 万人，却抗击着日伪军 97 万人啊。”

周恩来认真地听着。

“今天来见老师，就是想对老师表明心迹，我赞成共产党的立场。我看得清楚，战后必打内战。与其那时无所适从，不如现在，趁国共关系暂时缓和的时机，让我到延安去。”

周恩来劝道，正值国共合作时期，不宜贸然行动，希望他以大局为重。

见韩练成有些失望，周恩来又语重心长地告诉他：“你在这里能起更大的作用。目前，党中央在国统区的工作实行‘长期埋伏，蓄积力量，等待时机’的方针，你留在这里就不要再和党的其他组织、其他同志建立横的联系了。对你这样特殊身份的同志来讲，生存就是胜利。”

从此，韩练成开始了在周恩来直接领导下的秘密工作。

来海南岛之前，韩练成接到了来自三个方面的指示：

一、蒋介石说：“你去海南，一是受降，二是剿共。你在那里，不仅仅是一军之长，还是当地的最高行政长官，要多动脑筋。三分军事，七分政治，一切要靠你独断处理。也让我看看你，有没有做封疆大吏的本事。”

二、广州行营主任张发奎指示：“要趁共产党还没来得及把琼崖游击队的存在提到和谈的议事日程之前，就用狮子搏兔的力量，在一夜之间，把他消灭在这个孤岛上！”

三、周恩来的亲笔信：“现在只能运用你个人的影响和你手中的权力，在无损大计的情况下，尽可能保护琼崖党组织的安全，并使游击队不受损失或少受损失。注意！从实际出发，能做多少，做多少，由你酌定。”

韩练成十分清楚，如果他按照张、蒋的指示去做，他一定会向国民党的统治高层迈进一大步。但此时的他，丝毫没有犹豫，毅然决定要执行周恩来的指示。

韩练成要保护琼崖独立纵队，面临两大问题：一是当时正是和平调处时期，蒋介石有所顾忌，不能公开消灭共产党领导的抗日武装力量。但琼崖党及其琼崖独立纵队还没有被提到和平调处的议程上来。张发奎抓住这个机会，一方面不承认岛上有共产党，另一方面命令四十六军加紧布置，在一个月内消灭琼崖独立纵队。二是韩练成只知道琼崖独立纵队的领导人叫冯白驹，但一直都没联系上。他决定利用张发奎“海南没有共产党”的说法，第一步，强令广东省政府海南区办事处主任蔡劲军把从日军手中接收到的琼崖独立纵队被俘人员资料交海口警备司令部处理，借口区分“共产党嫌疑”分子和普通的抗日群众，把他们一律释放，并发放路费。第二步，在释放这批人员时，韩练成让一个干部捎给冯白驹一封公开信。信的主要内容是，抗战已经打完了，请贵方派人到海口来，商谈贵部游击队的改编问题。韩练成希望借机与冯白驹联系上。

冯白驹接到韩练成的公开信后，立即召开中共琼崖特委会议讨论，决定派琼崖民主政府委员史丹为代表与国民党方面代表韩练成谈判。

史丹临行前，冯白驹叮嘱：“到了国民党当局那里，既要针锋相对，又要机智灵活。”冯白驹向史丹详细交代了谈判的基本原则和特委的政治主张，并特别吩咐要多带些钱去，搞些宣传，举行记者招待会，以扩大影响。

谈判开始。韩练成盛气凌人地说：“我不是要跟你们谈判。摆在贵军面前的有两条路：第一，接受整编，不管是不是共产党，统统编入我四十六军。琼崖独立纵队没有多少力量，没有受降任务。现在要统一军令，统一政令，你们应该出来受编。第二，共产党要按‘双十协定’的精神办，由贵党中央正式提出琼崖游击队是共产党领导的部队，那样，贵军的前途将由贵党中央决定。二者必择其一。请史先生回去，与贵方高层仔细研究我的建议，尽快答复。”

史丹表示反对，并据理力争，提出：“诸位对‘双十协定’的基本方针避而不谈，只反复强调统一军令政令，显然缺乏诚意。关于整编问题，重庆两党代表正在研究中，不属我们的谈判内容。”

晚上，韩练成用小车把史丹接到自己家里，支开副官，两人进行密谈，气氛与白天谈判时完全两样。

韩练成压低声音对史丹说：“今天上午的谈判完全是演戏，是故意给上头看的。我韩某绝不做对不起琼崖人民的事。”

接下来，他便表白自己的身世。又说：“我同中共中央周恩来是有联系的，你们要是有电台和密码同中共中央有联系，只问一句话：韩练成是什么人？就知道了。”

接着韩练成建议：“你们可利用五指山区，把力量掩蔽起来，进行休养生息，等待时机；要少出公路线，破坏路基和电线。不要惹国民党军队注意，这样也便于我应付国民党上级，表示海南治安没有问题。”

韩练成提醒史丹：“现在的形势不同于日据时期，国共两党已经开始谈判了嘛。我把汉奸詹松年的部队解决了，琼崖其他各路国民党部队也都得看我的眼色行事。你想，你们是隐蔽力量，修整部队，等待时机好呢，还是破坏几段电话线，摸几个岗哨，把国军引去打你们好呢？蒋介石和广东的张发奎是决心要消灭你们，现在派有五个少将级军官在海口督促我向你们进攻。”

他思考了一下，又说：“我想利用一次出巡机会，在儋县南丰公路安排一次同冯白驹同志单独会晤。”

史丹十分意外，半信半疑，不能表态。说到电台，真是让人痛惜不已。1939 年 8 月，八路军驻香港办事处克服困难，把一部 15 瓦手摇收发报机送到琼文根据地。1940 年 1 月，根据中央的指示，八路军驻香港办事处又将一部 75 瓦电台和 15 瓦收发报机运到美合根据地。美合事变时，我军撤离根据地，那部大型的笨重的电台无法带走，便埋藏起来，只带走小型手摇收发报机。1941 年国民党顽军进犯琼文根据地时，领导机关在转移途中与顽军遭遇，无线电收发报机受损，特委与中央联络中断了 5 年多。冯白驹为此事几次派人渡海与上级联系，但未达目的地，派出的人员就被敌人发现，牺牲了。与此同时，中央也在想办法联系琼崖党组织，曾电示东江纵队，让他们设法与琼崖取得联系，建立电台联络。但在敌人层层封锁的情形下，往岛上运送电台是一件十分艰难的事情。现在，在弄清韩练成的真实身份前，史丹不能把电台丢失无法同中共中央联系的事告诉他。

史丹说："谢谢韩军长的关心。我回去会认真向领导汇报。"

韩练成认为，史丹来了，就已经和琼崖独立纵队接上线了。

史丹回到司令部驻地南丰墟后，向冯白驹、李明汇报了谈判情况和韩练成的建议。由于当时琼崖特委和中共中央中断的电讯联系尚未恢复，得不到中央的指示，无法了解韩练成的真实背景，故不敢轻易相信。冯白驹和特委常委经过反复研究分析，决定慎重行事。为了对韩练成进行考察，同时也为了表明和谈诚意，冯白驹和特委决定再派史丹去海口与韩练成进行第二轮谈判，并提出请韩练成设法解决电台等具体要求，来考验他的话是真是假。

而韩练成则开始按照自己的计划采取行动，暗中保护琼崖独立纵队。首先是限制蔡劲军指挥的海南岛保安团的扩编。张发奎要韩练成把当时只有一个团的三个县保安团扩编成三个团，并用缴获的日军武器充实。韩练成拖延不办。其次是解除詹松年的伪军。詹松年部队是日本占领时期的琼崖伪临时政府警察部队，与日寇狼狈为奸，琼崖老百姓恨之入骨。大队长林芳梧，更是双手沾满人民的鲜血。韩练成借"点名、发薪、检阅、整编"为名，命令全岛的伪警察部队调集到海口机场接受检阅。伪警察官兵到达后，韩练成就下达命令：所有文职官员和带兵官员一律到机场要地集合。各队士兵将枪支集中起来，原地蹲下休息。等伪警察官兵缓过神来，才明白自己被缴械了。除极少数官员被扣押外，其余官兵被缴械后全部遣散回家。林芳梧被就地枪决，伪警务厅厅长詹松年被押送广州受军法处理。

蒋介石知道此事后，斥责韩练成："擅权行事，下不为例！"

这一关就这么过去了。

1946 年 1 月，韩练成只带一个医生和 6 名随员，乘小火车由三亚到石碌视察铁矿。不料，他们竟在途中遭到琼崖独立纵队一支小部队的伏击，火车被打翻，韩练成被压在车厢下面，腰骨扭伤，被救出，随员一死三伤。这是一件意外事件。事前，中共琼崖领导不知道；事后，在得到消息之前，谈判代表史丹就出发了，没有任何思想准备。

这次伏击不仅打乱了韩练成的精心部署，也挑起了国民党反动派的进剿。

史丹来了。韩练成的部下说："崩了算了，已经打到军长头上了，还怎么合作？"

韩练成制止说："你们几位先出去一下，我和史先生单独谈谈。"

众人退出后，韩练成说："你在这个时候来，不是太危险了吗？"

史丹刚知道韩练成遭袭击，说："韩军长，我出发的时候并不知道有部队袭击你。"

韩练成说："你是中共琼崖特委的代表，我相信你。可你们的部队到底听谁的指挥？他们怎么能擅自行动呢？"

史丹也很意外，不知如何回答。

韩练成建议道："你们就说是一场误会，写一封道歉信，送回缴获的几挺机枪，以便我向部下做工作。"

史丹说："对韩军长的建议，我回去汇报请示。"

韩练成又问："你们与党中央联系上了吗？"

史丹有难言之隐，只好说："我们正在联系。"

"再耽误下去，对贵方会更加不利！请你转告冯白驹，我自己一个人，什么人都不带，也不带枪，在那大镇附近的和舍墟外的公路边，就我们两人直接见面。时间由他定，越快越好。"

韩练成非常担心史丹的安全，当晚就命人把史丹送回去了。自然，在这种情形下，原来打算试探韩练成的计划也就没办法实现了。

由于无法与党中央取得联系，冯白驹认为韩练成是两面派，把韩练成的建议看作一个阴谋，不予理会，也不再派代表去谈判。在当时的历史条件和特殊情况下，冯白驹保持高度的警惕性并没有错。事实上，韩练成虽名为军长，却受军统特务监视，无法有效地控制被桂系骨干把持的四十六军，因此保护琼崖独立纵队也只能是一个良好的愿望，终究难以实现。

不久，蒋介石电召韩练成去南京参加全军整编会议。会后，张发奎让他留在南京养伤，把徐景唐、甘丽初派去海口了。冯白驹曾这样评判：解放战争初期，国民党四十六军给海南人民、给琼崖党政军组织造成的灾难，"是超过1928年的蔡廷锴对我们的进攻，也不亚于1932年陈汉光部对我们的进攻和1942年到1943年日敌对我们的'蚕食'战争"。

时光荏苒，历史的一页翻了过去。1950年，周恩来在北京介绍冯白驹和韩练成认识，并请他们在怀仁堂看了京剧《三岔口》。陈毅对他们说："任堂惠和刘利华在黑暗中摸索着对打，任堂惠一刀砍过去差一点削掉刘的鼻子，刘利华一刀差点砍断任的双脚，直至刘妻掌灯相照，才知原来是自己人，彼此相认、道歉、和解。中国有句老话，叫不打不相识，你们俩一个就是任堂惠，一个就是刘利华，在黑暗中又演出了一出新《三岔口》。"周恩来说道："也怪我们没有早一点跟你们联系上，当时也是没办法，琼崖没有电台。二位在海南岛上失之交臂，十分可惜，只能算作历史上一大遗憾了。今天正所谓瓜熟蒂落，水到渠成。历史的误会，个人的恩怨，就一笔勾销吧。”

2／北撤与南撤

《停战协定》公布后，琼崖究竟战争是主流还是和平是主流？这是一个原则性的问题。有一部分人在抗战胜利后，沉迷于和平的幻想，滋长了贪图安逸的念头，认为鬼子被打跑了，可以回家过小日子了。部分领导也高唱和平是主流的调子，准备以特委名义发出关于迎接和平的决定。特委就这个问题在白沙牙叉乡召开会议，进行了讨论。

会上有两种意见，争论十分激烈。李明等人认为：《双十协定》是两党协商一致达成的，停战令又是蒋介石亲自签发的，因此，我们今后的工作方针是迎接和平、维护和平。大有解甲归田、马放南山的味道。

琼崖独立纵队副司令员庄田、李振亚等人代表着另一种意见：我们看问题不能从主观愿望出发，必须从实际出发。抗战胜利以来，国内不断发生局部战争，在琼崖则一直枪声不断，四十六军来琼，说明敌人已拉开了全面进攻的架势。我们对蒋介石的反动本质及其反革命两手要有足够的认识，否则在政治上、军事上都要犯大错误。

冯白驹用心倾听了双方的意见，经过深思熟虑之后，最后在总结发言中阐明了自己的观点：“和平对于我们，本是件大好事，力争是毫无疑义的。问题在于这种局面能不能够争取？用什么办法去争取？历史的经验告诉我们，蒋介石是不会轻易放弃反共反人民的既定方针的，十年内战时期如此，抗日战争时期也是如此。现在他们又以和平为幌子，掩盖其准备发动内战的阴谋，这点我们要看清楚。从我们琼崖的情况看，更是越来越明显。国民党四十六军来琼后，不仅劫收了大量的胜利果实，还制造了一系列向我们进攻的严重事件，目前又向我们白沙根据地逼近。可见琼崖并不是什么和平是主流的问题，而是急需准备战争、应付战争的问题。如果不是这样认识问题和提出问题，我们就会犯错误。”经过充分的讨论，特委统一了思想，否定了原来的迎接和平的决定，重新作出《关于加紧准备自卫反击战争决定》。

实际上，国民党琼崖当局内战决心已下，一定要在国共商谈解决广东问题之前消灭琼崖独立纵队。国民党政府军事委员会总参谋长兼陆军总司令何应钦亲临琼崖进行军事部署，给琼崖当局打气壮胆。1946 年 2 月 14 日，国民党四十六军悍然撕毁停战协定，出动五个团的兵力，分四路向白沙解放区发动大规模进攻。琼崖的内战从此全面爆发。

琼崖特委和琼崖独立纵队机关及主力撤出牙叉，全副美械装备的敌军在白沙合围半月，一无所获。在白沙扑空后，便采取“填空格”式的战术，对全琼解放区发动全面进攻，琼崖独立纵队的自卫反击战进入了一个极端艰难的时期。

就在琼崖战火纷飞、硝烟四起的时候，广东区党委派人来传达了一个重要指示：为尽快与国民党达成和平协议，中央作出重大让步，同意将我党领导下的苏南、皖南、皖中、浙江、河南、湖南、湖北、广东八块根据地武装力量撤到陇海线以北。为防止国民党破坏停战协议，各地区在执行时，要根据自己的实际情况做好安排。1946 年 1 月，军调部第八执行小组已到广州，与国方代表谈判关于东江纵队、琼崖独立纵队北撤的具体事宜。广东区委要求琼崖特委做好北撤的准备。

国民党广州行营主任张发奎为了迅速消灭我军力量，先是不承认华南有中共武装存在，后来迫于压力，勉强签订关于北撤的三项协议，但拒不讨论东江纵队、琼崖独立纵队北撤人员的分配，不下达停战命令，不保证我方人员在途中的安全。在商谈具体措施时，他又翻脸说："海南原有少数土共，经过四十六军几个月的清剿，已经溃不成军，现在国军是势在必打，志在必灭，根本谈不上什么停战北撤的问题。"他的算盘很清楚，是想抢先尽快消灭琼崖独立纵队。

在这种情况下，如何对待中央的指示？这是一个严峻的问题。

宋代文学家苏轼在著名的《留侯论》中说过："古之所谓豪杰之士，必有过人之节……天下有大勇者，卒然临之而不惊，无故加之而不怒，此其所挟持者甚大，而其志甚远也。"此时的冯白驹，正值壮年，他的经历、经验、对各种事物的理解已经达到一个成熟的阶段。参加革命20多年，他是从刀尖上走过来的，什么危险没经历过？但以往他面临的考验主要来自革命的对立面，而这一次，考验来自内部，来自自己的上级。当然，他可以二话不说，照着做就是了，既然是上级的指示，对错与否，后果如何，与他无关，他不必承担责任。但是，北撤对琼崖的革命利益有没有好处？对300万名海南人民的利益有没有好处？是否执行，怎样执行，不是个简单的问题，它关系到整个海南岛的命运。作为琼崖党的第一领导、作为生长在这块土地上的海南人民的儿子，他不能不想，他不能装作无事一身轻，推卸自己的责任。可如果他担当起这份责任，那就是泰山压顶。

"苟利国家生死以，岂因祸福避趋之。"面对突如其来的变化，他沉着冷静，洞若观火。他了解海南就像了解自己的身体一样，每一条河流、每一座山脉、每一个村寨都装在他的胸中，琼崖革命的起起落落、风风雨雨都刻在他的脑子里。在他前面，有当年的特委书记王文明做榜样——1928年广东省委确定以城市工作为中心，指示琼崖特委搬到府城，王文明坚决反对，带部队开辟了母瑞山根据地，使革命力量免遭涂炭。在他心中，有毛泽东的《井冈山的斗争》一文做路标——这篇文章是毛泽东1928年写给中共中央的报告，在国民党一次次“围剿”井冈山根据地的情况下，毛泽东从实际出发，详细缜密、鞭辟入里地逐条分析了坚持根据地斗争的道理，为革命的发展指明了方向。

下级服从上级，全党服从中央，这是党的纪律；实事求是，这是党的核心思想。在远离中央，又失去电台无法联络的恶劣条件下，冯白驹反复思考。他认为，10 年内战期间，黄镇球、蔡廷锴、陈汉光部队轮番进剿，母瑞山最后只剩下 20 多个人，仍能东山再起，星火燎原；抗日战争时期，面对日伪顽众多敌人，琼崖独立纵队和广大群众不仅没有被打垮，反而发展壮大；现在，全副美式装备的四十六军依然奈何不了我们。琼崖独立纵队有 7000 余人的作战部队，有经历了抗战锻炼的广大人民群众的支援，一定能坚持到胜利的那一天。相反，如果把部队集中到海边撤离，恰恰给敌人可乘之机，部队不可能安全撤出，东江纵队北撤时有一部分就遭到了敌人的攻击。而且，部队撤走之后，再打回来是难上加难。冯白驹有了自己的定见，便召开特委会议，经讨论决定：一、暂时只将中央的指示传达到县级和支队领导，不往下传达，不排定北撤名单。二、特委和县委内准备北撤和留在琼崖的两套班子。三、武装部队准备撤出不超过 2000 人，留下 3500 人的精干队伍坚持斗争。其余人员不复员，免遭损失。四、要毫不松懈地反击国民党的进攻，并派代表去广东参加三人小组谈判。

虽然“北撤”的精神没有往下传达，但消息还是像风一样散开了。一时间，人心慌慌，有的担心队伍撤走后，剩下的人打不过国民党军队；有的女兵要求尽快复员回家，谋求生路；有的消极等待，不再开展新的斗争，甚至出现了开小差的现象。群众得知后，也情绪低落，支前工作大不如前，致使部队粮食供应不足，兵源也得不到及时补充。

马白山回忆说，当时，作为第四支队长的他找到冯白驹，向他反映情况，冯白驹“想的比我们更深更远”，他给马白山讲《井冈山的斗争》，讲井冈山红旗不倒的原因；讲1932年母瑞山上的星星之火。“冯白驹对于继续坚持海南的斗争有着坚定的信心，他正是根据这些历史的经验，坚信如果党中央同意继续在海南坚持斗争的话，是一定能够坚持下去的。”

4月底，琼崖独立纵队代表庄田等人赶到香港，军调部第八执行小组我方代表方方接见了他们，告诉他们：“现在东纵的北撤人员已安全抵达山东烟台解放区，第八小组也已停止工作。海南地区的停战、北撤问题，事实上由于国民党广东当局的无理阻挠彻底告吹了。至于琼崖独立纵队今后如何坚持斗争，我们正电请中央指示。”庄田听后，向他汇报了琼崖特委接到“北撤”指示后的具体安排，以及挫败四十六军的自卫反击战战果，方方等领导听后，连声称赞：“好！好！打得好！张发奎拒绝琼崖独立纵队北撤，就是搬起石头砸自己的脚！”

8月初，中央来电要庄田到南京向周恩来副主席汇报。庄田一路舟车劳顿，来到南京梅园新村中央代表团住处。听完他的汇报，周恩来说：“你们这样对待‘北撤’任务，做得很主动。琼崖特委根据实际情况和条件，在坚持斗争的前提下考虑‘北撤’安排的指导思想，和中央的精神是一致的。南方部队北撤，是在政协会议召开之前，中央为争取整军方案的实现，有利通过和平建国纲领作出的决定。目前情况已经起了变化，蒋介石自6月底起，已悍然撕毁停战协定和政协决议，大举进攻中原解放区和我军，从此发动向解放区的全面进攻。北撤任务已算过去。撤的已撤，未撤的都已停止下来了。中央最近考虑，如内战进一步发展，还准备通知南方各省更加强农村工作，恢复武装斗争，建立游击根据地，以策应北方的军事斗争呢！”

一波未平一波又起。“北撤”问题刚解决，不料就在8月，广东区委派张创回琼崖传达了“南撤”的指示。指示说，内战全面爆发，广东将黑暗10年，东江纵队撤走后，琼崖的形势会更困难，需长期隐蔽。

因此，要求琼崖独立纵队和地方干部撤到越南北方。当时听传达的只有冯白驹和李明两人。冯白驹沉吟片刻，严肃地说：“我怀疑这个指示的正确性，坚决不执行！党以后如何处分我都行。”“我相信，环境再严重，无论如何也不会统统被敌人消灭掉，以往的历史证实了这一点。”他看着张创，目光从未有过的严厉：“此事只准对我俩讲，再不允许你对第三人讲！”

冯白驹和特委领导分析后认为，现在敌人严密控制各个港口和船只，大批人员南撤，根本找不到那么多船。就是有船，在海上也会有敌人的军舰、飞机拦截，不死在敌人的枪炮下也会葬身大海，安全毫无保障。这样做，无异于自己走上断头台。这么多年来，国民党反动派、日本侵略者朝思暮想，企图把琼崖党和军队赶尽杀绝，都没有得逞。多少人流血牺牲、在千难万险中辛苦发展起来的革命力量，没有被敌人摧毁，而今却要自己拱手相送吗？再说，就算能活着到达越南，今后怎么打回来呢？10月，广东区委再次派人传达“南撤”指示，特委研究后，一致决定不执行，同时向琼崖各级党组织发出《坚持自卫反击的再决议》，动员琼崖军民坚决打退敌人的进攻。冯白驹和特委领导认为，海南岛的形势并不像上级想象的那么黑暗。琼崖独立纵队在自卫反击战中，与敌人战斗不下200次，毙、伤、俘敌兵1700余人，夺回了一部分据点。事实上，仅一个月后，也就是1946年11月，四十六军就因“剿共”不力而被调离海南岛。

1946年夏天，经过广东区委多方筹划，终于将电台运到了琼崖独立纵队司令部。中断5年后，琼崖党和中央恢复了联系。10月26日，琼崖特委就南撤问题向中央发电请示：“我们一致认为，如执行此指示，不但碰到无港口、少船只的困难，而且整个工作要垮台了……这么一来，琼崖斗争不堪设想。为琼崖革命前途计，不得不请示中央。倘中央认为今后的粤琼必更黑暗，为保存干部应即大批撤退，我们必坚决执行。但如中央认为，自卫战争之结局，只要琼崖坚持得好，中央至少必能争取粤三项协议的实现或更大的成果，那么我们有坚强信心与办法，坚持斗争，绝不能给敌人打垮。”特委同时把《坚持自卫反击的再决议》也上报中央。4天后，冯白驹收到毛泽东亲自拟稿的复示：“你们意见很对，你们应当坚决斗争，扩大军队，扩大解放区……你们应以占领整个海南岛为目标，将来再向南路发展，你们《坚持自卫反击的再决议》是正确的。”

中共中央的批示极大地鼓舞了琼崖军民的斗志，增强了信心，指出了方向，为琼崖斗争打开新局面奠定了基础。因为有了冯白驹和琼崖特委对“北撤”与“南撤”问题的正确处理，才有琼崖军民打退四十六军，赢得自卫反击战的胜利，以及接下来的粉碎广东省政府主席、琼崖办事处主任兼第九区行政专员、保安司令蔡劲军两期“清剿”，恢复了大片被敌人破坏的解放区。蔡劲军因“剿匪不力”被撤职后，韩汉英接任广东省第九行政区督察专员兼保安司令，再次对我解放区实行“清剿”，琼崖独立纵队积极出击，掀起歼敌缴枪竞赛，推翻区、乡反动政权，摧毁韩汉英赖以生存的基础，彻底击垮其“清剿”部署。1947年1月，中共琼崖特委、琼崖独立纵队领导机关重返白沙毛贵乡，着手开辟白沙、保亭、乐东三县根据地，至1948年6月，乐东县宣告解放，白、保、乐连成一片，五指山革命根据地正式形成，为之后开展三大攻势、保证琼崖解放战争的胜利，为配合大军渡海、解放海南岛奠定了坚不可摧的基础。从1948年9月18日开始，历时近一年，琼崖纵队开展了凌厉的秋、春、夏三大攻势，气势磅礴，前所未有。自此，我军从战略防御转为战略进攻，歼灭了敌人大量的有生力量，解放区进一步扩大巩固，保住了刚刚分得土地的农民的利益，琼崖纵队取得了进行较大规模运动战、攻坚战的经验。三大攻势与全国解放战争相策应，加速了琼崖的最终解放。

冯白驹经受住了考验，他务实，求真，果断，头脑清醒，目光高远，敢于担当。既有组织观念，又有独到的看法；既遵守党的纪律，又有自己的坚守。多年来的千锤百炼，已经把他锻造成一个信仰坚定、意志坚决、有胆识有智慧、炉火纯青的优秀领导者。

第十一章

海角天涯的新长征

∨

庄田这一代领导者，
由于战争的需要，
在很年轻的时候就走马上任，
独当一面。
他们在战争中学习战争，
在实践中体悟理论，
所以，
他们从来不故步自封。

1/风华正茂

1940 年 4 月 2 日上午，一辆大卡车载着一队负有特殊使命的军人，缓缓驶离陕北的杨家岭。站在车上的庄振凤望着黄土高坡，排排窑洞，望着巍巍宝塔山，涓涓延河水，和同行的战友们情不自禁地唱起来：

啊，延安！
你这庄严雄伟的古城，
热血在你的胸中奔腾。

歌声激越，他们的眼里泪光闪烁，每个人都在用歌声向延安告别。

1940 年 3 月，中共中央决定，从延安抽调一批经受过长征考验的干部，到敌人后方去，发动群众，创建根据地，扩大军队，建立抗日民主政权。中央组织部部长陈云亲自找庄振凤谈话，告诉他南委来电，冯白驹请求中央派有经验的军事干部到海南岛去。中央考虑，庄振凤是海南人，经历过长征，有军事理论，有实践经验，长期担任部队领导职务，决定派他去帮助冯白驹领导琼崖的抗日斗争。庄振凤当即表示：“我完全拥护党中央的决定，坚决服从。”

离开延安，他们经西安到达重庆八路军办事处。

周恩来副主席把庄振凤找到他的住处谈话。亲切地问他：“你离开家乡时间很长了，还会讲家乡话吧？”庄振凤回答：“我会讲，但多年不讲，已经讲不好了。”周恩来让他转告同去的同志们，要学习方言，不然就无法做群众工作。接着，他又说：“党中央和毛泽东同志对琼崖的革命斗争寄予极大的期望。这次把你们派到那里去工作，你们一定要把党中央和毛泽东同志的指示带去。冯白驹是琼崖人民的一面旗帜，你们要支持他的工作，尊重他的领导，在琼崖特委的集体领导下，共同把革命工作搞好。”

庄振凤表示：“一定按照党中央和毛主席的指示，从思想上和行动上尊重、服从和支持冯白驹的领导，夺取琼崖革命的胜利。”

周恩来高兴地说：“这样就好。”

周恩来一向细心，他叮嘱庄振凤：“你是长征干部，会引起敌人注意，这次派你回家乡，中央要求你把名字改一下。”

庄振凤略一思索，决定改名为“田庄”。

周恩来想了想：“你把姓和名颠倒过来，不考虑家人说你干革命就忘了祖宗吗？”

庄振凤说：“不会不会，革命需要嘛。”

周恩来建议：“我看叫庄田，不也很好吗？”

庄振凤爽快地说：“好，好，就叫庄田！”

带着领袖的嘱托，庄田一路向南。

四野绿色渐渐浓郁，天气越来越热，他的心也热乎乎的，久别的故乡，尘封的往事，慢慢清晰起来。

1906年11月19日，海南岛万宁县龙滚圩风烟村的一个庄户人家里添了一个男婴，他就是庄田。他虽是家中唯一的男孩，但农家的孩子不娇贵，童年时，每天跟着姐姐放牛、砍柴、割草。8岁那年，父亲省吃俭用，勒紧裤带供儿子读书。他知道家里不容易，在学堂里非常勤奋，成绩总是名列前茅。读完私塾，因为家里没钱再供他，他失学了。家里日子越发难过，国民党军经常随便抓人，敲诈勒索，父母一合计，觉得让儿子下南洋兴许还有出路。他们想方设法，凑了几十块光洋，给儿子买了去南洋的船票。夫妇俩抱头痛哭一场，在一个风雨交加的夜晚，把儿子送上了木帆船，眼看着自己的骨肉消失在波谷浪峰之间。

1924年秋，庄田背井离乡，漂洋过海，到了新加坡。当时的新加坡是英国的殖民地，殖民主义者为了开发掠夺资源，从中国广东沿海贩卖大批“猪仔”充当劳工。庄田被介绍到一家橡胶厂里打工。这家工厂是英国资本家开办的，工人劳动强度大，条件差，工伤死亡事故屡屡发生。庄田的车间的工头专门欺负中国人，分给他最脏最累的活，还找茬打骂他。庄田想到父母，强忍着不发作。有一天，他患了感冒，全身发烫，就没有去上班。哪知厂里竟为此把他开除了。庄田起先还想，这里工厂多，不愁找不到工作。谁知一连奔波了几个月，工作也无着落。他来自海边，失业后，经常迷茫地看着大海发呆，心里思念着故乡的家人。都说新加坡是个淘金的好地方，可为什么穷的穷死，富的富死，有钱人作恶多端，无钱人凄凄惨惨？这不是和老家一样吗？南洋梦破碎了，今后的出路在哪儿呢？

后来，经老乡介绍，庄田好不容易才在荷兰资本家经营的“生什”号货轮上找到一份烧锅炉的工作。他每天起早贪黑，干10多个小时的活，衣服被汗湿透，再让太阳一晒，泛起一层盐渍。船上没有任何降温设备，整天受着高温煎熬，庄田几次中暑昏倒在锅炉旁。残酷的

庄田（1906—1992）

现实使庄田感到十分苦闷、彷徨。轮船每次靠港，工友们便去酒馆、赌场、烟馆消磨时光，醉生梦死。庄田却待在船上，望着大海沉思。

这个与众不同的小伙子引起了同船一位工友的注意。他叫黄宜敦，也是海南万宁人。这个人见多识广，庄田很喜欢和他聊天，有什么想不通的问题就向他请教。黄宜敦给他讲列宁领导的俄国十月革命，讲苏俄工人、农民当家做主人的情况，借给他进步书报，有一本书叫《列宁与十月革命》，特别吸引他。从黄宜敦那里，他知道了中国共产党，知道了许多革命道理，原来堵在他心里的疙瘩都解开了。有一天，庄田愣头愣脑地问："黄大叔，你知道共产党在哪里吗？"黄宜敦一愣，问："你问这个干吗？""我想参加！"庄田哪里想得到，他面前的黄大叔就是中共在新加坡建立的海员工人委员会领导下的地下党支部书记。

这个党支部经过近一年时间对庄田的考察和培养，决定吸收他加入中国共产党。1926 年 3 月的一天晚上，中共"生什"号轮地下支部在岸上一个秘密地点召开会议，正式吸收庄田为中共党员。

不久，黄宜敦调到岸上搞工运，组织任命庄田接替党支部书记一职。

1927 年的五一劳动节到了。中共香港海员工委决定在这一天举行香港和新加坡海员工人大罢工，反对殖民统治者对工人的剥削，中共新加坡工委指示，由庄田任总指挥。

五一节前，街上多了许多军警，统治者似乎察觉了什么动静。晚上，庄田刚从秘密联络点走出来，忽然，两个便衣警察拦住了他，用枪逼着他往警察局走。庄田大声质问，挣扎着，极力摆脱他们的纠缠。就在这时，一群破衣烂衫、蓬头垢面的乞丐像是从地底下冒出来似的，呼啦一下围了上来，吵吵嚷嚷，不许警察把庄田带走："他是我们的人！""快放人，不然我们就闹到警察局去！"警察怕他们找麻烦，很不情愿地把庄田放了。原来，几个月前，庄田在街上被一个小乞丐拦住，求他救救丐帮里一个被车撞伤的乞丐，庄田倾其所有，付了医药费，把那个乞丐救活了。这群生活在最低层的人感动得泪流满面，从此和他交上了朋友。庄田出海，他们为他祈祷；庄田在陆地上，他们就暗中保护他。

1927 年 5 月 1 日，庄田站在船舷上，点燃汽灯，高高举起。这是罢工的信号。顿时，所有轮船的汽笛响起，口号声一片。庄田乘着小艇四处宣传讲演，给工人们鼓劲。这次罢工持续了一个多月，英国殖民统治者被迫让步。

1929 年秋，中共中央决定，抽调一批有文化、有实践经历的干部到苏联军事院校学习，为我党领导大规模的武装斗争培养骨干。广东省委选派庄田去学习。第二天，庄田就踏上了去莫斯科的征途。他乘船经香港、上海到大连，坐火车来到绥芬河。在一个风雪怒号的夜里，地下联络站的同志和苏联向导把他送过边境线，庄田踏上了去往莫斯科的列车。

1929 年 12 月初，庄田来到了向往已久的世界上第一个社会主义国家的首都——莫斯科。想起当年爱不释手的那本《列宁与十月革命》，庄田觉得自己仿佛是在梦中，他心潮澎湃，激动不已。莫斯科步兵学校坐落在市郊，周围是静静的白桦林、东正教堂和别墅。庄田开始了学习生活，和 11 位从国内去的同志被编入“中国班”。他所在的连队，主体是苏联同志，其次是朝鲜同志，中国班所在的排，排长是中国派到苏联学习、毕业后留在学校工作的田德修，翻译是伍修权。

庄田和同学们穿着崭新的苏联红军军服参加了开学典礼。满头白发的校长索卡洛夫少将致辞：“在座的每个学员在不久的将来，回到自己的国家，都可能成为出色的将军。所以，我要求每个学员都必须努力学习，都要成为优等生，不准有不及格的学员。”

莫斯科步兵学校的学习任务很重，除“步兵操典”、“野外执勤”、“射击教范”、“兵器学”、“地形学”、“战术学”、“筑城学”等十多门课程外，还要进行紧张的训练。庄田不是军人，连枪都没摸过，许多军事名词看不懂。有一次，他问同学：“什么叫射击教范？”旁边的同学听了，哈哈大笑。排长田德修制止大家：“笑什么？庄振凤不懂就问，大家应该欢迎嘛！我参加红军前是放牛娃，人家问我子弹是从什么地方装进去的，我说是从枪口装进去的，被人笑掉大牙了。”

庄田把排长的话记在心里，更加努力，整天埋头看书，很少发言。苏联教官有些不放心了，一次，讲射击教范课程，教官特意点庄田的名字，让他回答问题。结果庄田对答如流，教官惊讶得连声夸赞。

步兵学校的学员很少有自己支配的时间。尽管这样，庄田还是坚持多读一些课外书籍，如拿破仑、苏沃洛夫等人的著述和中国的《孙子兵法》。讲课时，教员讲俄语，再由翻译译成中文，这种方法很麻烦，但多数中国同学都不愿意学俄语。庄田却不然，他拜伍修权、田德修为师，经过半年苦练，学会了一般的日常用语，给学习带来了方便。

有的同学见他如此勤奋刻苦，半开玩笑地对他说：“老庄，咱们当兵的，有今天没有明天，读这么多的书有什么用？”他却严肃地回答：“书是知识的源泉，读了书什么时候都有用。多读一点书，多掌握一点知识，多学一点战术，就能多打胜仗，我们就不但有今天，而且有明天，有后天，有将来！”

一分耕耘一分收获，庄田成为全连外国留学生中的尖子之一，受到了学校领导的赞赏。1930 年底，他以各科全优的成绩，提前毕业。

这时的中国，革命斗争如火如荼，1930 年 5 月，中央决定各地红军分别组建正规军团，由游击战向运动战转变。庄田秘密回国，到达上海。在一座又旧又小的楼房里，他见到了主持中央军委工作的周恩来。

周恩来说："红军部队的迅速发展，根据地的不断扩大，迫切需要大批能文能武的干部。中央已调刘伯承等同志创办了中国工农红军军政学校，为各红军部队和根据地培养和输送干部。红军军政学校很需要教官，你们都是党送到莫斯科步兵学校学习的优才生，就到那里去当教官吧！希望你们虚心向老教官学习，取长补短，共同把红军学校办成培养我军人才的基地。"

临走时，周恩来一一和他们握手告别。

领受任务后，庄田又星夜兼程，到达中央革命根据地首府江西瑞金。红军学校校长刘伯承接见了他。刘伯承说："你的学习成绩表前几天我看过了，也是优才生嘛。我们红军学校现在很需要人才，你们来红军学校工作，充实了我们学校的教官队伍，我们欢迎啊！"

庄田被分配在第一连第二排任排长。他根据红军的作战特点和实际需要，帮助学员掌握进攻、防御、退却、侦察、警戒等各种战术手段。在短短的3个月内就取得了显著的成绩，得到了刘伯承和学校其他领导的器重，很快就提升为连政治指导员。

不久，为适应革命战争的需要，红军学校由4个步兵连扩编为一个步兵团，庄田被升为第二营政治教导员，教学内容有政治理论、军事理论、战略战术，还有管理教育等等。教材取自国内外军事学校的基本教材，庄田结合红军部队的实际情况，自编了一些通俗易懂的教材。他讲课举例形象，深入浅出，很受学员欢迎。一些从各根据地来的学员很不习惯严格的正规生活，作风散漫。他耐心地对学员们进行教育，使他们认识到，军人只有执行纪律、服从指挥，才能打胜仗。

1933年春，随着革命斗争的不断深入，红军部队迫切需要经过训练的骨干，于是中共中央决定成立一个模范团，直属中央领导，庄田被任命为该团政治部主任。军委规定每隔 3 个月从红军部队和赤卫队中选调优秀的干部战士来参加训练。在训练期间，为了通过作战实践更快地提高部队的作战指挥能力，军委决定由叶剑英统一指挥独立师和模范团，在福建省清流地区组织一次进攻战役，以配合主力红军第四次反“围剿”。模范团政委伍修权根据叶剑英的指示，把庄田调到前面来参加指挥作战。庄田谦虚地对叶剑英说：“我是个新兵，没打过仗。”叶剑英爽朗地说：“许多战士第一天入伍，就上了战场，第三天就是老兵了。你当教官，没有实践经验，不要紧，打过一仗就有经验了。我就收你当个见习生吧。”

叶剑英率部队到达龙岩小池田。战斗打响后，我军埋伏在一片开阔的水田上面，敌军分多路进攻过来，被我军火力压着抬不起头来，便趴在水田里利用田埂进行顽抗。叶剑英把庄田叫到身边，指着水田里的敌军说：“你看，这些敌人都是笨猪，根本不懂防御，水田算什么障碍？你带一个营上去狠狠地敲他一下！”庄田迅即带领第三营，分成两路，一路绕到侧翼，在旱地佯攻；另一路在水田主攻。旱地的佯攻开始后，敌人注意力很快被吸引过去，这时庄田一声令下，主攻部队从水田冲了过去，敌人很快就被打垮，纷纷举枪投降。叶剑英高兴地喊：“打得漂亮！”战斗结束后，学员们都说：“想不到政治干部也会打仗！”

2／心中有明灯

1934 年 1 月，蒋介石将开进福建的军队改编为东路军，协同北路军、南路军开始对中央苏区发动进攻。庄田调任红九军团第三师第七团政治委员。当时，中共临时中央六届五中全会在江西瑞金召开。会议推行王明的“左”倾冒险主义错误路线，政治上，继续实行宗派主义的过火斗争和打击政策，扩大了打击面，造成了党内军内的混乱。在军事上，不顾红军连续作战，十分疲劳，大批减员的状况，要求红军与敌人决战，在城镇、交通要道筑碉堡，以“阵地防御”结合“短促出击”，对付来势汹汹的敌人。

庄田发现了我军战略战术的错误，很着急。他为人正直，性格直爽，公开站出来表明自己的立场：“江西苏区的巩固发展，红军在三次反‘围剿’中的胜利，都说明毛泽东同志的主张是正确的，为什么要反对他的正确意见？”

这下便惹出了很大的麻烦，他被内部定为“罗明路线的小人物”，不久便被撤职，关押起来，接受审查，让他交代反党言论。他所在的部队也派进工作组。庄田始终坚信自己没有错，不仅拒不检查，还拍着桌子反驳批判他的人。对他的“顽固”态度，一些领导人感到非常恼火，下令“发动群众”揭发批判，准备对他严厉处理。有好心人劝他：你这么硬顶，要吃亏的。做个检查算了。庄田却不领情：“我胸怀坦白，对党要说真话。”结果，被动员来参加揭发会的同志没有一个人发言。工作组十分尴尬。

就在这时，周恩来下来检查工作，庄田如实地向周恩来汇报了自己的看法。在周恩来的干预下，庄田被解禁。3月上旬至9月中旬，他先后调任红九军团第三师补充团团长兼政治委员，独立第二十二师第五十五团政治委员。

由于王明等人的错误决策，致使红军第五次反“围剿”失败。10月，红一方面军撤离中央根据地，进行战略转移，开始了举世闻名的长征。

庄田调任红九军团第八团政治委员。从江西于都到贵州湄潭的80多天里，庄田率该团随红九军团团部，与围追堵截的国民党军浴血奋战，掩护红一方面军主力和中共中央机关通过敌人的层层封锁线。经一路苦战，红九军团到达贵州时已从长征出发时的9000多人锐减为6000余人。

冲过敌人四道封锁线后，1935年1月，中共中央政治局在贵州遵义召开扩大会议，结束了“左”倾机会主义在党内的统治，确立了毛泽东的领导地位。庄田等一大批受过迫害的干部战士得到了平反。在毛泽东的领导下，我党我军逐渐跋涉出泥潭，回到正确的道路上来。

4月下旬，红军分三路进军云南。为了保证红军主力和中共中央机关顺利西进，红九军团奉命在乌江北岸阻击敌人。任务完成后，红九军团要横渡北盘江追赶主力，但此时国民党军已陈兵江岸。庄田组织团部人员深入群众了解情况，终于在群众指点下，选择“虎跳石”渡口，顺利渡江，进入云南宣威和东川地区，乘敌之隙一举攻占了两座县城，接着又强渡金沙江，在四川西昌与主力红军会合。

1935年6月，红一、四方面军在四川懋功胜利会师。毛泽东、周恩来等领导分析局势，认为红军所在的川西北地区属于少数民族聚居区，情况比较复杂，不利于红军的生存和发展。因而决定，一、四方面军今后的总方针应是占领陕、甘、川三省，建立苏维埃政权。但张国焘却不同意这个方针，主张红军北攻阿坝，过草地后，占领青海、新疆，或向南进攻。6月26日，为统一思想，中央在两河口召开会议，28日，政治局作出了《关于一、四方面军会合后战略方针的决定》，决定指出，我们的战略方针是集中主力向北进攻，首先取得甘肃南部，然后创造川陕甘苏区根据地，以争取西北各省乃至全国的胜利。张国焘拒不执行中央的方针，阻止红军主力北上。这时，胡宗南部队主力已经集结松潘，与薛岳部队、川军企图围歼我军。中央致电张国焘：“班佑以北粮、房不缺，因此一、四方面军主力均宜走右路。”8月24日，党中央又致电张国焘：“目前应令右路军全力迅速夺取哈达铺”，张国焘勉强执行。

此时，庄田调任红四方面军红军大学政治部组织科科长。他率部随右路军从毛儿盖到班佑、巴西地区，踏上茫茫草地。大草地渺无人烟，腐烂的草发出阵阵恶臭，忽而烈日暴晒，忽而冰雹雨雪，地表泥泞，沼泽遍布，稍不小心，就会陷下泥潭，被泥沼夺去生命。庄田和全团官兵咬紧牙关，互相扶持，走出了草地，到达班佑。

胡宗南发现红军北上后，已经命令一个师在班佑以东的包座求吉寺、大戒寺据险防守，堵截红军。右路军为开辟道路，采取围歼打援的方法，庄田率第三团担任打击援军的任务。敌人的增援部队一到，庄田率领战士们一齐开火，子弹像雨点般倾泻下去，当晚就将敌人分割消灭。大戒寺敌人投降，求吉寺之敌全歼，甘南门户打开。

9 月 11 日，张国焘在阿坝召开会议，反对北上方针，说北上“不拖死也会冻死”，“只有大举南进，消灭川敌残部，才是真正的进攻路线。”根据张国焘的命令，庄田随部队南下，再次跋涉大草地。

正值深秋，草地天气更加恶劣。庄田的脚负过伤，一路长途跋涉，此刻复发了，他忍着疼，拄着棍子，深一脚浅一脚地走着。部队无衣无食，饥寒交迫，冻死、饿死、掉队的人一天天增多。米袋子空了，发给每个连队的 3 头牦牛吃光了，连牛皮都烤着吃了。有的战士饿得受不了，就吃野菜，可没想到中了毒，死在草地里。庄田是团干部，每天有一茶缸配给的炒面，他见警卫员小李病倒了，就让炊事员把炒面拿给警卫员吃。没等炒面送到，警卫员就牺牲了。庄田抱着这个 17 岁的小战士渐渐冷去的身体，泪如雨下。

部队思想越来越混乱，官兵情绪低落。庄田和大家一样，都想不通。在团党委会上，他忍不住发问：“为什么不跟党中央北上，又过草地往南走呢？”经历过反“围剿”的失败，经历过遵义会议后的胜仗，走了两次草地的庄田渐渐察觉出张国焘的决策有问题。9 月下旬，张国焘在讲话中明目张胆地攻击中央北上是“逃跑主义”，说南下建立川康根据地才是正确路线。张国焘分裂党、诋毁中央的行为引起包括庄田在内的许多官兵的不满。此时，部队已减少一半人。10月5日，张国焘在理番县公开宣布另立中央。庄田非常愤慨，他连夜写了一封信，代表全团向党中央反映张国焘的问题，表示拥护党中央的决定，跟着毛主席走。这封信因张国焘的封锁一直没能送出去，直到到达会宁，信还藏在他的身上。

1936年10月，庄田所在部队走过草地后，在会宁与红一方面军一部会合。庄田调任红军大学教导师第三团政治委员。1936年10月下旬，庄田随四方面军总部渡过黄河西征，与强敌作战数月，终因寡不敌众，遭受严重的挫折。1937年3月，西路军军政委员会决定，为保存部队骨干，一部分领导干部返回陕甘宁苏区。庄田辗转来到延安。

来到党中央的怀抱，革命的摇篮，庄田的心情像陕北的天空一样晴朗。4月的一天，毛泽东和中央领导接见了西路军团以上干部。在军委机关的饭堂里，毛主席走进来，老远就伸出手，对他们说：“同志们，你们辛苦了！我代表党中央、中央军委欢迎同志们，请你们吃便饭，向你们表示敬意。”他和大家一一握手。庄田和西路军的战友们跟着张国焘吃了大苦，受了大委屈，此刻，握着毛主席温暖的大手，一股暖流涌上心头，眼睛都潮湿了。毛主席给大家分析了抗日战争的形势，周恩来副主席告诉他们，中央决定，让他们到抗日军政大学去深造。最后，毛泽东端起一碗茶水，以茶代酒敬大家。

这天夜里，庄田久久不能入睡。他索性爬起来，眺望着宝塔山，排排窑洞错落有致，闪烁的灯光像星星一样明亮。他的心里一片光明。

3 / 逐鹿琼崖

庄田与同样是经历过长征、富有作战经验的部队干部覃威、电台台长刘成义一行人遵照中央的指示，一路过五关斩六将，遭遇种种惊险，于 1940 年 9 月到达琼崖美合根据地。在此之前，为了加强部队建设，曾经担任红军干部团营长、在长征路上立下赫赫战功的李振亚也遵照中央的指示，先随叶剑英赴湖南、广东培训军队人才，1940 年 7 月调任琼崖，任琼崖抗日独立总队参谋长。

不久，庄田被任命为琼崖抗日独立总队副总队长、中共琼崖特委委员。

虽然是海南人，但少小离家，多有生疏。对琼崖革命的具体情况也不甚了解。只听介绍是不行的，只凭过去的经验发号施令也是行不通的。庄田认定，自己第一步要做的不是端着架子指手画脚，而是深入调查研究，尽快熟悉方方面面的情况。他提出带着从延安来的同志，到琼文根据地考察。冯白驹同意了他的要求。

1940 年底，国民党顽固派向美合调集兵力，战争一触即发。庄田接到特委通知，连夜从琼文赶回来。冯白驹向他介绍了情况，特委决定，全力反击，保卫根据地，并将指挥作战的任务交给庄田。

庄田立即部署，第二大队担任阻击，第一大队担任防御，第四大队担任警戒，特务大队机动作战。战士们抓紧时间修筑掩体、战壕，庄田一个阵地一个阵地检查，鼓舞士气。

12 月 15 日，琼崖国民党保安部队副司令李春农率保安第六、第七团及三个县的游击大队共 3000 余人，分五路向美合根据地发动进攻。主力绕开我军防御阵地，从后山小路潜入，战斗于当日拂晓打响。先头到达的一路顽军遭到顽强阻击，不敢贸然前进。庄田认为顽军远距离奔袭过来，不可能是孤军一路，两侧必有迂回部队，如过早暴露自己的战斗意图，就会造成被动。他决定待特委和总队机关安全转移之后，利用有利地形阻其深入，命令特务大队迅速向第二大队靠拢，以便集中优势兵力，消灭顽军。天亮以后，顽军开始发动全面进攻。庄田命令第二大队反击，指挥该大队唯一的一挺机枪，时而点射，时而连发，不断变换位置，把顽军打得抬不起头来。激战三个多小时后，另一股顽军从美合的西南方向猛插过来，控制了荒草田和美合之间的小桥，切断了琼崖抗日公学和医院的退路。为了保护学员和伤病员的安全，庄田命令作战科长覃威立即组织力量，夺取顽军占领的小高地，控制小桥右侧，终于杀开一条血路，使已无退路的学员和伤病员安全转移到山林里。李春农见队伍败下来，命令重机枪和轻机枪一起扫射，敌人又冲上来。偏偏这时我们唯一的机枪卡壳了，机枪手也牺牲了。覃威见状，冲上去拿起机枪，几下子排除了故障，连发连射，打退了冲锋的敌人，可是他自己也受了伤。庄田见覃威满脸是血，不顾一切地跑上去，代替他指挥作战，拦也拦不住。激战一天，特委机关和学校医院都已安全转移，他们才在夜色中撤到山林里。

作为一个有经验的军事指挥员，庄田已经看出了在美合建立根据地的不利因素，它正好处于国民党顽固派核心地区咽喉，国民党顽军断不能允许它的存在。美合失守后，我军转移到琼文根据地。顽军又尾随而来。特委决定，在罗蓬坡阻击顽军，此战由庄田指挥。庄田反复侦察地形，制定了详细的作战方案。庄田判断，美合事变后，国民党顽军气焰嚣张，必会向我合围，利用平原地形多路进攻。我军应集中主力诱敌深入，消灭一路，同时以少数兵力钳制后续部队。庄田亲自率领第四中队占领罗蓬坡制高点。这里是主阵地，战斗打响后，第四中队的阵地压力很大，顽军开始不把我军放在眼里，喊着叫着往上冲。但是，战士们看到庄田始终和他们在一起，沉着镇定地指挥着，又当总指挥又当小队长、班长，指点战士，缺乏作战经验的干部和士兵有了主心骨，斗志高昂。从早上打到中午，顽军的气焰被打下去了，趴在土堆后等待救援。庄田一看，冲锋的时机到了，当即命令第一、第六大队从两侧插过来，特务队又切断了后路，这时冲锋号响起，战士们如猛虎般扑下去，顽军成了瓮中之鳖，缴械投降，一个连被我军消灭。这是美合根据地失利后第一个胜仗，大涨了总队的士气，灭了国民党顽固派的威风。根据地群众纷纷把子弟送到了独立总队。

庄田这一代领导者，由于战争的需要，在很年轻的时候就独当一面，走马上任。他们在战争中学习战争，在实践中体悟理论，所以，他们从来不故步自封。庄田尽管在苏联正规的大学学习过，是当时我军少有的科班出身的将领，但他绝不是死抱书本、恪守教条的人。仗要靠人来打，人是活的，想打胜仗，人要灵活，要有智谋。1942 年，日寇采取新的对策，将长驱直入改为逐步推进，大力建设据点，将我军压缩在狭窄的地域。琼文根据地的地形是沿海平原和丘陵地带，回旋余地小。庄田仔细研究后，向冯白驹建议，要针对日寇的战术调整我们的战术，避其锐势，以分散对集中，以集中对分散。冯白驹十分赞成。一天，覃威来汇报工作，他提出一个想法：鬼子到我们的地盘来打我们，我们为什么不能到敌占区打他们呢？庄田很受启发，他和冯白驹商量：“现在鬼子到根据地‘扫荡’，他们一定认为我们躲进山里藏起来了。我们正可以利用敌人的思维，出其不意，杀到文昌公路上打个伏击。”冯白驹果断地说：“好啊！先侦察清楚，做到万无一失。”

于是覃威领命，派人前去侦察。他们发现，竹桥是个打伏击的最佳地点，北边是丛林，南面是水田，我们把桥炸断，两头夹击，敌人只能往田里跑。每天清晨，鬼子的军车都会从城里开出来，下午返回。覃威向冯白驹和庄田作了汇报，制订了作战计划。晚上，部队进入阵地埋伏。第二天早晨，公路上驶来 9 辆军车。第四辆军车进入伏击点后，地雷炸响，战士们跃出阵地，把敌人打倒一大片。鬼子没有防备，乱作一团。前四辆军车的敌人大部分被歼灭。因这里离文昌县城很近，我军迅速撤离战场。

鬼子发现了我军的行踪后，立即追剿。总队为保存实力，分散成游击小组袭击敌人。为了摆脱我军被控制在狭小地域的局面，庄田日思夜想。他想起在抗大时学过毛泽东的《抗日游击战争的战略问题》，里面有这样一段话："如果敌情特别严重，游击部队不应久留一地，要像流水和疾风一样，迅速地移动其位置。"毛泽东生动的比喻道出了游击战争的关键：就是一个"动"字。庄田对冯白驹说：部队要在琼文根据地长期坚持有困难，我们不宜固守一地，自己把自己捆住，应该在坚持内线斗争的同时将大部队挺出外线，这样路子就宽多了。冯白驹这些日子也在琢磨这个问题，两个人想到了一起。他们把意见提到特委会议上讨论，特委决定，挺出外线，开辟新的敌后根据地，遵照中央的指示，逐步向五指山区发展。

1943 年秋，根据特委的决定，庄田率领总队警卫连和第二支队第一大队向琼东、定安挺进，以六连岭根据地为中心开展斗争。

六连岭是革命老区，昔日的六连岭一带，10 多个乡都建立了抗日民主政府，妇救会、青抗会等群众组织遍及万泉河两岸，特委在这里办了军校、兵工厂、医院，山上山下，蓬蓬勃勃，风景独好。可是，自从日寇实行"三光"政策，残酷"扫荡"，加上自然灾害，这一带遭到前所未有的浩劫，哀鸿遍野，饿殍遍地，党组织也遭到严重破坏，有的干部被杀，有的投敌叛变，有的丧失了信心。六连岭根据地基本瘫痪。庄田的老家离这里不远，他的一个妹妹才入党不久，在执行任务时，遇到鬼子追捕，她宁死不屈，跳崖自尽了。

庄田领着队伍来到山里，却找不到当地党组织，也找不到老乡，偶尔见到一个人影，也立刻消失在林中。百姓被鬼子害苦了，见到军队就躲。敌人的"三光"政策使许多村子变成了废墟，荒无人烟。部队没有粮食，庄田和战士们就吃野草野果。经历过长征的人，这点儿困难不在话下，庄田着急的是要尽快找到群众，找到当地党组织。六连岭下，炮楼林立，敌人把根据地分割成一块一块的，形势严峻。有人气馁了，说，这里没法待，咱们回琼文根据地吧。庄田问：那这里怎么办？交给敌人吗？他明白大家的心思，他和战士们坐在一起，掏出他的烟斗，装上土烟，一边抽一边慢条斯理地拉家常，大家看到他的小腿上血管弯弯曲曲暴突着，就问他是怎么回事。他就给大家讲起长征时的往事。他说，长征时他的腿负了伤，险些残废了，后来是用草药治好的。那时比现在可难，过草地时，没吃的，走在后面的人把前面的人拉的大便里没有消化的麦粒扒出来洗干净吃。战士们默默地听着，心里很受震撼。接着，他说服大家："不要急，别看现在这里死气沉沉，但这里基础好，只要我们把大旗一竖，过不了多久，就会打开局面。"

庄田的判断被证实了。有群众认出了自己的队伍，送来了粮食，还带着他们找到了乐万县委和隐蔽在山里坚持斗争的第三大队。庄田按照特委的决议，召开会议，成立了东区军政委员会，总结经验教训，布置今后的任务：积极开展武装斗争，扩大政治影响，部分队伍转移山外，牵制分散敌人兵力，策应六连岭斗争，迅速恢复区县党组织和群众组织，发动群众抗粮抗税，生产自救，以扭转被动局面。会后，庄田和其他领导深入下去，寻找隐蔽起来的同志，说服他们回到岗位上来开展斗争。

第三大队是新成立不久的队伍，藏在深山老林里，日寇不敢上来，队领导认为自己力量单薄，也没有下去寻找战机。庄田鼓励他们树立起信心，主动出击，敢于斗争，敢于胜利，而不是老躲在山里被动挨打。为了打击敌人的嚣张气焰，鼓舞干部群众的斗志，庄田决定，把桥园据点的敌人引出来，在南边岭和鬼子打一仗。他在会上一点一滴地教给他们怎么引蛇出洞，怎么布下口袋伏击。夜里，他亲自带队来到南边岭，教干部战士埋地雷：地雷要埋在三角路口，战壕要选择位置低的地方挖，小路口用树枝堵上，这样敌人只能走我们埋好地雷的路。他派出小分队，在南边岭下频频袭扰敌人，又吩咐潜伏在敌人内部的同志向鬼子报告我们的行踪。鬼子果然上钩，跑出据点来到我军设好埋伏的公路，我军两个小队边打边撤，鬼子咬着不放，渐渐钻进口袋里。庄田一声大喝："狠狠打！"枪声大作，鬼子在我们布置好的"口袋"里死的死伤的伤，不到半小时就结束了战斗。

这一仗让部队和群众都出了一口恶气，百姓们奔走相告：咱们的队伍回来了！他们陆陆续续把家搬到了根据地，断绝敌人据点的水源，把他们孤立起来。更重要的是，庄田用行动告诉战士们一个道理：困难的时候，不能一头扎在山里藏起来，要主动创造战机，才能摆脱被动局面。

1943 年底，日军因太平洋战场兵力不足，将部队调到榆林港待命，鬼子的部队向海岸线收缩，把据点交给了伪军。在庄田的领导下，我军很快攻破了十几个据点，武工队炸桥破路劫军车，群众瓦解伪军，大打攻心战，那些表面上看起来坚固的碉堡已经从内部开始动摇，敌人统治区从 40 多里压缩到 5 里，六连岭根据地在半年内就恢复了生机，春风又绿，焕然一新。

1946 年 4 月，庄田因以琼崖独立纵队副司令员的身份与国民党谈判，暴露了身份，国民党为了防止他回到海南岛，在香港、广东、琼崖等各个交通要道设立关卡，通缉他。因此他已无法再回海南岛。广东区委派他到桂粤边区领导武装斗争。四海为家的庄田告别了故乡，告别了他战斗了 5 年多的地方，告别了冯白驹和琼崖独立纵队的战友，又驰骋在新的战场上。一个真正的共产党人，以天下为己任，生命不息，战斗不止。庄田的长征没有结束。

第十二章

一生忠佐

∨

20 岁的他，
英姿勃发，
聪颖好学，
父亲认定这个儿子是可教之才，
希望他饱读诗书，
光宗耀祖。
然而，
马白山的心已经不在安静的书桌旁了。

1/ 不当学子当赤子

1927年冬。

通往澄迈县马村的路上走来一个青年学生，他中等身材，面庞瘦削，步履轻快。他就是刚刚中学毕业的共产党员马白山。

田间暖阳高照，青苗点点；港湾里波平浪静，海鸥翱翔。就要到家了，马白山兴奋地加快了脚步。

这一年马白山整整20岁。他原名叫马家声，生于1907年3月30日，按照当地习俗，孩儿出生12日后必有其名。“吃十二日”那一天，父亲马汉磷希望儿子今后成名得志、声振四方，便给孩子起个名，叫马家声。

父亲务农为生，农活不忙时做点小生意。马家虽然世代以农为生，但重文尚教。马白山刚5岁，父亲就早早将他送进私塾“开蒙”。随着年龄增长，他的求知欲越来越强烈。马村靠海，交通闭塞，教育落后，读私塾已难达其宏愿。他早求父亲，晚缠母亲，要求到正规的学校去学习。马家家境小康，望子成龙的父亲将14岁的马白山送到30里外的白莲乡就读。马白山如鱼入水，努力奋进，读完了高小，又

马白山（1907—1992）

以优异成绩考进了琼海中学。在琼海中学，马白山学习成绩优秀。转眼到了毕业之时，20 岁的他，英姿勃发，聪颖好学，父亲认定这个儿子是可教之才，希望他去外边上大学，饱读诗书，光宗耀祖。然而，这只是父亲的一厢情愿，马白山的心已经不在安静的书桌旁了。

马白山的青少年时期，琼崖正处在一个灾难深重的时代。辛亥革命后，琼崖的政权先后落入各系军阀手中，连年军阀混战，致使海岛满目疮痍。特别是龙济光、邓本殷统治时，琼崖陷入更深的灾难。官逼民反，陈侠农、陈继虞先后领导琼崖人民武装进行长期的反军阀斗争。当时，马白山的大哥马家璧就加入了陈继虞领导的民军，与反动军阀战斗。1925 年民军领导人陈继虞因试制炸弹失事身亡，马家璧在与敌作战中也不幸牺牲。他们敢于斗争、不怕牺牲的精神在少年马白山心中留下了深刻的印象。

1925 年春，马白山高小毕业，就读琼海中学。共产党员在这所学校里十分活跃，马白山听他们宣讲“打倒恶霸列强、争取民族独立”的道理，使他认识到：男子汉大丈夫理应有所作为，“为国捐躯，解救人民”，人生才有意义。此时正值国共两党第一次合作，革命形势飞速发展。1926 年初，国民革命军渡琼消灭了邓本殷的部队，推翻了军阀的黑暗统治。同时，中共广东区委派了一批党、团员骨干来琼工作，建立了中共琼崖地委，琼崖的工人、农民、学生、妇女等革命群众运动汹涌澎湃。在学校中，各种革命刊物在青年学生中间广泛流传。杨善集、王文明等经常到学校宣传马列主义和俄国十月革命的意义。马白山深受革命思想的熏陶，这年冬天，他怀着投身国民革命的热情，加入了中国国民党。

1927 年 4 月 22 日，国民党琼崖当局步蒋介石的后尘，实行“清党”，大肆捕杀共产党人和革命群众。一时，白色恐怖弥漫全岛。马白山亲眼目睹国民党右派背叛革命的罪恶行径，特别是看到自己所认识的许多共产党员、共青团员和进步学生，有的被捕杀害，有的被迫离校，而一些反动学生则趾高气扬地带着军警搜查学校，残害进步学生，愤恨不已。严酷的现实，在马白山的心头蒙上一层沉重的阴影，作为一个国民党员，他感到万分懊悔和失望。今后的路该怎么走？马白山觉得自己站在了十字路口，四顾茫然。

正在这时，他的同班同学李兴佑真诚地向他伸出了热情的手，与他一起探讨革命前途的问题。经过多次的交谈，马白山方知李兴佑是中共地下党员，于是向他表示了加入中国共产党的愿望和要求。1927年9月的一天，李兴佑来找马白山，慎重地提出愿意介绍他参加共产党。马白山心情万分激动，紧紧地握住对方的手说："谢谢你帮我实现了愿望。"次日，李兴佑带他到校外参加了琼海中学党支部大会，会上举行了马白山入党宣誓仪式，大家很信任他，推选马白山为党支部委员，分管宣教工作。马白山成为一名光荣的共产党员，只觉得脚下有一条光明大道通向远方，他格外振奋，立刻投入工作，和同志们昼夜秘密编印传单，揭露国民党反动派的罪行，号召人民群众起来推翻国民党、蒋介石的反动统治。

中学毕业后，他按照组织的指示，毅然放弃投考大学，回到家乡马村，在村里小学任教，兴办农民夜校，一边教农民学文化，一边进行宣传活动。不久，他秘密组建了中共马村支部，并担任支部书记；在夜校里，发动20多名青年农民成立了马村农民协会。随后又经5个多月的努力，在澄迈第四区建立起5个党支部，发展党员30多人，并在此基础上成立了澄四区委和区红军分队，马白山任区委书记兼区红军分队长。

就这样，马白山违背了父愿，放弃了学业，不当"学子"当"赤子"，怀着宏伟的抱负，走上救国救民的大道。

然而道路是曲折的。1928年蒋介石派蔡廷锴率部渡海，镇压琼崖革命，斗争又转入低潮。当时，由于马白山已成为敌人注意的目标，因而组织决定让他暂时离开澄四区，派他去江西苏区学习。

1929 年 9 月，马白山抵达上海，因当时从上海到江西苏区的交通线被敌人重重封锁，沪西区委书记征得马白山的同意，改派他去南京中央军官学校学习军事。马白山进入中央军官学校学习一年之后，面临身份暴露的险境，于 1931 年底离开南京军校返回上海，在沪西区委工作。

马白山身在上海，心里却时刻惦念着琼崖的革命斗争。1932 年夏，他向沪西区委提出返琼参加斗争的要求，很快得到党组织的支持和批准。

秋天，他告别上海，取道广州返回海南岛。

由于一时找不到党组织，1932 年 5 月，马白山经进步人士史丹介绍，来到昌江县墩头村县立二小当教员。这是一所当地进步知识分子筹办的平民小学，有很多渔民子女在此读书。墩头村临海，是一个小渔港。马白山来到学校后，发现有些教师和高年级学生还对国民党抱有幻想，对共产党则了解不多。于是，他仔细思考了一番，行动起来。他在课上给学生讲农民起义、推翻封建王朝的历史，介绍祖国的大好河山，绘声绘色地讲述民族英雄的故事。当年的学生还记得，他在黑板上画出镰刀和斧头，告诉学生，劳动者才是世界的主人翁；他还画了一幅画，人生三阶段：出生，成长，死亡。然后启发学生，怎样生活才有价值、有意义。很快，这位马老师就受到学生极大的欢迎，方圆数十里的乡民都知道学校来了个有学问的马老师，纷纷把孩子送来，学生从 100 多人迅速扩大到 400 多人。学校也很高兴，让马白山担任了好几门课：国文、历史、地理、数学、体育。马白山乐此不疲，他上完课，还训练童子军，带着学生排演街头剧：《放下你的鞭子》、《五卅惨案》。学校面貌一新，学生的思想在悄悄发生着变化。

昌江一直没有建立我党的组织，是个空白。马白山暗暗物色了一部分进步教师和高年级学生，把他们领到自己的小屋，给他们讲《共产党宣言》、《入党须知十则》，把红色的种子播下去。后来，马白山的堂哥马秋江在上海做地下工作时被捕入狱，昌江二小以学校名义将他保出，马秋江也来到这里教书。他多才多艺，搞得有声有色。这一带百姓都在传，学校有大马、小马两位马老师，是孩子们的福气。

以教书为掩护，马白山成立了昌江二小党支部。1936 年，他又在英显村、四更村、昌义村建立了党支部。1937 年 8 月，中共昌感县委成立，马白山当选为县委委员，14 个支部中有 10 个是马白山亲自建立并领导的。共产党人是播种机，再贫瘠的土地经过他们的耕耘，也会五谷丰登。

2／围攻那大镇

七七事变后，中共琼崖特委坚决执行党中央提出的抗日民族统一战线政策，1938 年 10 月，在广大群众强烈要求抗日的压力下，国民党当局被迫接受了我党提出的原则，达成谈判协议。根据协议，于同年 12 月 5 日，琼崖红军游击队在琼山县云龙墟改编为“广东民众抗日自卫团第十四区独立队”，冯白驹任队长，马白山为副队长。

1939 年 2 月 10 日，日本侵略军占领海南岛。独立队在琼崖特委领导下奋起抗敌，大大地鼓舞了琼崖人民的抗日热情，纷纷要求加入抗日队伍。3 月，独立队扩编为独立总队，马白山任独立总队副总队长。历史将他推入波澜壮阔的抗日战场，抗日烽火中，他迅速成为琼崖人民抗日武装力量中一位骁勇善战的悍将，成了冯白驹最得力的助手。

琼岛血浪滚滚，腥风阵阵，日军向琼文抗日根据地“扫荡”，国民党由“限共”发展为公开反共，琼崖抗战形势日益复杂。琼崖特委和总队部为了更好地领导全琼的抗日斗争，计划向琼西地区发展、到敌人力量较薄弱的琼崖西部开辟相对稳固的山区抗日根据地。然而，日军在5月占领那大后，已卡住了进入黎族、苗族山区的重要关口，对我们开辟琼西山区抗日根据地形成了巨大障碍。

10月初的一天，在特委驻地，冯白驹交给马白山一个艰巨的任务：由马白山率第三大队对驻那大的日军发动猛烈袭击，攻克那大，为拓展琼西山区抗日根据地扫除障碍，为特委、总队部战略西迁创造条件。冯白驹问：“有什么困难吗？”马白山双目炯炯，坚定地说：“依靠群众，大困难可以变成小困难，小困难可以变成没困难，我们保证完成任务！”冯白驹点点头，说：“攻克那大，不是单纯的军事行动，而是牵一发动全局的重大战略问题，所以，务必谨慎。只能胜，不能败。”

马白山离开琼东根据地，晓行夜宿，翻山越岭，朝琼西地区进发。

到琼西南后，他找到第三大队，又与儋县县委取得了联系。马白山向大队长张开泰、政训员陈石和儋县党组织传达了特委和冯白驹的意图。几个人分析，认为澄迈、临高、儋县、白沙等县相毗邻的山区，地形险要，粮草丰盛，对于建立相对稳固的根据地是适宜的。日军在那大驻有重兵，正对周围农村加紧武力控制，迫使群众成为顺民。为了实现特委和总队部的战略决策，马白山提出将部队开进那大周边地区，在当地党组织配合下，先把群众发动起来，建立起那大周围的游击区，对那大之敌形成包围之势，最后消灭那大守敌。

他的意见得到了第三大队、当地党组织领导人的支持，特委、总队部也批准了。

10月上旬，马白山率领三大队前往那大镇外围的清平、洛基乡，组织群众工作队，了解情况，发动群众，做围攻那大的战斗准备。他特意吸收了会说当地方言、原在那大镇进行抗日宣传活动的青年学生符志行、羊德光加入随军工作队。经过调查了解到，那大是琼西重镇，是日寇深入琼西腹地的孤立据点，住着日伪军300多人，而我军虽说是一个大队，但武器多是些单响、双套筒之类的步枪，加上又是新区，没有群众基础。那大周围共有8个行政乡，乡民深受兵匪为患之苦，乡民多数私备武器以防抢掠。如果把他们发动起来，组成一支抗日力量，是十分可观的。日军占领那大镇后，经常四出抢掠财物，群众饱受日军烧、杀、抢之苦，抗日热情甚为高涨，连一些国民党的乡政人员也强烈要求抗日。综合这些情况，马白山反复思索，他的思路越来越清晰：能不能拿下那大，发动群众是关键。他和第三大队领导研究决定，与各乡串联，组成以第三大队为主体的统一抗日武装力量，制订军民联合围攻那大的作战计划。

但是，当地群众由于长期受封建的宗族观念的支配，再加上坏人的挑拨，经常因些小事情发生械斗，想把他们团结在一起，共同抗日，真是难上加难。马白山意识到，要组织发动群众起来抗日，首先就要教育群众放弃私仇，停止械斗。陶江乡和洛基乡紧挨着，打得最凶。他打听到陶江乡有个叫李正的农民，性情强悍，讲义气，每次械斗，都是由他牵头。马白山决定先把他说服。

马白山找到李正，开门见山地告诉他：总队要打日本了，少不了老百姓的支持。兄弟，你们因为一点小事就打得头破血流，损财害命，对谁有好处？别打了，大家一起抗日，一起打日本吧。李正听了，苦不堪言地说："打冤家，我也知道没好处，谁家愿意死人啊。可一个巴掌拍不响，要停下，得看洛基乡的陈亚公肯不肯。"

马白山又去找陈亚公。陈亚公是个50多岁的农民，身材高大，有一身好功夫，50斤重的大刀，抡起来寒光闪闪，虎虎生风，人称武二郎，方圆几十里无人不知。械斗也害苦了他，春天，因为与紧邻的陶江乡稻田争水，和陶江乡发生械斗，双方都死了人，还被国民党县政府罚款2000元，害得几家倾家荡产，陈亚公也被迫卖了自己仅有的两亩水田。

谈起往事，陈亚公不住地唉声叹气，又怒气难消。听马白山提出停止械斗，团结抗日，他一时转不过弯来，气冲冲地说："我活了50岁，打了40年冤家。马大队长，不是我驳你面子，陶江人不低头认错，我咽不下这口气！"

马白山听得出，他这硬邦邦的话里有矛盾、有痛苦，此事不能急。

马白山不厌其烦，一次次劝说陈亚公，给他讲团结抗日的道理，陈亚公对马白山的循循善诱渐渐听得进去了，但仍没有表明捐弃前嫌、团结抗日的态度。

这天，马白山邀请了开明士绅、陶江、洛基乡的乡长、陈亚公、李正等人举行了攻打那大重镇的协商会议。

马白山说："大家都是同胞，现在大敌当前，日寇打到我们家门口来了，威胁着每一个人。我们共产党主张团结抗日，不分彼此，只要是中国人，就该一致对外。今天请大家来，就是共同商量该怎么对付那大的日寇，大家说说吧。"

沉默了一会儿，李正站起来激动地说："马大队长讲得对，咱们不要再打冤家啦，要掉转枪口，齐心打日本鬼子。"李正说出了陶江乡百姓的共同心愿。陶江乡的代表都点头表示同意。

可洛基乡的人却沉默不语，面面相觑，一起看着陈亚公的脸色。陈亚公不说话，低着头，像是在想什么。坐在一旁的洛基乡国民党乡长开口了："这年头，土地爷掉到井里，谁也顾不了谁，有什么团结可谈。陶江乡的人因为欠了洛基乡人的血债，当然想和好了事；但洛基乡的陈亚公他们不是好锄的软土，谁甘心低头呢？"

马白山立刻听出他不怀好意。原来，这个乡长是想趁着农民械斗从中渔利。马白山正要开口，忽听身旁一声怒喝：

“住口！”大家转头一看，原来是陈亚公说话了。只见他站起身来，紧攥拳头，两眼喷火：“好啊乡长，你昨天还对我说陶江乡誓死不与我们和解，原来都是你在捣鬼啊！”陈亚公昂起头，豪爽地表示：“乡亲们，我听马大队长和同志哥的，同意停止打冤家，共同打鬼子！”

众人纷纷叫好。

说到围攻那大镇，洛基乡乡长又插话了：“日本人可厉害啦，政府的保安团和游击队都顶不住，我们这些乌合之众，破刀烂枪，能顶个屁用！”

马白山站起来，双目圆睁，盯着他严厉地说：“保安团和县游击队的底子，我们全知道。日寇进驻那大时，他们吓酥了骨头，一枪不发，就溜进山沟里去了。日本鬼子没什么厉害的，我们与他们较量过。今天，只要我们大家一条心，完全可以把日本鬼子打败！驻在那大的日伪军虽有 300 多人，但独立总队有第三大队，还可以将那大周围几个乡几百支步枪和几千支粉药枪组织起来，配合作战，那大据点的敌人是可以战胜的！”

大家听了马白山的话，情不自禁鼓起掌来，信心倍增。陶江乡和洛基乡的农民在抗日的大旗下并肩站在了一起。

经过充分协商，成立了围攻那大行动委员会和指挥部，由马白山任行委主任和总指挥。会议决定各乡组织一个步枪中队和一个粉药枪大队，每乡设一个粮食供应站、一个交通联络站和一个医疗救护站。筹集充足的粮食以备战事所需。

根据统一部署，10 月 21 日起，指挥部发动群众罢市；组织游击小组，占领那大周围路口的有利地形，监视从那大出来的敌人。各乡发动男性青壮年，收集民间武器，建立农民武装大队，所有准备工作要在 11 月初完成。

11月初，各乡民兵1500人，三大队200多人，儋县县委领导的抗日武装200多人，持粉药枪的群众2000多人，共计4000多人，都做好了战斗准备。

指挥部发出了围攻那大的战斗命令，各路人马迅速行动起来。各乡武装群众和民兵封锁进出那大的所有通道，阻挡进者，扣留出者；派武工队潜入市区了解敌人的动态；破坏儋县县城新州到那大的公路；那大周围各乡乡政人员清查户口，严防奸细活动，严密封锁消息。主要兵力则利用有利地形伏击出动的敌人。

夜间，在那大周围吹号、鸣枪、呐喊，造声势，并组织突击队潜入城里袭扰敌人，进行佯攻性袭击，迫使敌人时刻处于高度紧张状态。那大四周全是山区，地形掩蔽，虽有敌机在上空盘旋也难起作用。

围攻那大战斗开始后，军民按照指挥部作战部署，采取日困夜攻的战术，战士和群众斗志昂扬，越战越勇，而敌人则陷入了供给断绝、神经高度紧张、疲惫不堪的境地。驻在新州的日军不知底细，不敢前来增援，那大的日军更是孤立无援，惶惶不可终日。

一天早上，马白山来到阵地上拨开树枝，朝日寇固守的炮楼望去，只见一个日本军官正用望远镜瞭望。他从传令兵手中取过枪来，递给陈亚公，悄声说："细心地瞄，对准脑袋打！"

陈亚公接过枪，把枪口伸出树丛。"叭"的一声枪响，日寇军官应声而倒，一头栽在炮楼上。几个日军跑来抬扶，陈亚公又放了一枪，又有一个日军倒下了。其余日军吓得赶忙躲起来。

事后才知道，这个被击毙的日本军官是日本皇室的人。战后，他的妻子专门到那大为其立了一块碑，碑上刻有"镇魂"二字。这块石碑成了日寇侵略中国的历史罪证。

11月中旬，我军连续发动了数次较大规模的佯攻，使得那大日军惊恐万状。一天下半夜，当我军再次发起佯攻时，日军以为是总攻，吓得丢下据点，夺路突围，仓皇向新州逃窜。数千军民当即冲进那大镇，声势惊天动地。未来得及逃跑的一个伪军中队被团团包围，全部投降。

我军收复了那大镇。向新州逃窜的200多名日军，第二天早上又遭到儋县县委领导的抗日游击队和群众的伏击，被打得溃不成军，弃下10余具尸体，落荒而逃。至此，长达10天的围攻那大战斗胜利结束。

围攻那大镇是琼崖抗战初期规模最大、历时最长、影响最广的一次战斗，是一曲军民团结抗战的凯歌。

3／电波永畅

在没有电台以前，琼崖特委依靠交通员和上级党组织联系。自1932年向母瑞山撤退开始，联系中断，冯白驹几次派人去香港、上海寻找上级组织，寻找党中央，均无结果。直到1937年才恢复了联系。为了加强对琼崖的抗日斗争等工作的全面领导，党中央曾多次指示广东省委和八路军驻香港办事处帮助琼崖解决电台问题。1939年8月，经周恩来多方联络，八路军驻香港办事处克服重重困难，运送一部15瓦手摇收发报机到琼崖。琼崖电台组建起来后，很快和中央延安电台取得联系。1940年1月26日，党中央指出："琼崖要有三部电台，并以一部与中央联络。"为此，八路军驻香港办事处又购置了一部75瓦电台和15瓦收发报机，于8月运抵美合根据地。

冯白驹对电台工作极为重视。他曾挑选几个党员干部，办了一期报务训练班，学习了两三个月。后来，他又亲自从特委第四期党校学员中挑选电台工作人员。冯白驹说："我们远离党中央，过去就像孩子离了娘一样。现在好不容易有了电台，我们要好好珍惜和利用啊！"

电台和报务训练班开始是随总队驻在一起，日军飞机轰炸美合后，为了安全和保密起见便搬到了香山岭。香山岭山高坡陡，电台就设在半山腰一块较为平坦的地方，周围茅草丛生，除了冯白驹等主要领导人和有关人员外，其他人员一律不得进入。为了安全，冯白驹还让人在一些隘口险地修筑了工事。

美合事变发生后，特委、独立总队机关撤出美合根据地时，因大电台笨重，声音大，汽油又难以保证，特委便决定把它暂时隐蔽起来。于是又开始使用手摇式备用电台。

电台跟随部队辗转移动。为了避开敌人的骚扰和袭击，战士们白天把收发报机装在水缸里，或是埋在地下，到了夜晚才取出来。他们工作时格外小心，生怕灯光暴露目标。收报工作只能在山坡上进行，他们把树枝或木头搭架起来当作桌子用。抄报的时候必须注意力高度集中，手脑眼并用，稳坐不动地操作，因为小小的震动会使机器变声。山中蚊子和蚂蟥很多，为了更好地收报，只能听任蚊子叮咬，山蚂蟥经常爬到脚上、爬进裤管，将腿脚咬出血来。有时，山上会突然下雨，他们就脱下衣服盖在机器上，为了保护机器，任凭风雨吹打。

1941 年 6 月 7 日，林荟材率 3000 人向琼文根据地进犯。特委领导机关迅速转移。总队管理科长陈玉清带领后勤人员和电台，由女子警卫排掩护转移，途中与顽军遭遇，陈玉清中弹牺牲，无线电收发报机也遭损失。从此，琼崖特委与党中央电讯联络中断。冯白驹痛心至极，他曾检讨说：“这次突然遭敌进击，失去电台，使我们和中央无法联系以取得领导，这对海南革命斗争来说，是一件很大的损失。我们非常痛心，责任应由我来负。”

5 年后，1946 年夏秋间，广东区委遵照中央指示，派东江纵队电台干部到琼崖帮助恢复了电台的联络工作，冯白驹曾亲自兼任电信科长，可见他有多么重视。1946 年 9 月的一个深夜，琼崖电台终于与延安电台接通，冯白驹像走失的孩子回到母亲身边一样，兴奋得一夜睡不着觉。那两天，整个领导机关都沸腾了，冯白驹特许杀猪加菜，当天晚上还开晚会庆祝。没有经历过惨烈的斗争，没有孤悬海岛极少外援的处境，是不会理解他们的心情的。

解放战争时期，琼崖纵队得到了发展，有了好几部电台。各级领导对电台都十分重视，往往是由最高领导直接负责。琼西电台及工作人员是1947年5月从白沙红毛乡琼纵司令部跟随参加中共琼崖五大的代表杨少民、李振亚到琼西来的。电台开始是由琼西地委书记杨少民直接领导，1948年初，马白山到西区任总队长兼政委、兼地委书记、行政专员，电台由马白山直接领导。

马白山抓电台工作，首先想到的是要加强党的领导。他把电台党小组编入总队机关党支部过组织生活。当时，琼崖党政军各级组织都在开展“三查”（查阶级、查斗志、查工作）、“三整”（整作风、整纪律、整制度）学习。马白山以身作则，以一名普通共产党员的身份参加电台小组学习。电台的人员都是出身于穷苦的劳动家庭，家家都有一部苦难史。可是开始搞忆苦教育时谁都不好意思开口，总是冷场。

马白山带头发言，讲海南岛历史上资本家对工人、地主对农民剥削、压迫的情形，启发大家，在他的带动下，人人争先恐后地发了言，都是含着眼泪讲出自己的家史，自觉地从思想上行动上投入了“三查”、“三整”运动。

那时候，电台确有个别人员工作粗心大意，抄译电报有时出现错漏，甚至不遵守工作时间，不遵守制度。在马白山的引导下，大家都讲出了心里话，自觉揭丑。马白山对大家说：“电台，是党的耳目，军队指挥的重要手段，机密单位，要害部门。党信任你们，你们要自尊自爱。今后还要加强政治学习，练好技术，努力把工作搞好。”

1949年初，全国战场上发生了令人鼓舞的重大变化，琼崖在秋季攻势取得胜利后，无线电的通信随着战争的全面性胜利普遍建立起来。但是部分人员也出现了麻痹大意的问题，南区的电台就被偷走了。马白山听说此事后，决定防患于未然，他从部队选调了7名政治可靠、身体强壮的武装战士，建立起电台保卫班。他把台长王禄贵叫去，对他说："人民解放军渡过长江，继续向南挺进，大陆不久就要解放，国民党的残兵败将，有一部分逃来海南岛，垂死挣扎，斗争环境可能更恶劣，不过这是'黎明前的黑暗'。"顿了顿，又语重心长地说，"禄贵同志，你的电台要完善制度，依靠自己管好自己，自觉把工作做好。"

王禄贵回去后，立刻按照马白山的指示，和其他同志一起研究制定出一份细致的工作守则，又交给马白山审批，马白山仔细看过，在旁边加上"注意保密，勿犯自由主义"一条。

1949年，五指山区已经解放，为了减轻人民的负担，区党委指示开展生产节约运动，规定每人每天劳动的时间一小时至二小时，自产蔬菜、杂粮、肉类，西区领导机关在马白山的带动下，开荒山，种山栏（稻）、玉米、木薯、地瓜，养鸡、养猪。电台昼夜值班，通报、抄报新闻，工作繁忙，马白山非常理解，他通情达理，爱护部下，不是死抱教条的人，在动员生产的会议上他专门向大家说明了情况，免去了电台人员的生产指标。

在马白山的关爱和领导下，电台的工作作风有了根本的转变。

1949年7月，马白山作为华南解放军代表去北平参加全国政协会议和开国大典。从9月开始，全国政协会议在北平召开，毛泽东主席致开幕词，中央各领导人讲话，组织原则、共同纲领等重要电报很多。电台工作人员抄收翻译轮流上机，每天工作时间几乎长达20多小时，"嘀嘀嘀嗒"的电台信号不时地在他们的耳边响着。听着不断传来的令人喜悦的消息，想到他们的首长马白山就在北平，报务员每抄完一则重要的电报，内心都感到莫大的自豪。

4/将军真情

熟悉马白山的人都知道，他性格内敛，话不多，为人忠厚笃诚。马白山这辈子在两件事上最易流露真情，一是对枪，二是对兵。

1945 年日寇投降前，在第四支队驻地儋县大石山上空，一架日本飞机被盟军击落，一头栽进山沟里。马白山立刻吩咐战士抢在日军之前把飞机找到，将能拿的东西拿回来。战士们熟悉地形，很快找到飞机残骸，等日军赶到，什么都没有了，只剩一堆焦土。

战士们欢天喜地地扛回来一挺机枪。那时，琼崖独立纵队的装备很落后，机枪是大家公认的宝贝。当初马白山长途跋涉，来到琼西建立第四支队时，干部战士风传支队长会带来一挺机枪，结果马白山手里除了一根棍子什么都没有，令人大失所望。马白山知道了，也好像很对不起大家似的。这回捡回来个大便宜，全队都沸腾了。可是仔细一看，发现这挺机枪是飞机专用的，要靠电流击发，大家都有点泄气，高兴了半天，原来是个废物。马白山不信邪，不放弃，他决定把它改造一番。他不让别人插手，自己亲自上阵，和驻地兵工厂的机械师在一起琢磨。那一个月，马白山每天一头大汗，满手油污，泡在工厂把枪拆了装，装了拆，一心一意地改造机枪，终于让他们改造成了人工发射的武器。但是问题又来了，这挺机枪使的是飞机专用的子弹，没有子弹光有枪怎么办？于是马白山又和机械师钻研起来。经过努力，造出了适合它的子弹。这挺来历不凡的机枪后来在解放战争的战场上派上了用场。

战争中武器是重要的，但是更重要的是人，是战士，是人心。马白山历来爱兵如子。1946 年，国民党四十六军重兵进犯，第四支队化整为零，转战山区。那些日子异常艰难，从队长马白山到士兵，都是食不果腹，衣不蔽体，一个星期没吃过一粒米。一天，马白山带着第四支队领导机关来到乐墩山，天黑了，他们准备宿营。马白山让警卫员符振丰爬到树上观察地形，小符连日劳累，又饿着肚子，在树上一步没站稳，直通通摔了下来，躺在地上不省人事。马白山和夫人唐玲听到动静急忙跑过去，把他抱起来，给他浑身擦正金油，唐玲打开药箱，看了看，问："老马，就剩两支急救针水了，给他用吗？"当时部队非常缺药，针剂就更是珍贵。马白山毫不犹豫地打断唐玲："马上给他用，人都要死了，留着针水有什么用?!"打了针，小符慢慢醒过来。看他不要紧了，马白山又亲自给他们站岗放哨，让他们睡觉。小符感动得热泪盈眶。

1950年3月26日，琼崖独立纵队副司令员马白山和十五兵团四十军一一八师政治部主任刘振华率领着一一八师一个加强团，分乘81艘帆船，渡过大海，冒着枪林弹雨成功登陆。马白山为解放海南再立战功。

这样一位功勋卓著的将军，这样一个久经沙场的老兵，是怎样看待自己和别人的呢？

晚年，一天，他正埋头撰写纪念冯白驹的文章，警卫员陈阳看他那么认真，就半开玩笑地说："首长，您现在写文章纪念别人，以后我再写文章纪念您。"马白山没有笑，他放下笔，严肃地看着警卫员，一字一句地对他说："小陈啊，你如果日后真是个有心人的话，要写就写琼崖革命23年红旗不倒的历史吧！得多了解冯白驹、李振亚同志的事迹，让他们的英名流芳千古，我就放心了。"

第十三章

常胜将军

∨

战争年代，

波诡云谲，

“常胜”这两个字不是凭空而来的。

在战火中淬炼成钢的吴克之具备了超乎寻常的卓越品质，

才得到了历史奖给他的这个称号。

1/ 在党旗的引导下

1939年春天，红艳艳的三角梅怒放的时节，琼崖抗日独立队进驻树德乡。儿童团长吴之每天都在部队里串来串去，很快就和他们混熟了。他对一个人的名字发生了兴趣，他叫吴克之，是第三中队的队长。有一天，他忍不住问："你为什么叫这个名字？"吴克之是个大高个儿，他低头看看这个小兄弟，笑而不答。住在吴之家的冯白驹替他回答道："吴就是无，吴克之就是所向无敌、攻无不克的意思。"儿童团长听了，觉得这个大个子好厉害！

这个名字改得真好，吴克之后来被人们誉为"常胜将军"，他领导的支队被誉为"常胜支队"。更奇的是，他戎马一生，身上竟没有一块伤疤，连他自己也不禁笑着对妻子说："好像一次仗也没打过。"

然而琼崖人都知道，这位"常胜将军"是从枪林弹雨中杀出一条血路，出生入死走过来的。战争年代，波诡云谲，"常胜"这两个字可不是凭空而来的，它的前提是有正确的思想引导，有灵活机动的方法，擅于因地、因人、因时而易，危急时刻能妥善处理各种矛盾。在战火中淬炼成钢的吴克之正是具备了这样的品质，才得到了历史奖给他的

吴克之（1911—1985）

这个称号。

吴克之原名吴钟骅，1911年9月出身于海南岛琼山县演丰乡塘内村一个普通农民家庭。全家只有一间半瓦房，五亩田地。父亲吴明良曾参加过陈继虞领导的反军阀的斗争。吴克之5岁入私塾念书，12岁高小毕业。因父亲病故，家里无钱供他，不能继续升学，只得回家帮助母亲耕种。

13岁时，吴克之跟随外祖父到南洋去谋生。不料刚到新加坡，外祖父却不幸故去。他被迫流落街头，幸而得到同乡的帮助，才在一个橡胶园里当上了雇工。因为年龄小，力气也小，常受到工头辱骂。他不堪忍受奴役，一年后离开了橡胶园，转到马来亚一间杂货店当店员，但也同样遭到店主的百般虐待。这段经历使他认识了黑暗的殖民地社会，对殖民统治者十分憎恶。

1927年四一二反革命政变后，一些共产党员和革命青年辗转来到马来亚，在华侨中揭露国民党叛变革命、镇压群众的罪行，宣传共产党的主张和共产主义思想。吴克之常与那些革命青年交往，阅读各种传播革命思想的书刊，思想慢慢起了变化，萌发了革命志向。

在母亲多次催促下，吴克之回到了家乡结了婚。婚后不满3个月，吴克之又重返马来亚当店员。1929年夏，母亲不堪重负，离开了这个贫困的家，弟妹年小无人照顾，吴克之结束了3年海外游子生活，回到家乡。

秋天，他考进琼山县师范学校。他在学校里一边读书，一边参加进步活动，结果被学校以“赤化分子”之名开除。为了逃避国民党当局的追查，在一位亲戚的帮助下，他离家到广州谋求出路。迫于生计，他投身国民党第十九路军服役。1931年，被选调到国民党陈济棠部所属的广东燕塘军官学校学习。在军校学习期间，他结识了一些进步同学，参加了由共产党员符哥洛、陈彭治等组织的“汇众社”的抗日爱国运动，对共产党的主张有了进一步的理解。毕业后，他又被分配到国民党第十九路军担任少尉排长。1935 年冬，因为和一些思想进步的战友揭发一名连长的贪污罪行，遭到打击报复，被免职。

1937 年夏，他回到海口。七七事变后，琼崖海府地区的抗日救亡运动蓬勃发展。当时，吴克之在琼山县政警队任队长。当他得知老同学、共产党员符哥洛等被关押在琼山县监狱的消息后，便设法同符哥洛取得联系，给他传送书刊，传递情报，支持共产党员在狱中开展对敌斗争。经符哥洛介绍，党组织严格审查后，于同年 9 月批准吴克之加入了中国共产党。

为了斗争的需要，党指示他继续留在政警队搞地下工作。

就在这时，为了团结抗日，中共琼崖特委派代表与国民党琼崖当局就国共两党合作团结抗日问题进行谈判。由于坏人告密，特委书记冯白驹和夫人曾惠予遭到非法逮捕，关进琼山县监狱。党组织和琼崖各界爱国人士紧急呼吁，要求无件条释放冯白驹，但国民党当局不但置之不理，并且主张以“土匪头”罪名杀害他，情况十分危急。琼崖特委决定派符哥洛找吴克之设法营救。

吴克之趁敌人不备，来到六号监房，符哥洛向他传达了党的决定。危急关头，吴克之置个人安危于不顾，坚定地对符哥洛说：“冯白驹同志是琼崖特委的主要领导人，保护他在狱中的安全，我责无旁贷。放心吧，我坚决完成任务，接受党组织对我的考验。”

吴克之当时提出一个营救冯白驹的行动方案，如果敌人下毒手，他就率领一部分已经被他争取过来的政警队士兵保护冯白驹越狱逃走。这个方案得到了狱中党支部和冯白驹的同意。不久，经周恩来和叶剑英几次交涉，蒋介石慑于压力，指示国民党琼崖当局于同年 11 月释放了冯白驹。而吴克之却被国民党反动派怀疑上了，不久被撤职。

他按照党组织的安排，回到琼文抗日根据地参加抗日救国斗争。后来，冯白驹回忆起这段往事，感激地说：“克之是我被捕在狱中的保护人呢！”

1938 年 10 月，琼崖国共两党关于团结抗日的谈判达成协议，琼崖抗日民族统一战线正式形成。12 月初，琼崖工农红军游击队在琼山县云龙墟改编为广东民众抗日自卫团第十四区独立队（简称琼崖抗日独立队）。独立队有很多新兵，是刚刚扩招来的农民，在召开庆祝大会之前，独立队将训练士兵的任务交给了上过军校的吴克之。在很短的时间内，吴克之就把队伍训练得有模有样了。在庆祝大会上，吴克之声音洪亮地喊着口令，指挥队列十分标准、正规，我军战士虽然手里的武器不好，都是些汉阳造五响步枪、土造单响步枪，但精神面貌朝气蓬勃，步伐整齐，威武雄壮。国民党琼崖保安司令王毅很意外，不禁问：“指挥队伍的那个人是谁？”他的下属答道：“吴克之，是燕塘军校毕业的，他们的人。”群众中有一位绅士模样的老者，看着看着，不由得赞叹出声：“这才是克敌之军，国家真栋梁啊！”

吴克之担任独立队第三中队中队长，率部活动于琼山县的道崇、三江、苏寻三、云龙乡一带。他坚持抗日民族统一战线的独立自主原则，放手发动群众，广泛开展抗日救亡运动，两个月就从民间收集了 500 多支枪，成立了十四中队，为发展壮大自己的队伍创造了条件。此时，琼崖特委部分领导受到“一切为了统一战线，一切服从统一战线”的右倾错误思想影响，要求吴克之把收集来的枪和十四中队交给国民党第三区署。吴克之头脑很清醒，坚决抵制，他认为，十四中队现在的领导人是我党地下党员，但不能保证国民党不做手脚，事情如果有变，我们这样做岂不是给自己钉钉子吗？但上级的命令又不能不服从，于是，他凑了一些破枪上交了事。后来事态变化果然如他所料，这个中队被国民党控制了。

1939年2月10日，日本侵略军攻占海南岛。3月，琼崖抗日独立队扩编为独立总队，吴克之担任独立总队第二大队大队长。他指挥部队在罗牛桥伏击日寇，打破了“皇军不可战胜”的谎言；指挥第二大队的第四、第五中队化装袭击永兴日军据点；9月，又指挥第五中队配合第一大队在罗板铺公路伏击日军，全歼敌人10多名，毁敌军车一辆，缴获一挺轻机枪。1940年1月，琼崖特委和独立总队部命令吴克之率领第二大队掩护特委和总队渡过南渡江，西迁澄迈美合。当时，吴克之正发高烧，卧病在床，但他接到命令后，立即爬起来部署。可能是我军调集渡江船只被敌人发现，日军从琼山、定安出兵数百人，埋伏在南渡江两岸，从南北合围过来。危急关头，吴克之不顾自己重病在身，硬撑着率领第二大队的战士们节节阻击，顽强迎敌，直到特委机关和独立总队部安全转移后，才撤出阵地。但是他却病情加重，上吐下泻，全是血水，躺了半个多月才病愈。

2/灵活机智逞神威

美德村处于琼文抗日根据地的腹地，日军在这里设有据点，其目的是妄图分割我根据地，使美德同潭牛、大致坡两个日军据点互为犄角，互相配合，随时对琼文抗日根据地进行“扫荡”。这个据点的日军时刻窥视着琼崖特委和独立总队部机关的驻地——咸来、树德两个乡。美德据点是一根插在琼文抗日根据地的毒钉子，严重威胁着特委和总队部机关的安全。

冯白驹一直在谋划摧毁美德日军据点。1941年7月初，当他得知在美德至潭牛的公路上经常有两辆敌军军车往返的情报后，立即召开军事会议，研究作战方案。会上决定，集中第一、第二支队，采取伏击打援的战术，在美潭公路上分点伏击日军军车，再消灭美德、潭牛、大致坡日军据点出来的援兵。当时吴克之担任第一支队支队长，马白山任第二支队支队长，冯白驹任命他们为这场战斗的正副指挥。他们马上亲赴阵地考察地形。部下对吴克之说，那里是在敌人的眼皮子底下，支队长你不要去了，很危险啊。吴克之却说："不行呀，我当指挥的不到前沿观察敌情，不了解情况，做错了决定是要人头落地的啊！"

在美德，日军驻有一个分队，配有重机枪 1 挺、轻机枪 3 挺，武器装备精良。他们每天都与潭牛、大致坡据点的日军往来联络。三个据点的日军只要一方受到打击，其余两方都会赶来增援。根据敌人这一行动规律，吴克之、马白山决定把两个支队分兵三路，首先伏击美潭公路上的日军军车，诱敌出援，然后各个击破，将其全歼，拔除美德据点。

吴克之率第一支队埋伏于大致坡至美德公路之间的一个小高地上，准备伏击大致坡之敌。

7 月 4 日早晨，潭牛据点的日军 30 多人乘一辆军用汽车前往美德据点。日军相当狡猾，在行军途中，发现四周景色与往日不同，田地里没有一个老百姓干活，于是就在离第二支队设伏地点几百米远的地方下了车。他们不走公路，而是沿着路旁的树林，小心翼翼地搜索前进。

当他们发觉伏击部队后，立即组织火力，从第二支队后面发起进攻。

情况突变，马白山果断命令部队占据有利地形，一部分从正面迎击敌人，另一部分向西拉开，从侧翼打击日军。

吴克之见第二支队与日军的战斗已经打响，急速派出一个中队增援第二支队。潭牛的日军遭到第二支队和增援部队的阻击，被迫停止前进。

不一会儿，两辆满载日军的汽车从美德方向开出来，前后保持 300 米的距离，向我军阵地疾驰过来。支队长大喊一声："打！"顿时，阵地上枪声大作。前面那辆车上的敌人还没来得及跳车，就被射倒几个，其余的乱叫乱嚷，一个个像火烧屁股似的争着往下跳。后面那辆军车上的日军跳下来早些，脚一着地就没命地向公路两旁散开，机枪、掷弹筒猛射过来。架在车顶上的重机枪也吐出火舌。前面那辆军车下来的日军趁这当儿，也凭借着路沟和汽车作掩体拼命抵抗。一时间，日军的火力占了上风。

就在这紧急时刻，吴克之率第一支队增援部队赶过来。原来，吴克之凭着丰富的经验，断定最初的枪声不是我埋伏部队向敌人开火，紧接着美德方向也响起了枪声，吴克之估计是美德之敌出援了，如果不能及时阻击增援潭牛之敌，第二支队就难以应付。战场上瞬息万变，指挥员必须有能力在复杂的情况下迅速作出正确的判断，他当机立断，决定改变原来的打法，趁大致坡敌人尚未出动之际，留下少数部队警戒大致坡之敌，大部队紧急赶往美德方向。他命令部队占领坑尾村高地有利地形，打击增援之敌。此时日军也正赶来抢占高地。双方都拼命往高地上跑，展开了激烈的争夺。

我军战士像老虎一样冲上了高地。下面的日军疯狂扑上来，子弹呼啸着落到阵地上。战场上不是你死就是我活，谁能占据高地谁就有胜利的把握，两军都杀红了眼。日军凭借着密集的机枪火力掩护，一次次发起冲击，一次次被击退。阵地上烟尘一片。经过两个小时激战，美德据点的增援日军全部被歼。

在潭牛方向，第二支队与敌人激战一个小时，击退救援美德之敌。日军丢下十几具尸体，狼狈地缩回潭牛据点。

日军随后调遣潭牛、大致坡、文昌、海口等地的数百名日军，在一架飞机和坦克的配合下前来增援，寻找独立总队主力决战，而这时我军已迅速撤出战场，敌人扑空。这一仗之后，美德据点日军唯恐孤军深入，再次被袭，灰溜溜地撤走了。这颗插在琼文抗日根据地的毒钉终于被拔掉了。

战斗结束后，吴克之才得知，他的妻子、护士黄梅香为救护伤员，在坑尾村高地争夺战中中弹牺牲了。

美德之战沉重地打击了日军士气，极大地鼓舞了抗日军民的斗志，显示了吴克之勇敢机智、决断迅速、善于应变的军事指挥才能。

琼崖的抗日战争是一场人民战争，为了保卫自己的家园，不当亡国奴，琼崖的广大群众积极投身到汹涌澎湃的抗日洪流中，琼崖抗日独立总队里的少年连就是洪流中的一朵浪花。

抗日战争开始后，很多少年报名参军，他们有的是受父兄的影响，有的是家里被日本鬼子害得家破人亡，虽身不及枪高，却也怀着对日寇的深仇大恨，加入了独立总队。1941 年，冯白驹把队伍中 13—17 岁的少年战士挑出来，组成特务连（少年连），交给吴克之，培养训练他们。吴克之对这些年轻人倍加爱护，给他们上政治课，讲历史，学文化，讲解毛泽东关于持久战的论述；上军事课，用部队活生生的战斗事例做教材，教他们游击战术。这些小鬼聪明，灵活，勇敢，很快就学以致用，立竿见影，他们分成排，大打麻雀战，偷袭日军，搅得敌人日夜不得安宁。日军最恨他们，扬言要把他们吞掉，可是却连他们的影子都摸不到。

太平洋战争爆发后，日军调集兵力转移战场，在琼崖加强了防御。吴克之得到情报，驻守在才坡的日军连日在海边修据点，强迫老百姓给他们搬石运土，平地挖井。日军对老百姓的警戒很松，出入皆不搜查。为了赶进度，日军士兵也参加劳动，随身不带武器，枪就放在屋子里。吴克之听说了这一切，觉得这是个好时机，出其不意，攻其不备，胜算在握。工地上的劳力有不少半大孩子，吴克之想，参加战斗的合适人选莫过于特务连。他挑选了十二三个小战士，由连长张积成带领，扛着锄头挑着筐，一大早儿人不知鬼不觉地混了进去。守门的日本兵看到今天来的民工多，咧嘴笑着：“大大的好！”他们一边干活一边观察，发现这边只有一个鬼子在屋子里守着电话，另一个鬼子在放哨，其余的鬼子都在海边挖井。小战士们互相使个眼色，突然冲进屋子里，杀死守电话的鬼子，夺了放在屋子里所有的重机枪和步枪、手榴弹。站岗的鬼子一见大事不好，急忙开枪，一个小战士抄起一支新缴获的三八大盖，一枪击毙敌兵。在海边的日军听到枪声，赶忙往回跑，哪知半路上早有奇兵埋伏，打个正着。前后几十分钟，战斗结束。等到下午两车日军晃晃悠悠开到这里，哪还有人影？

吴克之指挥战斗从不教条，不同的战斗要根据当时当地不同的条件采取对策。解放战争时期，吴克之挥师南进，围攻石碌矿山。这个矿山是日军占领琼崖时开采的一个铁矿，所在地石碌也是琼西南地区的一个重镇，国民党白沙县政府就设在这里。防守这个据点的敌军有400多人，地形复杂，工事坚固，易守难攻。吴克之采取军事和政治攻势相结合的办法对敌发起进攻。拂晓，我军发起攻击，很快就扫清了矿山外围之敌，占领了制高点，把敌人团团包围起来。但敌人拒不投降，凭借碉堡与我军对峙。吴克之得知被围困的敌白沙县县长赵克刚是我第三总队工兵连政治指导员赵子平的亲生父亲，便决定开展政治攻势，瓦解敌人。他和赵子平一起在前沿阵地喊话，敦促赵克刚不要继续与人民为敌，赶快放下武器，争取宽大处理。赵克刚听了亲生儿子的喊话，不能不动心，拼死一搏的念头动摇了，最后，受到我军“放下武器，一个不杀”的政策感召，终于决定弃暗投明，放下了武器，带着100多名官兵，一个接一个举手走了出来。

3／危急时刻见定力

1942年5月，日军调集6000多兵力，在飞机、坦克、装甲车的配合下，分东、南、西三路向抗日根据地进行规模空前的“蚕食”，叫嚣要在“三个月内消灭海南岛上的抗日力量”，使海南岛成为日本在南太平洋上“永不沉没的航空母舰”，以支持太平洋战争。琼崖抗日战争进入了最艰难的岁月。

为了粉碎日寇的“蚕食”，击退国民党顽军的进攻，中共琼崖特委动员所有的力量，冲破一切困难，粉碎日伪顽的进攻。吴克之率领的第一支队紧紧依靠人民群众，开展麻雀战、伏击战、袭击战、地雷战，大打人民战争，取得了一次又一次胜利，先后在琼山县的大致坡、永兴、塔市、灵山、大林等地沉重打击了日伪军。

10 月，日军出动 4000 多人，在顽军的配合下，向琼文抗日根据地发动更大规模、更加残酷的“蚕食”和“扫荡”，妄图消灭琼崖特委和独立总队部首脑机关。

1943 年 3 月，琼崖特委作出了“坚持内线，挺出外线”的重要决策。吴克之坚决执行特委的这一决策，决定将第二大队留在琼山县继续坚持内线斗争，支队主力跨过南渡江，开辟儒万山抗日根据地。

儒万山是海南岛上的一座死火山，当地农民用一块块熔岩垒成围墙，围起耕地，围墙交错，是很好的屏障。这里灌木成林，没有公路，易守难攻。吴克之率领部队渡过南渡江，进入儒万山地区。山里长期盘踞着吓歪三（原名吴玉明）等三股土匪，都是半农半匪。吴克之认为，部队要想在这里站稳，首先要努力争取他们持中立态度，他多次派干部去找吓歪三谈判，给土匪讲抗日的道理，要求他们团结抗战，与我军友好往来。吓歪三虽打家劫舍，但还是同情抗日的，几经争取，他同我军签订了四条互不侵犯的协定。这样，我军排除了建立儒万山抗日根据地的障碍。

不久，日军尾随而来，他们采取“圈桶”战术，每隔几公里就建起碉堡，严密封锁，我军粮食和医药面临极大的困难。日军在山路上撒下毒药，我们的战士行军时，脚沾上有毒的露水，就开始溃烂，然后就发疟疾，拉肚子，危及性命。在无粮无药的情况下，有人动摇了，有人退缩了，干群关系也出现了问题，非战斗减员相当严重，每个中队仅剩下 40 多人，部队情绪产生很大波动。

内忧外患考验着吴克之。"常胜将军"意味着不仅要会跟敌人打仗，还要会管理自己的部队，掌控官兵的情绪，否则就不可能"常胜"。在错综复杂的矛盾面前，吴克之很冷静，他慎思，明辨，笃行，一方面想办法派人去买粮食、买药品，解决饿肚子和治病等实际困难，另一方面在部队内部开展教育活动，干部斥骂战士的现象得到遏制，简单粗暴的作风改变了，干群关系大大改善，稳定了部队的思想情绪，增强了内部团结。

接着，吴克之着重开展三个方面的工作：一、派出大批武工队，配合地方干部整顿和恢复被敌人破坏的区、乡党组织和抗日民主政权，帮助地方建立常备队和民兵，开展抗日武装斗争，发动青年参军，补充部队；二、从政治上、思想上整顿和教育部队，主要是总结一年多来在反"蚕食"、"扫荡"斗争中部队的政治工作和管理教育的经验教训，进一步提高干部的管理教育水平；三、抓紧战斗间隙进行军事训练，苦练杀敌本领，开展缴获敌人机枪的竞赛。

这些工作使部队一度涣散的面貌发生了变化，官兵重新振作起来。

"修身，齐家，治国，平天下"——这是中国有识之士自古以来的信条，而"修身"被摆在第一位，自有道理。整顿干部作风，疏导干群关系，吴克之一直都在以身作则，他自己就是爱兵的典范。刚到儒万山时，部队非常困难，没有粮食吃，他和士兵一起吃野菜、野果。直到后来海南岛解放之前，他已经是纵队副司令员了，和战士的伙食依然一样，一碗番薯粥，一盘酸菜咸鱼。他的警卫员吴利发不满 16 岁跟了他，戎马倥偬，他还在百忙中抽出时间，教警卫员认字，规定他每天必须认三个字，这位严格的老师不管多忙，每天都给他批改。有一天警卫员没完成作业就睡觉了，吴克之硬是把他叫起来，批评了一顿，监督他写会了三个字才罢休。解放后，吴克之又亲自把他送进了军事学校。

榜样的力量是无穷的。在吴克之的引导下，部队团结作战，英勇反击敌人，经过几个月的艰苦努力，儒万山抗日根据地日益巩固。同年秋，吴克之又指挥第三大队向澄迈县美厚乡的六芹山进军，在那里建立了新的抗日根据地。

在艰苦卓绝的战争岁月，吴克之不断积累经验和智慧，充分展现了杰出的军事指挥才能。一次次临危受命，一场场游击战、运动战、攻坚战的洗礼，他成长为一个成熟的指挥员，10 年时间，由中队长、大队长、支队长、总队长直至琼崖纵队副司令员，一步一个脚印，在战火中成就辉煌。

第十四章

青山埋忠骨

∨

当前线的同志牵着李振亚生前乘坐的那匹战马，
护送着他的灵柩，
顶着绵绵秋雨，
跋山涉水，
从迢迢 200 多里之外回到毛栈时，
冯白驹不禁失声痛哭。

1/ 雄关漫道真如铁

20 世纪初，新旧桂系军阀统治着广西，在军阀和地主的双重压榨下，民不聊生。1908 年，李振亚出身在广西藤县一户贫苦的农民家庭。八九岁时父母先后去世，他跟着祖父苦熬日子。13 岁时他来到一家饭馆当杂工，洗碗洗菜，搬柴烧火，什么都干。17 岁时，又到梧州学了裁缝。在动荡的年月里，在艰辛的生活中，他尝尽酸甜苦辣。1924 年，广东成为中国革命的中心，紧挨着广东西部，与广州交通频繁的梧州受其影响，在中国共产党领导下，工农运动发展起来。年轻的李振亚也受到了革命思想的影响，开始思索自己的前途和命运。1929 年 3 月，蒋桂战争爆发，国民党和军阀之间矛盾重重，抓住这个机会，中共中央派邓小平、张云逸前往广西，建立起武装队伍。生逢其时的李振亚在南宁加入了张云逸领导的教导总队，进步很快，之后当上了广西警备营第四大队副官。1929 年，李振亚所在部队参加了由邓小平、张云逸领导的百色起义。起义后部队改编为红七军。同年，李振亚加入了中国共产党。

1931 年 7 月，红七军抵达江西兴国，划归红三军团。李振亚在

李振亚（1908—1948）

五十八团任副官，不久被选送到瑞金的中国工农红军学校学习。结业后留校工作。随着革命形势的迅猛发展，红军学校扩大成四所学校，1933 年，李振亚调到公略步兵学校任营长。在这里，他既是教员，又是指挥员，他自己动手制作教具，带着学员到野外进行军事演习。在短短一年里为红军培养了数百名干部，李振亚也被评为模范军事指挥员。这段经历，为他日后在琼崖六连岭根据地办学积累了经验。

1934 年秋，党内被王明“左”倾路线控制，致使第五次反“围剿”失败，红军被迫退出根据地，开始了艰苦卓绝的二万五千里长征。四所红军学校合编成红军干部团，陈赓任团长。红军干部团的任务是保卫党中央和中央军委机关的安全。干部团个个是精英，战士都是连排级，军事素质非常过硬。长征初期战斗频繁，哪里有情况就打到哪里，别人走 100 里地，他们要走 150 里。一营营长李振亚从踏上长征路的那天起，一直是开路先锋，他率领的队伍像一把出鞘的利剑，寒光闪闪，飒飒生风。突破湘江时，红军遇到当地反动武装挨户团骚扰袭击，李振亚率领一营战士，一个冲锋就将敌人全歼。在天上飞机轰炸，地上敌人夹击的情况下，干部团掩护中央机关冲过了四道封锁线。1935 年元旦，干部团到达贵州猴场，正准备过年，却接到军委命令，部队要渡过乌江，命令干部团迅速架起浮桥。战士们两手空空，一无船只木材，二无工具，怎么办？军令如山倒，李振亚带着战士们挨家挨户说服群众，动员他们献出煤油桶、竹竿、绳索，不到两天就收集起架浮桥的材料，全团官兵齐上阵，架起了浮桥，红军主力迅速过了乌江，一克娄山关，攻下遵义城。

李振亚忘不了那值得纪念的一天。在遵义天主教堂里，他们听了传达遵义会议精神的报告，激动不已。红军有救了！革命有救了！李振亚满怀信心地对战友说：“现在可好了，由毛主席领导我们，一定会改变过去那种光跑不打，打也打不好，走也走不动，处处被动挨揍的局面！”遵义会议后，为摆脱40万追兵，红军西进，渡过赤水河，然后准备横渡长江。土城是重要渡口，川军一个师已封锁长江，阻挡我军。敌人居高临下，易守难攻。1月28日，红三、五军团与敌人交手，3个小时攻不下，毛泽东命令干部团上去增援。陈赓命李振亚率一营从正面进攻。李振亚挥舞着驳壳枪，带头冲在前面，山梁上的敌人射下的子弹倾泻下来，他的背包打进了几发子弹，帽檐也穿了洞。我军付出很大代价，占领正面山梁后，又受到左右两翼敌军的夹击，溃退下去的敌人又反扑过来，一直打到黄昏，双方僵持不下。原来我方情报有误，敌人兵力远多于事先的估计。朱德来视察后，决定我军后撤。李振亚带领一个排坚守，掩护部队后撤，回来时这个排仅剩了十几个人。李振亚回头望着山坡，想起扔在那里的战友的尸体，泪流满面。

红军改变作战计划，放弃渡长江，2月18日，二渡赤水河，再克娄山关，二打遵义城。在城西南郊的老鸭山、红花岗与敌人激战。老鸭山是制高点，红十军团与敌人反复争夺，最后打得只剩黄克诚带着两个班和一挺机枪在阵地上拼死抵抗。眼看顶不住了，千钧一发之际，干部团赶到了。此刻，李振亚和战友们行军一昼夜，走了130里山路，粒米未进，累得都直不起腰来了。但是，他们不愧是红军中的精锐部队，一到山下，什么都明白了，甚至都不用指挥，干部战士立刻呐喊着一齐往上冲，一下子遏制住敌人的势头，打退了数倍于我军的敌人。接着又配合红一、三军团消灭了国民党军20个团，赢得了长征路上的第一个大胜仗。

1935年4月底，红军来到了金沙江边。深山峡谷中奔淌的金沙江浊浪滔滔，橙黄色的江水闪着耀眼的光。红军抵达前，蒋介石已命令川军控制渡口，毁船封江。如果过不去，红军就会被压在峡谷里，全军覆灭。为此，中央军委决定，由干部团打先锋，抢占皎平渡，寻找船只渡江。周恩来亲自向陈赓交代任务，总书记张闻天亲自来到干部团做战前动员。干部团二话不说，顶着大太阳，忍着饥渴，翻山越岭，提前一天到达皎平渡，出其不意攻下渡口，找到 7 条船，动员了 36 个艄公，全军开始了六天六夜的抢渡。干部团率先过江，发现岸边山顶上的通安州有敌人一个旅的增援部队。这时营团干部中有同志认为敌人太强，打起来不但完不成任务，还会给部队造成损失，留下伤员也不好处理。李振亚当即反对，他大声反驳道："如果在一般情况下，这一仗不打也可以，但现在为了军委首长的安全，为了全军的安全，一定要打！不打，难道我们还退到江南去吗？难道我们到江里喝水去吗？摆在我们面前的就两条路：前进则生，后退则亡！"正在他们争论不休时，团政委宋任穷带着一个营上来了，传达了上级的指示，为了保证全军顺利渡江，刘伯承命令干部团迅速奔袭通安州。通安州是个小镇，地势险要，拿下这个镇子，就可控制皎平渡。反之，渡过江来的红军主力就会遭到扼守之敌的阻击。战斗打响，顷刻间，沉睡了数百年的小镇被震醒了，枪声刺耳，血肉横飞，干部团官兵头戴钢盔，腰缠手榴弹，尖兵排先攻下峡口，李振亚率部夺过了通安州右边的高地，全团一鼓作气，打下通安州，为身后 3 万多红军安全渡过金沙江打开一条生路。中央军委通令嘉奖了干部团。从此，川军见到戴钢盔的干部团就闻风而散，毛泽东风趣地说："以后若遇到四川军队，都把煮饭的黑脸盆顶在头上，去吓他们。"

不论是在十万火急的战场，还是没有敌情的行军路上，长征途中，李振亚时刻不忘自己的使命。平日里不管走了多远的路，不管打了几个仗，每到一地，多困多累，他都要查岗查哨。有一天，部队行军 100 多里，到了宿营地，二连连长只安排了几个战士放哨，没有按规定指定集合地点就睡了。李振亚查哨时发现了这个问题，立刻叫醒连长，问他："你现在执行的是什么任务？"连长怔怔地愣神。李振亚说："你想到了吗，我们是在保卫中央首长，这样马虎会造成什么后果？"连长看着李振亚因为疲倦而充血的眼睛，非常惭愧。

一路北上，进会理，占冕宁，过凉山，干部团来到大渡河边的安顺场。陈赓命令李振亚带领一营先渡河到东岸。他们坐在船里，在浪涛礁石间穿梭，水流每秒4米，小船在水里就像一片落叶。衣服全被打湿了，他们一手紧紧抓着船帮，另一只手握着葫芦瓢舀灌进船里的水。这些在战场上眼睛都不眨的硬汉此刻都惊出一身冷汗。天险大渡河水流急，河面宽，不能架桥，小小的渡船往返一次要四五十分钟。全军在这里过河是不可能的。而此时，刘湘、刘文辉的增援部队快到了，薛岳的追击部队也尾随而来。刘伯承、聂荣臻当即决定夺取泸定桥，命二师沿江西岸北进，已经过了河的一师和干部团在东岸配合北进，挡住敌人，为飞夺泸定桥创造条件。说时迟那时快，川军的一个先头旅赶到了，情况危急，上级命令干部团拼死阻击，至少要坚持一天。战斗异常激烈，李振亚领着战士们打退了敌人五次进攻，炮火中他的腿也负了伤。战友们劝他下去，他牙咬得咯咯响，理都不理，只顾盯着敌人，仍然在火线上指挥，直到任务完成。撤下阵地后，他把担架让给重伤员，自己拄着棍子一瘸一拐地随部队追赶主力。

6月，红军到达四川天全县。这天，毛泽东、周恩来、朱德、张闻天在一个小村子里开会，会散了，天已晚，几个人便挤在一间茅屋里和衣而卧。拂晓时分，意外发生了。不知从哪里窜出四川军阀杨森的一个团，怪叫着冲过来。眼看红军的最高领导人就要被包围，陈赓从一棵树后面跳起来指挥战斗，一营跑在最前面，不顾死活地迎着对面泼来的子弹杀上去，敌人从没见过如此骁勇的军队，掉头溃逃。

部队翻过白雪皑皑的夹金山后，在四川懋功，一、四方面军会师。李振亚调到前敌总指挥部任作战科长。为便于指挥、互相学习，一、四方面军互换部分干部，1935年7月，中央军委任命李振亚为红四方面军第三十三军参谋长。在北上还是南下的路线交锋中，张国焘阴谋分裂党中央，另立山头，命左路军转头南下，随左路军行动的朱德、刘伯承坚决抵制，李振亚明辨是非，旗帜鲜明地坚决站在朱、刘一边，与张国焘展开斗争，遭到张国焘的排挤打击，被调到军政治部当娱乐股股长。1936 年 10 月，中共中央命令四方面军主力 2 万多人西渡黄河，在河西走廊创建根据地，打开国际通道。西路军与马步芳的部队展开了长达 5 个月的恶战，此时李振亚任西路军东进支队参谋长。西路军官兵在祁连山下孤军奋战，苦苦支撑，拼命厮杀，最后被马步芳骑兵打散，李振亚和部分官兵被俘入狱。在狱中，李振亚和西路军的干部战士表现出共产党员的优秀品质，他们建立起党支部，继续和敌人斗争。直到第二次国共合作时，经党中央营救出狱，组织上把他们送到了革命圣地延安。

“千锤万凿出深山，烈火焚烧若等闲。”长征是一所大学，长征是一座熔炉。经过了长征的洗礼和冶炼，李振亚成长为一名政治上和军事上都十分过硬的红军指挥员。

2／老师，阿爸，普通一兵

1940 年 7 月，李振亚调到琼崖抗日独立总队任参谋长。来到海南岛，首先接受的任务就是培训干部。这是他的老本行了。红军时期他是公略步兵学校的教员兼指挥员，1937 年到延安后，他又在抗日军政大学第三大队第五中队任队长。来到琼崖，他先是在美合根据地的琼崖抗日公学讲军事课，美合事变后，学校没了，但仗还要打，新兵陆续加入，培训不能停，否则就要在战场上吃亏。当时独立总队在琼文抗日根据地一带活动，总队部办了个随营军政训练班，主办人是李振亚。他讲课总是从实际出发，1941 年初，随营军政干部训练班一批学员来到学校，听完政治处主任的动员报告，李振亚来考试了。学员们在老百姓的院子里站好队，每人发了一张白纸，大家以为考理论，不料，李振亚说，敌我各一个中队，敌人向我正面进攻，同时左右包抄，我们是先打一路还是三路都打？学员答什么的都有。最后，李振亚针对暴露的问题讲解，告诉学员不能平均使用力量，要用少数力量打正面，选其威胁大的敌人打一个侧面，如敌我悬殊大，就撤退。怎么撤退呢？李振亚教给学员，要从能隐蔽的地方撤退，不要直线撤，光图距离近是不对的。李振亚的课给了这些战斗在一线的干部很实用的指点。

随着抗日形势的发展，独立总队不断扩大，干部急需培养，经李振亚等人倡议，中共琼崖特委在万宁县六连岭创办了抗日军政学校，李振亚自告奋勇当了校长。六连岭是琼崖最早的革命根据地之一，方圆数十里，其支脉延伸到乐会、定安、琼中等县境，山势雄伟，丘壑纵横，林木葱茏，水草丰盛，群众基础好，是游击战略要地。李振亚带着30多个人来到深山老林，砍竹子，割茅草，搭茅屋，40多天后，把校舍建了起来。200多名学员也陆续到达。他自编教材，亲自讲课，毛泽东主席的《论持久战》、《中国共产党在民族战争中的地位》、《反对自由主义》几篇著作以及《社会发展史》等是政治课教材，军事课上学习近战、夜战、地雷战、伏击、奇袭、爆破等科目。在军政干校开办期间，日寇经常对六连岭进行“扫荡”。每当听到枪声，他总是镇定自若地对学员们说：“打仗是兵家常事。现在敌人来了，正是我们学员实战演习的好机会。”当时第三支队在六连岭活动，一有战斗，他就把学员带到战场，火线练兵，配合三支队狠狠地打击敌人。战斗一结束，又立即总结经验和教训，学员们在学中战，战中学，进步很快。1942年夏，日军和国民党顽军勾结围攻六连岭，学校全部被烧毁。李振亚带着学员转移到一个叫“狗咬豹”的小山村，以树荫为教室，把背包当凳子，大腿当书桌，照样上课。在艰苦的条件下，李振亚带出了一批批骨干，在战场上挑起大梁。

其实，这个教书先生自己只念过两年私塾。但他视读书为乐趣，作战之余，常常找宣传部、报社的同志借书看。他喜欢诗词，看到匈牙利诗人裴多菲的诗，喜爱得不得了，连忙抄在自己的笔记本上，一有空就朗读，同志们至今还记得他缓慢地、充满激情地读道：“生命诚可贵，爱情价更高。若为自由故，二者皆可抛。”这首诗就像是对他的战斗生涯的诠释。李振亚这一生，为了革命事业作出了很大的牺牲。他的妻子王超是马来西亚华侨，1939 年辞去教师职务参加了华侨回乡服务团，回到祖国参加抗战。和李振亚结婚后，她烧掉了马来西亚发给她的护照，以此表示献身祖国的决心。他们一起来到海南岛后，国民党掀起反共逆流，中共琼崖特委派李振亚到琼文抗日根据地加强第一支队领导，王超正在怀孕，分别时李振亚留下一件毛衣，对妻子说：“天冷了，你留着穿吧。不管遇到什么困难，你都要以共产党员的革命意志去战胜它。”美合事变时，在转移途中，王超生下了一个女孩，因奶水不足，一个月后就夭折了。1943 年，王超在六连岭根据地生下第二个孩子，李振亚正在陵水除汉奸，打维持会，回来后看到娇嫩的女儿，又亲又抱，高兴极了。可不久他又被调回独立总队部，做父亲的都没顾上给孩子起个名字，就又分离了。妻子流着泪送他上路，他紧握着妻子的手说：“别难过，革命军人的生活就是这样。”几个月后，王超也被调到独立总队部工作，路上要通过几道封锁线，万般无奈，恸哭一场，把 9 个月的女儿送给老乡抚养。这一别杳无音信，直到 44 年后才找到这个女儿，而此时，孩子的父亲李振亚已经告别人世几十年了，他这一辈子都没听到亲生的孩子喊一声“爸爸”。1945 年，王超当了电台报务员，这时又怀了第三个孩子，为了工作，她和丈夫商量，想服草药把胎儿堕掉。李振亚虽然喜欢孩子，但他支持妻子的决定，说：“好吧，琼崖不解放我们就不生孩子，等到琼崖解放后我们再生个胖娃娃！”遗憾的是，李振亚没有等到那一天就走了。

李振亚并非无情，他也是个有血有肉的人。他的勤务员孙阿新从小给地主当丫鬟，后来参加了琼崖独立纵队。李振亚对待自己的警卫员、勤务员、通讯员亲如子女，所以阿新叫他阿爸。当时部队很困难，李振亚穿着和战士一样的土布做的军装，补了又补，比铜钱还厚。副官用缴获的布匹给缺衣服的战士做新衣，顺便给他做了条裤子，被他狠批了一顿，送给了战士。后来又缴获了布匹，阿新要给他做衣服，李振亚学过裁缝，拿过剪刀，看看阿新，将布料裁剪好，让阿新缝起来。缝好后阿新一看，怎么是套女装？这时，李振亚说话了："你年纪不小了，又是一个女同志，衣服破了不好看，屁股见天更不行。我是个男子汉，有条不见光的裤子就行了，赤着膀子也能打敌人。"阿新的眼泪扑簌簌落在新衣服上。

李振亚会关心战士，也会教育战士，他教育部下更多的是用行动，用自己活生生的经历。部队在山里转战，生活艰苦，李振亚却很乐观，他会裁衣服，会做饭，手把手教战士捉山猪、黄猄、毒蛇，又炖又烤，吃得不亦乐乎。部队开荒种地，他砍树，让自己的卫士砍树枝，领着他们唱："同志们加油干啊，努力来生产……"他告诉战士："朱老总说过，吃苦要吃得自然，在困难面前不要愁眉苦脸，要积极想办法。"刚来海南岛时，他不会讲海南话，也听不懂，成了聋子、哑巴。为了尽快适应环境，为了和战士打成一片，他下了一番苦功，一有空就找人聊天，用半生不熟的海南话给战士们讲故事，有时把海南话、广西话、广东话、普通话混在一起讲，逗得战士们哈哈大笑。夜里，围在篝火旁，他给大家讲百色起义、长征，讲邓小平、韦拔群，讲他家乡的太平天国将领陈玉成、明朝抗清英雄袁崇焕。好雨无声，潜移默化，点点滴滴滋润着战士们的心灵。有的人遇到困难闹情绪，他就讲当年在红四方面军的经历，说："党派我到张国焘那里工作，差点儿连命都丢了，难道我就不搞军事，不去打仗了？"有的干部因为一点小事就体罚战士，他以身作则，让脚上生疮的传令兵骑在纵队配给他的马上。传令兵不肯，说自己没资格，李振亚严肃地告诉他："我和你一样，也是普通一兵。"

"普通一兵"，这话绝不是说给别人听的。当时生活待遇是官兵一致，每人每月领津贴费二角。他领了两角钱给庶务长，请代他买烟叶，庶务长见他日夜操劳，便设法为他买了几包香烟，他却拒不接受："我们革命队伍里的人，只有同命运，共患难，团结奋斗的义务，没有个人享受特殊的权利。"有一次他给战士作报告，正讲着，下雨了，见他没戴斗笠，阿新就把自己的斗笠给他戴上，他生气地把斗笠一摔，狠狠瞪了她一眼，又继续作报告。事后批评她："你看看战士们，哪个不淋透了，你想过影响吗？以后再这样就处分你！"

部队转移到新驻地，为了不暴露目标，冯白驹规定干部和战士谁都不准下河洗澡。李振亚那时刚好外出侦察，不知道这个命令，回来时天气酷热，大汗淋漓，便带着警卫员一起下河洗澡，回到总部后他才知道有这个规定。李振亚觉得自己违反了规定，应该受罚，便自动在操场中间罚站，冯白驹叫他回来："老李啊，这事不怪你，是我临时下的命令。"李振亚说："司令员，你别对我客气，我是个军人，应该执行纪律，违反了就要接受处罚。"硬是在火辣辣的太阳下站了一个小时。冯白驹特为此事拟了电文通报全军，表彰李振亚是执行纪律的模范，号召大家学习。

群众纪律在李振亚这个老革命的心里同样是重如泰山。1945 年 8 月，挺进支队接到命令，从五指山地区迅速回到南丰待命，部队为了赶时间，抄近路从鹦哥岭穿过，不知怎么向导竟迷路了，走了三天两夜，断了粮。李振亚派两个战士找黎族百姓借粮，嘱咐他们：咱们现在手里没钱，如果找到粮食，一定留一个人不许回来，做人质。两个战士果然在一间草寮里找到番薯、玉米，粮食的主人、一个黎族老汉得知情况，不但欣然同意借粮，还愿意帮助队伍带路。走出几步，回头一看，见一个战士还坐在地上不动，不明白是怎么回事。待战士道出原委，老汉感叹道：“这么点东西，还留人作保，要是‘国贼’来了，我命都没了。你们首长真是太好了！我们黎人几百年没见过、也没听说过这样的事啊！”

3／从头越天涯

1944 年秋，琼崖特委和独立纵队领导机关进驻白沙县阜龙乡，直接指挥部队开辟五指山中心根据地。庄田和李振亚根据毛泽东关于“执行游击战的游击部队化成执行运动战的正规部队，须具备数量扩大和质量提高两个条件”的指示，一起研究后，提出了建立挺进支队，集中力量开辟五指山根据地的建议，送特委和纵队领导批准。冯白驹很快就去找庄田和李振亚商量，并代表特委批准成立挺进支队，任命李振亚兼任支队长。1945 年夏，李振亚率部挺进五指山腹地。

李振亚是打仗的高手。来到琼崖后，他一如继往地表现出高超的军事才能。“风脚村之战”就是李振亚直接指挥的一场以弱胜强的战斗。1947 年初夏，国民党保安六团团长杨开东带着两个营开进风脚村一带，宣称要剿灭在这里活动的琼崖独立纵队挺进支队。当时琼崖独立纵队在这一带活动的部队仅有 5 个中队（连），而敌人有 1000 多人，敌众我寡，是进是退，需慎重行事。既要打赢，又不能大量消耗我军力量，在这种不利的条件下，时任琼崖独立纵队副司令员兼挺进支队支队长的李振亚沉着应对，周密调查，得知杨开东好大喜功，号称什么“天上雷公，地下杨开东”，一副不可一世的派头。李振亚觉得很好笑，同时也发现这正是此人的软肋，于是，他就根据杨开东的这个特点制定出了以少战多的作战方案。战前会议上，见大家有些担心，李振亚说，战场上的数字不是做数学题，简单地加加减减，总的看我们不如敌人兵力多，但局部上我们可以安排多过敌人的兵力。李振亚在侦察地形时看到这里有一些国民党军过去修筑的旧碉堡和工事，正可以利用上。他在风脚村配置了一个中队的力量，借助旧碉堡、旧工事的掩护固守，故意放出风声，虚张声势，引敌人主力来攻打，其余 4 个中队埋伏起来，适时从敌后敌侧出击。敌人果然上当，杨开东叫嚣要让挺进支队尝尝他的厉害，飞扬跋扈地向风脚村开来。早已埋伏好的战士们远远看到敌人来了，静等收口。但此时有一路敌人不走大道，却从隐蔽着的我军一个中队的位置上穿过。李振亚果断决定，趁着敌人不清楚我军意图，立即出击，各个击破。他亲自带领 3 个中队的兵力对敌人发起猛攻。打溃这股敌军后，李振亚又率部配合风脚村的兵力打退了向该村进攻的另一路敌人。这一仗歼敌一个半连队，缴获机枪 3 挺，步枪几十支，子弹万余发。这是一场典型的以少胜多的战斗。

国民党琼崖守备二团驻扎在白沙县细水乡罗任村，企图控制五指山腹地，阻止我军进山，并派出一个前哨连，驻扎在合口村，这里是进出罗任的必经之路。因此，我军要挺进五指山，必须首先消灭这股敌人，扫清前进的道路。

这天傍晚，跟随李振亚去罗任侦察敌情的队伍在茅屋前集合完毕。李振亚从茅屋里走出来，他身穿一条日军的旧马裤，一件褪了色的国民党的旧军衣，腰扎皮带，斜背着一支日本手枪，黑里透红的脸膛在夕阳的余晖下轮廓分明。

李振亚认真检查战士们的行装，好像发现了什么。他命令一个战士："出列，跑步——走！"

那个战士刚跑几步，口缸碰着手榴弹，发出"当、当、当"的响声，像个货郎。大家憋不住笑了。战士们立刻明白了，自动地检查行装。

夜幕降临，为了绕过敌人的封锁线，这支小而精干的队伍在黎族向导带领下，攀藤爬坡，越涧过丛，悄无声息地前进。山蚂蝗钻进衣服里，咬出了血，可谁也不哼一声。因为战士们知道，李振亚也和他们一样。

一夜急行军，终于攀上了罗任山头。这里山高林密，是侦察的好地方。举目四望，一切尽收眼底。李振亚把一张军用地图铺在地上，侧身蹲下，把敌人的指挥机关、粮仓、军械厂及地形一一标了出来，满意地笑了。

7天后，李振亚和侦察的战士们回来了。他的衣服被划破了，满身尘土，两只大眼深深地陷了下去，脸上的棱角更分明了。虽然显得有些疲劳，但精神矍铄。

特委很快批准了行动方案。

行动前，李振亚召集大队以上的干部开会，充分发扬民主，认真、详细地研究每一个作战环节。他习惯地用树枝在地上划着简要的地图，对大家部署作战方案：

“同志们，合口是罗任的门户，欲取罗任，必先取合口。纵队首长命令我支队副支队长张世英，率第一大队先行进军，吃掉敌驻合口村前哨连。支队部和第二、第三两个大队，待第一大队攻占合口后，立即跟进，直取罗任，务使敌人措手不及。在第一大队攻占合口后，我军将分四路进军罗任：第一路攻占罗任正西方10里处的敌后方军械厂，夺取敌军火、粮仓，并把敌人的注意力吸引过去；第二路进攻罗任正南方的白水港村；第三路绕道从罗任正东方的水口村偷袭守备第二团团部和第一营所在地的罗任村；第四路从西北方向插入罗任，切断敌人退路。这样，我们可以一举把敌人消灭在罗任。”

李振亚习惯地挥动着两只有力的手，一会儿伸张开去，一会儿紧握拳头，把所有人的注意力全部吸引住了。

按照李振亚的部署，第一大队经过一夜的急行军，翻山越岭，于次日晨到达合口村背后的山头。这个村背山临河，我军高踞山头，如老鹰扑食，突然袭击下去，敌人这个前哨连一下子就被打垮了。

为了不给敌人喘息的机会，李振亚下达了进攻罗任的命令。在黎族解放团向导的带领下，第一大队翻过一座高山，从西边绕到敌人的后侧，突然袭击敌人的军械厂和粮仓，得手后便向第二大队靠拢。第二大队在白水港村后高地附近，分两路向高地发起攻击。守敌一闻枪响，疯狂反扑，连续打了四个回合。由于敌人火力猛烈，进攻受阻。

李振亚看到这种情况，立即把第二大队长找来，指点说："敌人有固守罗任的企图，因为那里地势险要，工事坚固。如果不能正面撕开敌人的防线，你们应该先从高地左侧的山包发起攻击，然后向右压过去。第一大队则从右侧向左压过来，这样就可以避敌之强，直捣敌人心脏。如果还不行，我们再把第三大队集中过来，全力攻占白水港。"

而此时第三大队在敌人火力压制下，行动受阻，只得一步一步地逼近罗任。罗任的敌团部和第一营，闻警立即抢占高地，据险固守，第三大队一时无法取得进展。

李振亚认为一味强攻会造成重大伤亡，于是决定集中火力，突破一点，首先歼灭白水港村之敌。第二天上午，第一、第二大队形成钳形，向白水港村后的支撑点夹击。这时，敌人撑不住了，便仓促地向罗任溃逃。我军随即占领了白水港村。

白水港村与罗任村之间，只有一田之隔。罗任村守敌见白水港失守，败兵溃退，军心不稳，士气低落，加上我第三大队一再猛攻，很快土崩瓦解，仓皇夺路逃窜。我第三大队指战员翻山越岭，穷追60多里。第三天，我军追上了敌人残部，激战一个多小时，杀得敌人丢盔卸甲，缴获了大批武器弹药，敌守备二团终于被我军打败。至此，白沙县西北部的敌人武装被全部肃清，三分之二的土地被解放。

1948年9月开始，琼崖区党委为了配合全国的战略反攻，大量消灭敌人的有生力量，加速琼崖解放的进程，实施“进攻、发展的战略方针”，琼崖纵队先后发动了规模巨大的秋、春、夏三大军事攻势，取得了前所未有的重大胜利，写下了琼崖革命战争史上最辉煌的一页。

9月，为了对秋季攻势进行周密部署，冯白驹在琼崖纵队司令部召开了作战会议，决定由李振亚、符荣鼎、符振中组成前线作战指挥部，李振亚任总指挥兼政委。

18日拂晓，秋季攻势第一仗打响。我军与从陵水县城出援的敌军在光岭一带展开激战。负责坚守光岭阵地的第七支队的指战员打得英勇顽强，第七中队一小队在仅剩3个人的情况下，仍然冒着敌人的炮火坚守阵地，从而保证了我主力部队迂回出击，夺取首战胜利。

首战告捷后，前线指挥部决定挥师东进，拔除陵水至万宁一带的据点。至11月23日攻克乐会县中原墟，历时68天，作战20余次，歼敌1570名，攻克和解放了18座墟镇，拔除了20多处敌据点，解放区进一步扩大。

在秋季攻势中，前线总指挥李振亚得了肠胃病，病还没好利索就上了前线。9月27日下午，乌云低沉，秋风阵阵。在拔除最后一个据点牛漏墟时，身为前敌总指挥的李振亚亲往前线了解情况。队长跑过来，要向他汇报，他却摆摆手说，先到阵地上看看再说，不靠前怎么了解情况？这是他的老习惯。他来到距离敌人据点只有100米的阵地，看到射手抱着一挺白朗林机枪，李振亚情不自禁地走了过去。他是个机枪迷，每次战前动员，他都鼓励战士多缴机枪。看到新缴获的新式机枪就忍不住摆弄一番，了解构造性能，打仗时，有时也按捺不住，抄起机枪过过瘾。此刻，他习惯地抓过机枪，向据点打了几个点射，进行火力侦察。不料就在这一刹那，碉堡里的敌人从一个隐蔽的射孔里打出一串罪恶的子弹，子弹穿过他的左胸，李振亚当即倒在一棵木棉树下。次日中午，不幸牺牲，年仅40岁。

噩耗传来，冯白驹悲恸至极，命令在万宁的部队无论如何都要保护好李振亚的遗体，克服一切困难，把遗体抬回毛栈司令部。

当前线的同志牵着李振亚生前骑过的那匹战马，护送着他的灵柩，顶着绵绵秋雨，跋山涉水，从迢迢 200 多里之外回到毛栈时，冯白驹不禁失声痛哭。躺在海棠棺木里的李振亚还穿着一身旧衣服，一双用汽车轮胎自制的胶底鞋。战友拿出一件新衣服、一双新鞋给他穿上，把他安葬在五指山，让他在翠岭青山的环抱之中，等候着人民胜利的消息。战士们哭着在墓前放了一束艳丽的山稔子花，琼崖女英雄刘秋菊拔出勃朗宁手枪，朝天打了一梭子，送别敬爱的领导。

这时，他的战马忽然仰天长啸，悲鸣不已。那声音让人听了揪心。李振亚生前非常爱惜他的坐骑，他知道它喜欢吃溪水边的嫩草，清晨总是特意到溪边放马，外出回来看到有马爱吃的野菜也要扯一大把。急行军时，只要一休息，李振亚就为它擦汗。晚上不准它卧着睡，怕地上潮湿它会生病。打起仗来，让它卧倒它就卧倒，看不到主人它就会连连嘶鸣。李振亚把它当成了自己的战友，自己的兄弟。李振亚牺牲后，这匹马悲伤地垂着头，战士把它爱吃的嫩草野菜送到嘴边，它也不张口，只是轻轻摇头，摆尾，落泪。过了些日子，便随主人去了。

“落日照大旗，马鸣风萧萧。”李振亚走过千山万水，在黎明之前，倒下了。

但是，在人民心里，他从没离开过琼崖大地。

解放后，海南扩建海榆东线公路，按工程设计，李振亚牺牲之地的那棵木棉树在砍伐之列。这件事情被当地群众听闻后，砍树那天，人们从四面八方赶来，把这棵树护了个里三层外三层。工人见状，谁也不愿下手。于是，这棵“将军树”被保留下来，一直屹立在路中间，直至今日，成为中国建路史上罕见的一景。

2000 年，一场台风将这棵木棉树拦腰截断，为了妥善保护这一革命遗址，万宁县人民政府委托技术人员对木棉树再生再植，结果再植的木棉树似乎懂得父老乡亲的心情，在老树干上抽芽成活了，斑驳的老树上生出的新枝迸发出勃勃生机。木棉花开，如霞似火，给人无限的怀念和遐想……

第十五章

海南岛上的红树林

∨

冯白驹有一句名言：
山不藏人人藏人。
姨母刘秋菊、革命母亲云四婆
这些普普通通的共产党员和成千上万的革命群众，
就是巍峨的大山，
就是不倒的长城。

1/ 女交通员的传奇

在冯白驹的战友中，有一位女性，她不识字，没有名字，只有个小名，叫奀二。她父母双亡，是个童养媳，从小就像路边的一棵野草，在人畜践踏下长大。但是冯白驹最敬佩她，1940 年，在冯白驹的极力推荐下，她当选为琼崖特委委员。她就是琼崖女英雄刘秋菊。

1899 年，琼山县塔市乡福云村的一个贫苦家庭降生了一个女孩。她上面已经有个丫头，父母就叫她奀二。自打这孩子来到人间，磨难就没有离开过她。生下来不久，父母不幸双亡，她和唯一的姐姐相依为命。别人家收稻谷了，两个小女孩在收割完的田里捡些人家不要的稻穗；海潮退了，姐妹俩瘦小的身影又出现在海滩上，小鱼小虾小贝就是她们碗里的食物；没有钱买盐，她们就去盐田里扫点盐渣。没娘没爹的孩子尝尽了人间的辛酸苦辣。奀二 13 岁时，姐姐出嫁了。剩下她孤孤单单，无依无靠，只好当了童养媳。婆家在岐山村，丈夫是个上无片瓦、下无寸土的贫苦盐民。那一年遭灾，他租种地主的地绝收，两口子的碗里都是野菜，可地主还来逼租，交不上就打人。不堪生活的煎熬，婚后不久，丈夫病逝了。又剩了她一个人，孤苦伶仃地

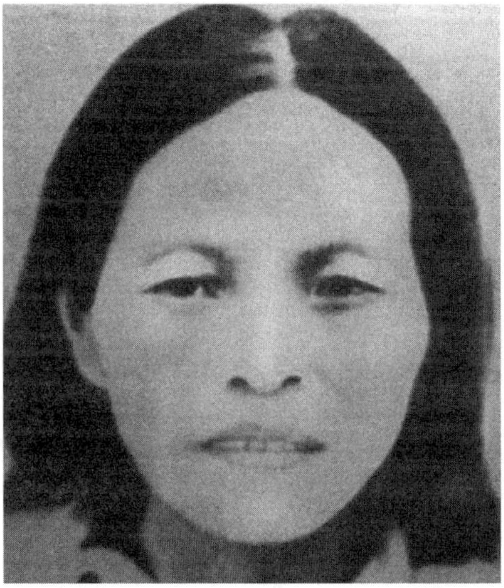

刘秋菊（1899—1949）

在苦海里挣扎。

苦难的生活成就了她不屈的性格，艰辛的身世决定了她未来的命运。1925 年冬，大革命的风暴席卷琼崖，刘秋菊生活的小村子来了共产党。1926 年她参加了农会，当选为乡农协的妇女代表。参加农会时，乡党支部书记林克泽为她取了个名字，叫“秋菊”。进农民识字班，斗争地主恶霸，破除封建迷信，她都站在了前列。

1927 年琼崖四二二反革命事变后，国民党反动派到处捕杀共产党人和革命群众。一时间，人头落地，血流成河。可刘秋菊却在这时风风火火地跑到山里，几经周折找到农会领导，劈头就说：“我要参加共产党！”在她心里，自己的名字是共产党给的，做人的权利是共产党给的，她早就认定她刘秋菊是党的人了！

在党的领导下，农民奋起反击。塔市乡成立农民赤卫队时，刘秋菊第一个报了名。赤卫队武器少得可怜，只有 7 支长枪，2 支短枪，其余便是长矛大刀了。但大家毫不气馁，拿起这些武器投入了战斗。秋菊和男同志没什么两样，经常在敌人的眼皮底下破坏公路、桥梁，割断电线，阻止敌人“清剿”。1927 年 11 月，在革命低潮时，由乡党支部书记林克泽介绍，她光荣地参加了中国共产党，实现了梦寐以求的愿望。

刘秋菊入党后，区委让她当交通员，跑联络。从此，山间小路，田野阡陌，常能看到一个穿着一身黑色土布衣裳的女人风里来雨里去，匆匆地奔走在路上。

刘秋菊虽然没有什么文化，但在生活这所大学里她却是高才生。她天资聪颖，头脑灵活，人世间的磨难又给了她超群的胆识。至今，琼崖还流传着许多她的传奇故事。

交通员是个危险的职务，常常会遇到意想不到的突发事件，如果不会随机应变，就不能化险为夷。刘秋菊当上交通员后，冯白驹经常把任务交给她。她送情报，当向导，传达上级指示，非常辛苦。1928年春节，刘秋菊和一些同志正在迈联村中共党员林太川家里开会，村里敌人的耳目向民团告了密，20多个团丁杀气腾腾地飞奔而来，子弹的上膛声和团丁们的狂吠声都能听到了。情形十分紧迫，同志们迅速地从后门冲出去。刘秋菊为了掩护同志们撤退，留在后面。眼看敌人就到前门了，怎么办？当时林太川的妻子正坐在门外给双胞胎婴孩喂奶，秋菊急中生智，给她使个眼色，把一个婴孩接过来，撩起衣襟，装作喂奶。

敌人走近了，秋菊暗暗地在婴孩的小腿上拧了一下，婴孩顿时哇哇大哭。秋菊轻轻地拍着婴孩说："不要怕，不要怕，先生们是过路的。"

团丁跑过来，只见两个奶孩子的女人坐在那里闲谈，以为她们是邻家的妇人，就问刘秋菊："看见共产党往哪里去了？"她随手指着相反的方向说："刚刚有几个人从这边跑过去了。"团丁们信以为真，拔腿就追。刘秋菊见他们跑远，耻笑道："这群蠢猪！"

农历正月十五，刘秋菊同林克泽等9位同志在潭康村活动，党员王爱农的妈妈杀了一只鹅和一头猪仔款待大家。第二天，晨鸡刚啼，潭康村就被敌人"清乡队"包围了，大家分成4个小组突围，冲出去后，发现少了刘秋菊，都十分担心，以为她被捕或牺牲了。可是，黄昏时分，她却安然无恙地回来了。原来，早晨正是农民下地的时分，三三两两的村民扛着犁，牵着牛，往田里走。刘秋菊发觉情况紧急，灵机一动，也扛起王爱农家的犁，到地里犁田去了。结果，敌人又扑了个空。

3月，细雨绵绵，莺飞草长，刘秋菊可无心欣赏风景，她奉命联络失散在各地的同志。任务紧急，她冒雨去云龙。忽然，一队荷枪实弹的团丁迎面而来。队长发现了秋菊，心里顿时犯疑："这年头一个女人竟敢单独乱窜，说不定是共产党呢?!”他立即喝令两个哨兵追赶过去。刘秋菊一看来势不对，急忙拐入附近的一个村庄。她对这一带的村村寨寨都很熟，哪里有沟，哪里有河，她闭着眼睛都能摸到。身后，团丁们仍然紧追不舍。刘秋菊见状，问乡亲借了一顶旧竹笠，戴在头上，转身向村口走去。远远就看见村口有几个团丁在那里晃悠，怎么脱身呢？焦急中她忽然看到村口的舂廊里有几个妇女正在舂米，顿时计上心来，她凑上前去，一边帮着舂米，一边同姊妹们嘻嘻哈哈地拉家常。团丁们游来转去，没有发觉可疑形迹，悻悻离去。

春天正是插秧的大忙季节，在琼山县塔市乡的田洋里，忽然传来一阵枪声。在田里插秧的妇女们都放下手里的活计，惊慌地张望。只见一个穿着土布黑衣的女人绕过一片灌木丛，朝这边跑来。转瞬间，这个女人跑到她们眼前。妇女们一看，原来是姨母，这是当地群众对刘秋菊的称呼。大家马上明白了，默契地互相看了一眼，继续手里的活计。秋菊匆忙将黑色外衣脱下来，几下子踩进泥浆里。眨眼间，她变成了一个身着士林蓝上衣的农妇，跟旁边的妇女没什么两样。她拾起秧苗，熟练地插起秧来。这时，一群团丁气急败坏地跑过来，东张西望，吆喝道:“你们看见一个穿黑土布上衣的共产婆了么？”刘秋菊直起腰，从容不迫地指着西边说:“刚刚从这里跑过去了！”话音未落，团丁已经拔腿追过去了。

刘秋菊深深地吁了一口气，和姐妹们打个招呼，挑上一担秧苗，悠然自得地往东边走去。

1928 年，蒋介石派蔡廷锴部来镇压琼崖革命。蔡廷锴一到，先大举进攻文昌县，文昌的武装力量撤退到琼山县，蔡廷锴就追到琼山。一部分红军撤到了母瑞山，冯白驹坚持留在琼山继续和敌人周旋。环境更加恶劣，冯白驹想到了刘秋菊。在这种时候，党组织多么需要刘秋菊这样的同志啊。冯白驹四处寻找，得到的却是噩耗。当时敌人疯狂搜捕共产党员，刘秋菊把塔市乡的两位党支部负责人带到村外，藏在石棺里，不料却被地主发现，将团丁引来，杀害了那两个同志，然后埋伏在附近。刘秋菊不知情，晚上寻来，被捕了。

敌人想从她嘴里得到更多的情报，先是以利相诱：“你还年轻，只要你归顺，我们不会亏待你。我们的长官也很赏识你，要娶你做小老婆呢！当上姨太太，要吃有吃，要穿有穿，哪里会像你现在这个样子啊。”

刘秋菊哪里是贪图荣华富贵的人，敌人真是瞎了眼。见软的不行，就来硬的，打手们将她紧紧地捆绑起来，用竹签戳她的手指，顿时，鲜血如注，疼痛攻心。她痛得全身发抖，满头大汗，但依然咬紧牙根，一声不吭。敌人又施水刑、电刑、压石头、坐老虎凳，把她折磨得死去活来。但是，一切都是枉费心机。这个威武不屈的共产党员，始终把组织的秘密深深地埋在心里。

一晃两年过去了，敌人一无所获，在她身上没有榨出半点油水。1930 年上半年，经党组织的多方营救，刘秋菊出狱了。她遍体鳞伤，面黄肌瘦，站都站不稳。但是，她的革命意志丝毫没有消沉，依旧那么爽朗乐观。回到党的怀抱后，她又精力充沛地为革命事业奔忙起来。

2／“我送头来了”

1934 年春，琼崖特委为迅速恢复琼山、文昌的工作，成立了文南区委。在冯白驹的建议下，刘秋菊担任区委书记。国民党反动派的大举“清剿”，使我们的根据地受到严重挫折，一些动摇分子叛变投敌，曾是琼山第六路红军的冯大同叛变后，当上了博布民团队长，经常带领团丁侵扰苏区，非常猖狂，当地群众又恨又怕。冯白驹决定除掉这条毒蛇，这个任务落到刘秋菊的肩上。

刘秋菊化了装，前去侦察，摸清了叛徒冯大同的活动规律：他经常从博布到三江墟。刘秋菊和区委的同志多次了解地形，掌握准确情况，部署战斗。

盛夏的一个傍晚，刘秋菊率领短枪班的林茂松、陈英、林天德几个人全副武装，带着饭团，在公路边一个小山包埋伏好。两天过去了，没有动静。饭团吃光了，身上被蚊子咬的都是包，可还不见“毒蛇”出洞。

到了第三天中午，杂沓的步履声由远而近，清晰可闻，短枪队的同志抬头眺望，只见一大队民团正从博布走来，刘秋菊兴奋地对大家说：“敌人来了，准备战斗！”

民团一进入火力网，枪声和手榴弹爆炸声顿时响成一片，不少敌人应声倒下，叛徒冯大同也仓皇逃命。短枪队盯住冯大同奋起直追，林茂松一马当先，追了两里路，冯大同气喘吁吁，终于跑不动了，身后的林茂松举枪射击，把这个可耻的叛徒击毙了。

隐患清除，人心大快，乡亲们都说：“打蛇头，打得好！”

除恶霸、打蛇头鼓舞了民心，老百姓纷纷向共产党提供情报。文昌县潭牛墟有一座陈汉光部修建的炮楼，控制着琼山、文昌公路干线要道。国民党乡长以此为据点，无恶不作，民愤极大。群众纷纷要求共产党为民除害。但这个炮楼地处平原，地形开阔，无遮无拦，对攻打极为不利，强攻势必付出很大代价。大家出谋献策，决定乔装奇袭。

岁暮前夕，人们三五一伙，提篮背筐，忙着置办年货，墟场上熙熙攘攘，热闹非凡。街上四处张贴着悬赏5000块光洋买刘秋菊头颅的告示，此时刘秋菊已是琼崖的大名人。刘秋菊将计就计，先在潭牛墟附近公开活动，到村子里找群众做宣传，诱骗村里的地主跑到炮楼报信。炮楼的团丁正想捞笔赏金过年，一部分人便连跑带颠忙不迭地到村里去搜捕刘秋菊。剩下的团丁也都无心留守，到墟场寻欢作乐。炮楼门口只站着一个无精打采的哨兵，楼顶上只有国民党乡长和他的文书在那里坐镇。

刘秋菊在村里虚晃一枪，又迅速赶到墟场。她走在前面，身后跟着一个化装的战士，挑着豆腐花在炮楼门口叫卖。他俩边喊边观察炮楼内外的动静，监视炮楼的哨兵；其余的红军战士装扮成挑菜的、卖柴的农民，从四面八方进入潭牛墟。

摸清敌人虚实后，按照预先部署，几名战士故意大声吵闹，扭打起来。他们拉拉扯扯，越打越厉害。刘秋菊叱道："青天白日，胆敢打架，去去去，到炮楼找长官论理！"这句话是行动信号，只见红军战士你推我拥，冲上炮楼去。乡长看着突然从天而降的红军，不相信自己的眼睛，只听为首的刘秋菊说："你不是想要我的脑袋吗？我送来了！"陈英一个箭步转到国民党乡长的背后，拔出手枪，"砰"的一声送他上了西天，文书也被刘秋菊一枪打中；哨兵还没有弄清是怎么回事就被侦察兵收拾了。战士们把炮楼里的枪支弹药背上，在炮楼四周堆起柴草，浇上火油，点了一把火，然后把炮楼的大门一锁，转瞬间撤走了。

下到村子里的敌人到处搜捕刘秋菊，自然连人影都找不到。他们哪里能料到，刘秋菊带领红军在他们的老窝大闹天宫呢！等团丁们闻讯赶回时，炮楼已成了一堆灰烬。看到如此情形，敌人个个呆如木鸡。赶集的群众却喜形于色，大伙能过个痛快年了！

年复一年，刘秋菊在残酷的对敌斗争中锻炼得浑身是胆，英勇过人。抗日战争中，她又挑起重担，在狼窝虎穴里来往奔波，送情报，搞联络。

1942年底，天气阴冷，风雨交加。连日来，在海口通往文昌、嘉积的公路干线上，一辆辆军车往来频繁，车上站满了全副武装的日伪军。敌人又准备向抗日根据地“扫荡”了。

这天上午，一封紧急情报送到刘秋菊的手里：“驻琼山县的日伪军倾巢而出，准备对我树德老区进行‘扫荡’，各地党政军民，务必于黄昏前转移，对敌人实行坚壁清野。”

时间紧迫，封锁严密，通往树德的路口都有敌人把守，如何把这份情报不误时机地送到树德呢？刘秋菊皱紧眉头。人命关天，刻不容缓。再难也要完成任务。忽然，她计上心来。土生土长的刘秋菊最了解当地风俗习惯，她赶忙找出一堆东西，一样样披挂起来：头上围着麻巾，身上披着孝服，手提香烛，活脱脱一个奔丧的寡妇。她哭哭啼啼地向树德走去。一路上，伪军岗哨谁见了谁叫倒霉，别过头，看也不愿看，问都不想问。这一带很忌讳丧事，认为碰到这种事就是触霉头。就这样，刘秋菊顺利地把情报送达目的地。当敌人从四面八方向树德围拢而来，村里村外却鸦雀无声，敌人扑了空。我们的领导机关和当地群众免遭涂炭。

3/“我是姨母”

“头戴旧竹笠，身着黑布衣，赤脚跑起路来风一样快；打起仗来，冲锋陷阵，英勇非凡；回到村里，开荒种地，养鸡养鸭，样样能干。外表是个农妇，唯一不同的是，她腰里别着一支勃朗宁手枪。”这就是琼崖人对刘秋菊的描述。

一方水土养一方人。海南岛的妇女在风里浪里摸爬滚打，在封建歧视中顽强生存，她们天生就具备了坚忍不拔的品质。刘秋菊一出世就命运多舛，在严酷的环境中，她养成了不屈不挠的性格，练就了独立机警的能力，多苦都能忍耐，多难都不低头。她要跑交通联络、当向导带路，给部队挑水做饭、护理伤员。转移阵地时，她不仅背着枪弹、棉被，还要背小孩，途中还要负责联络。但她毫无倦意，似乎浑身有使不完的劲。1942 年冬，她的丈夫、全琼有名的“五虎将”之一、琼崖抗日独立总队第二支队第一大队长林茂松在战斗中光荣牺牲，这对她无疑是很大的打击。她骨瘦如柴，面色苍白，同志们劝她好好休息，可是，她却平静地说：“一个革命者，应该有一个宏伟的理想和目的，为了这个理想和目的，什么苦都可以忍受和克服。”她仍然像平时一样不知疲倦地工作，表现出惊人的毅力。

刘秋菊虽然参加了革命，后来还成为领导干部，但她从没有剪断自己和这片土地、和土地上的人民的脐带，在她眼里，百姓就是她的亲人；在百姓心里，她永远是大家的姨母——这是琼崖的男女老少对刘秋菊的称呼。多么平凡寻常的称呼，多么血肉相连的称呼，多么意味深长的称呼！因为是“姨母”，所以刘秋菊豁出命去为他们能过上好日子而战斗；因为是“姨母”，所以他们冒着危险掩护刘秋菊，毫无保留地信任刘秋菊。她每到一处，就好像回到自己的家里一样，同农民一起下田干活，喂猪喂鸡，拾柴担水，舂米煮饭，就像这家的主妇。农民把她当自家人，家里家外的烦心事都跟她说，要她拿主意。有了这样的超乎血缘的感情，什么能威胁到她？什么能阻隔得了她和群众之间的关系呢？即使是在敌人驻扎的地方，她也能如履平地，平安无事地生活工作。

1934 年冬天，琼崖特委采取新的战略措施，深入发动群众，广泛开展游击战争，敌人对此怕得要死，恨得要命，因而，不仅对红军大肆“清剿”，也对无辜群众狠下毒手，有些群众怕受连累，不敢接近我们的同志。面对这样的困难，刘秋菊自然而然成了红军和群众的桥梁，经常为来往的同志们担任向导，找到百姓家，解决食宿。一个冬天的深夜，细雨纷飞，她领着红军的一个小分队，来到演丰墟附近的村庄。长途跋涉后，战士们又饿又累，他们上前去拍农户的门，可是却听不到一点儿动静。这里的老百姓被国民党军威逼胁迫，都不敢轻易接待红军了。这时，刘秋菊走上前，轻轻地拍了两下，细声说："我是姨母，别怕，开门吧。""吱"的一声，大门打开了，主人先看到姨母那熟悉的面孔，立刻放心了，他们热情地招呼同志们进去休息，忙着烧水、做饭，给战士烤湿透的衣服。顿时，火光映红了众人的脸。姨母就如同这火光，在寒冷的冬夜里温暖着人们的心。

4/ 摧不垮的老树

1927年春，喜雨如酥，万物更新。在新村一间矮小的祠堂里，中共文昌县龙马乡党支部成立了。党组织的建立就像春雨一样滋润着土地，生活在这块土地上的劳苦大众获得了新生。农民群众发动起来了，红军队伍组织起来了，那些被压在底层的百姓有了生的希望。穷困的寡妇妚大找到了共产党这个依靠，她立即投身到革命浪潮中，打土豪，分田地，烧祖簿，罢市游行，样样冲在前头，多次出色完成组织交给她的任务。经过党的培养和教育，妚大一步步成长，具备了入党的条件，组织上决定吸收她为共产党员。在替她填写入党登记表时，支部书记云鹤畴对她说："你年过半世，还没有一个正名。你丈夫排行第四，考虑到方便革命活动，给你起个名，叫云四婆，你看好不？"妚大爽朗地回答："太好了！"

1928年，恶霸云彪梧、云玉山、云学元到海口求援，带回国民党军一个团的兵力，向龙马革命根据地围攻。接到情报，党支部召开会议，研究对策。他们请来昌洒乡昌述村的木匠，在乡苏维埃政府副主席、共产党员云翰三的家里，日以继夜赶制了一门"荔枝炮"，组织起农民武装，毫无惧色地抵抗来犯之敌，打得敌人屁滚尿流。云彪梧、云玉山没想到竟被泥腿子炮轰了，当然不甘心，不久又大办民团，纠集地主武装，向龙马新村根据地猖狂反扑。来势汹汹的敌人烧光五六百间民房，杀害共产党员和无辜农民100多人。云彪梧为了震慑群众，在新村云氏祠堂召开大会，把云四婆拉上去，打了200板，打得她皮开肉绽，遍体鳞伤，几次昏倒。

玉碎不改白，竹焚不改节。敌人的拷打吓不倒她，反而更坚定了云四婆跟党闹革命的决心。

1929年春节，中共琼崖特委再派云鹤畴、云于能重返文昌县龙马新村根据地。云四婆又担负起联络员的重任。

这些日子，云彪梧、云玉山的反动气焰十分嚣张，强迫每户签写"本户立誓反共"的表决书。为了打击敌人的气焰，云四婆接受党交给的任务，组织"行红"（即锄奸）活动，为迎接革命的新高潮扫除障碍。

正月十二，云四婆获悉云彪梧、云玉山等云姓大小头目次日在新村云氏祖祠祭祖，赶紧跑到30多里外的金千村向县委汇报。当夜，她领着县委驳壳班3位同志回村，第二天，叫上向导，准备狠狠地敲敌人一下。云四婆扮成小贩，挑着货郎担，牵着一头黄牛，向新村云氏祖祠走去。

把守的团丁吊儿郎当地在门口站着、蹲着，她绕到后门，同样有几个团丁站岗。她又转身到侧门，门从里面关着。这时，一阵饭菜香味扑鼻而来，哦，正是开饭的时候！她灵机一动，挑着担子牵着牛向田野走去，边走边大声骂牛："死瘟头，死瘟头！"故意暴露自己。

"站住"一声吆喝，五六个团丁扑过来，几支枪口对准了她。

"先生，我是好人，做农的！"四婆假装害怕地说。

"你来干什么？"一群团丁杀气腾腾地逼问着。

"卖糖糕，看吧，什么都有，甘蔗、香烟、芭蕉、花生、椰子糖……"云四婆掀开箩盖。

这些家伙肚子正饿，看到有好吃的，一窝蜂拥上来，你一把我一把地抓着吃开了。祖祠里那些团丁听见外边有吃的，你推我攘地冲出来。

“弟兄们！自己把钱放进这个布袋里就好了，我先喂牛去。”云四婆说着，把牛赶到一条沟里。一棵矮小的椰树挡住了敌人的视线，她一个箭步闪进了祠堂。

云彪梧、云玉山穿着长袍马褂，正坐在祠堂里谈笑风生，没人留意云四婆，她悄悄顺着墙根走过去，把侧面的小门打开，3 位驳壳班战士闪身进入门里，云四婆扒在墙上监视敌人。

“不许动！”驳壳班战士冲进去，枪口对准云彪梧、云玉山的胸膛。这时，外面的团丁发觉有异，忙往回跑。云彪梧、云玉山趁机反抗。云四婆见状，机智地奔到无人的庭院里，拿出单响、双响鞭炮，全部点燃，砰砰啪啪像排枪连放；向导紧密配合，跳过围墙，从衣袋里拿出哨子，使劲地吹着，造成“兵临城下”之势，云四婆又拼命地跑到大门口，大喊：“跑呀，快快跑呀！几百共匪围村来了。”团兵一听，吓得连枪都抛了，一个个抱头鼠窜。云彪梧、云玉山从地上爬起来拔腿逃跑，3 位驳壳枪手一齐开枪，了结了他们的狗命。

打蛇打头，擒贼擒王。恶霸头目一死，民团也自行解散了。

当时，这一带“红白”拉锯非常厉害，斗争很残酷。不久，敌人又攻打回来。这年冬天的一个早晨，龙马乡民团头目符献佳、云学元闯进云四婆的家，说她通共，杀死云彪梧、云玉山，把四婆抓到团部，双脚穿柴笼（即木质脚镣），双手用铁链拴住，倒吊施刑。敌人逼她供出上级领导，云四婆对着符献佳、云学元的脸吐口水，还对着地主恶霸潘儒三破口大骂，惹恼了敌人，他们把云四婆整整监禁了 20 多天，火烤、水灌、鞭打、电咬，皮肤烙焦，脸部浮肿，都没有使她屈服。

敌人想尽办法让她开口，有意让云四婆的女儿和儿子来探监。

“四婆，让你母子见见面，要为孩子着想！”敌人话中有话。

“呸呸！我就是为孩子着想才这样做的！”云四婆坚定地回答。

残忍的敌人当着孩子的面又对她施以酷刑，云四婆昏厥过去，醒来后看到儿女哭成一团，她反倒安慰孩子们：“别伤心，我会活着回去的。”

最后，敌人拿她毫无办法。云四婆果然活着回来了。大革命时期，她顽强地扛过了民团的迫害，又挺起胸膛，迎接新的挑战。

抗日战争时期，云四婆依旧活跃在敌我斗争的前沿。形势更复杂，一边是日寇“扫荡”，一边是国民党顽军夹击，革命根据地连连遭殃。1944 年 1 月，区委书记邝世发深夜到云四婆家告诉她一个消息，叛徒云亦廉已回龙马乡当国民党乡长，可能又要向革命根据地下毒手了。

果然，云亦廉回来后，抓不到我党区委领导人，就把云四婆抓了起来。施刑后，拉上来审讯。云亦廉追问：“你是不是共产党？”云四婆答道：“以前我是共产党，以前你也是共产党。”云亦廉暴跳如雷：“我是问你现在是不是共产党员？”云四婆大声回答说：“现在我老了，年老不能做什么事了。你以前是共产党员，却当了叛徒，投靠维持会和日本鬼子，出卖革命，你的心肝都黑了！”

“别废话！共产党区委的邝世发、云逢询在哪里？”云亦廉用手枪顶着四婆的胸膛。

“不知道就是不知道。”云四婆平静地说。

云亦廉审不出什么，只好将她押送到日本军部。

日本鬼子对云四婆又是一番严刑逼供，结果相同，得不到任何口供和证据。

云四婆一生中，被国民党反动派逮捕过一次，被日伪军逮捕过五次，始终坚贞不屈，像一棵狂风刮不倒、雷电摧不垮的老树，傲然挺立在田野上。

5/ 慈母心

对敌人，云四婆像一把不卷刃的砍刀，对同志，却有一颗慈母之心。从 1927 年加入中国共产党起，在漫长的艰苦岁月里，她先后接济过琼崖特委、琼崖民主政府、琼崖纵队及县、区、乡的工作同志 100 多人，为革命作出了贡献。

1929 年正月中旬的一天晚上，云四婆接到区委通知，云鹤畴、云于能要率领两个连的红军到达新村，要求做好接应工作。

次日，红军队伍来到了。云四婆一天比一天忙，人多了，粮食成了大问题。她召开支部会，讨论如何解决部队的粮食问题。她提出党员带头找粮食，同村的抱采姐知道四婆已把自己所有的粮食都拿出来给红军吃了，她家里足足两天没米下锅，便建议，四婆困难，不要担负筹粮任务。云四婆却斩钉截铁地说：“我是个党员，不能让红军受饥挨饿。”

会后，云四婆回到家里，看着空空的米袋发愁。左思右想，终于想起了她当年避难时结认的干女儿。干女婿是小学教员，生活较宽裕。当天中午，云四婆找来 4 个身强力壮的小伙子，挑着箩筐，来到干女儿家，掏出一封事先托人写好的信，信的内容是儿子要从外地回家结婚。干女婿把信读完，云四婆就开门见山地说：“亚铣要结婚，需要五六百斤大米，缺米缺酒就误事啦！今天我是来借米的。”干女婿女儿听说是为了办喜事，都齐声答应借米，打开粮仓，把白花花的大米倒进了 4 个小伙子挑来的箩筐里。在云四婆的带动下，村里的乡亲们捐出了 1000 多斤大米。

1936 年 11 月，反共分子张会东率兵进犯新村，被我红军打退。红军调离了村子后，区委将 4 名伤病员留在曾道山，拨给一些药品、棉花、纱布，委托云四婆照料。

云四婆找来她长期培养的“五姐妹”符桂花、符月英、符春花、林秀梅、抱采姐，和她一起照料伤员。药品不足，她们便用草药代替，用竹笋水、罗秘叶和盐水煮了洗伤口。几天后，云四婆又同“五姐妹”装作走亲戚、赶集，绕道到曾道山，给伤员搭起草棚，让他们住进去，精心照料他们。

张会东被击退后，恼羞成怒，率领几百名保安队到处搜查。一个风雨交加的夜里，有人给云四婆报信，敌人来了，离村子不远了。云四婆立即组织群众撤离，而她自己却不走，戴上竹笠，披上蓑衣，顶风冒雨直奔曾道山。草棚里的伤病员都睡熟了。云四婆一个个地把他们叫醒，说：“敌人冒雨赶来，多半是得到消息，为的是抓人，今夜不来，明早定到。咱们赶快离开这里！”她领着 6 名伤病员离开曾道山仅十几分钟，就听见村里枪声大作，背后的曾道山火光冲天，云四婆连夜带领 4 名伤员直跑了 10 多里路，到达区委常住的罗民村，安全脱险。

1942 年春天，日寇对根据地进行大“扫荡”，云四婆在宋宅山建立临时医务所，一批批伤病员在她和乡亲们的精心护理下康复，回到前方杀敌。只剩最后一个重伤员老李，他的伤也基本好了，快要归队了。这天，他正好在云四婆家里，忽然遇上汉奸潘儒三带领日本鬼子和伪军进村搜查。敌人就是冲着伤病员来的，此时已无处藏身，逃出去也不可能了。云四婆忙叫老李躲在房里，叮嘱他不许出来，自己走出门对付敌人。

“老太婆！伤病员藏在哪里？”领头的一个敌人问。

“不知道。”云四婆镇静地回答。

“他妈的，该死的老鬼头！”敌人对云四婆拳打脚踢。

老李在屋里看到这情景，就像自己的母亲挨了打，怎么受得了？他忍不住冲出门去，大声喊道：“住手，不许打！”

“你是谁？”几个伪军围上来。

“我是我，我是堂堂正正的中国人！”

几个伪军一听，知道老李是在骂他们，揪住他就打。云四婆上前拦住，说：“你们凭什么打我儿子？”

“不管他是谁，把他抓起来。”几个伪军叫着。

“他不是伤员，他是我儿子，你们凭什么抓人?！”

云四婆正在和敌人拉扯，没想到，她的亲生儿子云逢铣回来了！

“不许动！”敌人的枪口转向了云逢铣。

云逢铣看看云四婆和老李，下意识地喊了一声：“娘……”哪知云四婆立刻把他堵了回去：“什么娘娘，我又不是菩萨，老呛不停。”云逢铣看看母亲的眼色，便随机应变地改嘴说：“我是讨点水喝。”云四婆端了一碗水递给他说：“喝吧！别啰嗦。”云逢铣一饮而尽。

“他是谁？”敌人逼视着云四婆。

“不认识，过路的客人。”云四婆坚决地回答。

鬼子仔细观察着云四婆的表情，最后指着云逢铣：“啊，你是伤员。”

鬼子和汉奸立即扑上去，把麻绳套在云逢铣的脖子上，推出门。老李大喝一声；“慢走！我就是伤病员，要抓就抓我！”

“他不是伤病员，我是伤病员。”云逢铣抢着说。

“不，他不是伤病员，我是伤病员！”老李喊道。

这一来，弄得敌人真假难辨了。鬼子军官走过来，喝令道：“统统抓走！”话音未落，只见云四婆扑通一声跪在地上，捶胸顿足，大哭大骂，她用力拉住老李的裤子，伸手打了他两个耳光，骂道：“你这个败家子，不识好歹，皇军是抓共产党，你为什么冒充伤病员？连你母亲都不认了，想领死啦……”云四婆就这么一直骂着打着，死死拉住老李不放。敌人只好放了老李，把云逢铣带走了。

傍晚，区委书记邝世发闻讯赶来，安慰云四婆。云四婆流着泪说：

"我儿子要是回不来，我乐意认所有的革命儿子当我的儿子，对吗？"

为了营救云逢铣，区委采取以牙还牙的对策，把恶霸云学元、云玉成和张会东的家人通通抓起来，给他们写信说："如果杀了云逢铣一人，就要杀你全家！"逼得云学元、云玉成、张会东只好向日寇头目富田讲情，把云逢铣释放了。但是，云逢铣被敌人残酷折磨，伤势过重，出狱不久，便病死了。

云四婆掩埋好亲生儿子的尸体，又把最后一个儿子云逢锐交给党，送进革命队伍。

后来，被云四婆照顾过的伤病员们知道了这件事，他们流着泪说："云四婆！你用儿子换'儿子'，你儿子死了，我们大家就是你的儿子，我们伤病好后一定英勇杀敌！"云四婆抹一把涌出的泪水，坚强地说："我的儿子虽然死了，但是还有许多革命儿子活着，你们都是我的好儿子！"

熬过了漫漫长夜，云四婆和琼崖人民终于迎来了胜利的一天。

1950 年 10 月 5 日，61 岁的云四婆光荣出席广东省第一届人民代表大会。当叶剑英命名她为"革命母亲"的时候，全场响起雷鸣般的掌声。

冯白驹有一句名言：山不藏人人藏人。名扬海南岛的姨母刘秋菊、革命母亲云四婆、革命五姐妹、红军妈……这些普普通通的共产党员和成千上万的革命群众，就是巍峨的大山，就是不倒的长城。他们就像这座岛上的红树林，在盐水里泡着，被潮水冲刷着，台风刮不跑，海浪卷不走，数不清的支持根、呼吸根深深扎在泥里，盘根错节，你拉着我，我拽着你，齐心协力，保护着海滩海堤，保护着这座美丽的海岛永不沉没。

第十六章

解放海南岛

∨

具有历史意义的一天来到了，

300 万琼崖人民盼望的时刻来到了！

雄师进发，千帆争渡。

对于这个大结局，

中国历史上两位至关重要的人物在此之前就作出了异曲同工的预见。

一位是毛泽东，

另一位是蒋介石。

1/ 黎明之前

1949年4月，百万雄师过大江，人民解放军强渡长江，直捣国民党老巢。之后，以摧枯拉朽之势向南挺进，国民党军队一路败退，一部分逃到海南岛，10月广州解放后，逃来的敌人增至10万人。他们负隅顽抗，企图把海南变成第二个台湾。海南特区警备总司令陈济棠也不甘失败，妄想以大海为屏障，守住孤岛。他将岛上的敌军重新整编，集中兵力，向解放区发起大规模进攻，抢劫秋粮，断绝我军供应来源。残兵败将在临死之前的挣扎尤为疯狂，斗争尤为残酷。但是，英勇的琼崖军民在冯白驹的带领下，抖擞精神，再振雄风，在黎明到来之前和敌人决一死战。中央领导对冯白驹和琼崖人民给予了充分的信任，这年初，中央军委副主席周恩来在西柏坡接见琼崖代表李独清时说："我们大军过江之后，蒋介石有可能退守台湾、海南二岛，这样就会给你们造成预想不到的困难……你们在地理位置上是孤岛，但你们在军事、政治斗争上绝不是孤立的。""海南的斗争坚持了二十多年，红旗不倒，这是很大的成绩。我在三十年代初见过冯白驹同志，他给我的印象是体格魁梧，精力充沛，谈吐坦率，思想坚定，是我党不多见的好干部。从他领导坚持长期武装斗争上来看，他是可以独当一面的，中央信得过的。”

1949 年 7 月，琼崖区党委发出号召：“从各方面做好充分的准备，坚持最后一次极端艰苦、严酷的斗争。”至同年底，琼崖纵队在敌众我寡的形势下，依靠解放区的人民群众，保护秋收，保护粮食，开展游击战争，打退了来犯之敌，粉碎了扑向解放区的狂风恶浪。最大的一仗是 12 月 29 日在新宁坡，我军溃敌一个师，向党和人民献上了一份特殊的新年礼物。

从 10 月开始，国民党就谋划阻挡我军渡海、解放海南岛的战略措施。10 月 29 日，蒋介石派陈诚由台湾来琼，召开秘密军政联席会议，布置防务。成立了海南防卫总司令部，薛岳任总司令，指挥陆海空 10 万兵力，制订了《海南防卫作战计划》，构筑海、陆、空立体防线。薛岳字伯陵，因此这道防线又称“伯陵防线”。薛岳自称这是一道“固若金汤”的东方的“马其诺防线”。国民党认为，“共军无海军，靠原始木船，绝难飞渡琼州海峡”。对海南岛上的琼崖纵队，他们采取“清除内患，以拒外难”的策略，以三分之一兵力防守沿海，三分之二兵力向解放区再次发动进攻，有的村子全村都被烧光。敌人张贴布告，出 5 万金圆券悬赏冯白驹首级。冯白驹知道了，哈哈大笑：“敌人价钱越出越高了，十年内战时 1000 光洋，日寇出 1 万，现在又出 5 万金圆，可惜啊，谁也不想去领赏。”

也是在当年 10 月，冯白驹几次向上级汇报关于解放海南岛的想法和准备。19 日，冯白驹就琼崖的情况向华南分局叶剑英等领导人报告：“根据琼崖敌我力量的对比，我们觉得，要使琼崖的战争随着国内的战争取得彻底的胜利，单靠琼崖的力量，是不能解决问题的。我们迫切要求兄弟军来琼帮助我们早日完成解放琼崖的任务（按照目前的情况，有一个至两个军来琼，便可压倒敌人）。……为打击敌军抢粮，并解决我们的军粮，如兄弟军可能来琼，最好还是秋收后来。不知你们以为怎样。在可能范围内，能否将你们对解放琼崖的计划和布置，预告我们，使我们能根据你们的计划布置我们的工作（我们现正全面动员筹粮）。”

11月2日，冯白驹就“琼崖军情与请示早日布置解放琼崖战争”问题又致电华南分局及中共中央，提出：“国民党残兵败将来琼后，在粮食恐慌的威胁下，……其疯狂抢粮的阴谋充分暴露，如琼崖不能早日解放，则琼崖人民必罹巨大灾难，琼崖情况也可能暂时走向恶化。请你们考虑这个情况，在雷州半岛解放后接着布置解放琼崖战争。”

12月，华南大陆全部解放。正在苏联访问的毛泽东向中国人民解放军第四野战军四十军、四十三军发出解放海南岛、准备渡海的命令。四野前委决定，除这两个军之外，再配置炮兵、工兵、通讯兵、防坦克兵共10万大军组成作战兵团，由十五兵团统一指挥。

冯白驹接到中央军委关于接应野战军渡海登陆的命令后，立即召集琼崖党政军领导干部研究部署接应大军渡海作战工作，强调这是目前压倒一切的中心任务。会后，整个海南岛解放区行动起来，开展了“一元钱，一斗米”运动，临时人民政府发行40万元解放公债以筹集足够的粮食。为了认购公债，妇女们把多年压箱底的金戒指拿出来，农民掏出了省吃俭用存下的几块银圆。黎苗同胞自己吃野菜，捐出粮食。5万多石粮食筹集好了，6万多人的支前队伍组织起来了，400多名船工动员来了，170艘木帆船分批驶向了雷州半岛。青年们争着参军，特工人员秘密策反国民党部队起义。琼崖党和群众以极其高涨的热情为解放海南岛做好了准备。

2/ 引弓待发

为了使渡海作战部队详细了解琼崖的军情、地形，以利制订渡海作战计划，冯白驹决定派琼崖纵队参谋长符振中偷渡海峡，向叶剑英、邓华等领导人汇报。

冯白驹把符振中找来，交代任务："你先去西路，摸一下敌情，选择大军登陆地点。登陆点要具备三个条件：一是水浅，海岸线长，有利于登陆部队展开；二是敌人的海防部署薄弱，兵力少；三是离山区近，偷渡部队登陆被琼纵接应上后能够迅速转入山区。时间紧迫，任务艰巨，明天出发。"

第二天一早，符振中带上两个警卫员和公务员正要出发，琼纵司令部科长符致东骑马赶来："老冯叫你从澄迈过海，越快越好。他已通知澄迈县委派人送你过海。"符致东交给他一包密件，郑重地说："里面是海南岛地图、情报、密码。老冯让你亲自交给主力部队首长。"

符振中等人来到澄迈县的马村。紧挨码头有个炮楼，驻有国民党军一个连，封锁港内船只，监视海上动静。碉堡里架着机枪，经常有六七个人一起放哨。港内是浅海，每当退潮时，常有当地渔民上百人下海抓鱼、挖海螺，天黑涨潮就排队上岸回家，码头上的敌哨兵拿着花名册逐个点名放行。符振中他们找到当地党组织，当地领导给予了很大的帮助，为他们找好了过海的船只。他们混在下海抓鱼的人群中上了船。那是一只二三十吨的帆船，装上红糖，通过了哨兵的检查，停在离码头几十米远的浅滩上，等候晚上涨潮。符振中和马建台、吴正贵打扮成渔民，额上系一盏灯，腰间背一个鱼篓，手中拿一个鱼罩，先由群众带到海边的小树丛中隐蔽起来，天黑便假装下海抓鱼。等抓鱼的群众陆续回来时，船上的船工故意大声叫："兄弟们，快来帮忙推船呀！"早已布置好的党员和群众都过去推船，他们三人也掺在其中。大家合力将船往外推，离岗哨越来越远，他们在夜色苍茫中跃身上船。

第一批与主力部队联系的人员渡海成功，冯白驹又派出第二批。

1949 年冬，最大的一股寒流猛烈地袭击着海南岛。在这个时节渡海是要冒很大风险的。可是，时间不等人啊。早晨，琼崖纵队司令部侦察科长郭壮强刚从敌后回来，吴克之副司令员就派通信员把他叫去了。冯白驹司令员已经在屋子里等候。两位领导交给他一项重要任务，带一批水手船工，尽快渡海到雷州半岛去，向主力部队汇报我们的情况，提出我们的要求和希望，帮助开展渡海练兵。

深夜 10 点多钟，郭壮强领着人上了帆船，但是在东北方向的海面上，出现了敌人好几艘军舰，死死地封锁住航道，帆船根本过不去。

“向西开！”郭壮强下令。

向西航行的目的是想绕过敌人在琼州海峡的舰队，过了海峡中流再转航向东北走。但是，到下半夜，东北风渐渐增大，风急浪高，顶风逆浪，帆船像爬山，拐弯抹角，转来转去，半天行不了半里远。第二天，船还没有离开新盈港海域。

一天过去了，船还没有通过琼州海峡中流。一入夜，敌人军舰就全部出动巡逻，一束束雪白的探照灯光在海面上来回搜寻，发现目标就开炮、开枪。天上也有飞机巡逻，因为天黑看不见海面情况，就投下照明弹，把海峡照得通亮。

郭壮强他们的船冒着危险，时而躲进阴影，时而钻进浪谷，跟敌人斗，跟大海斗，靠近中流时，风狂浪猛，急流如箭，打得帆船颠簸欲翻，排浪瀑布似的打到身上、脸上，睁不开眼睛。

天边发亮了，郭壮强借着微光，看见前面出现了海岸线，高兴地叫道：“同志们，我们胜利了，到雷州半岛了！”

船要靠岸的时候，前面走来两个穿军装、背冲锋枪的人。郭壮强看见他们头上的帽徽是红五角星，胸章上写着“中国人民解放军”，他按捺不住内心的激动，纵身跃起，疾步跨上岸，紧紧地握住对方的手，说：“我是琼崖纵队的，从海南来的。”

“啊，琼崖纵队的同志！”哨兵听说是从海南来的琼崖纵队，像见到了亲兄弟，互相拥抱着，大声高呼起来："海南来人啰！琼崖纵队的同志来啰！"驻在乌石港海岸的解放军战士欢呼着，跳跃着，奔走相告，纷纷跑来看望琼崖纵队的同志们。郭壮强几乎是被抬着送到指挥部的。

琼崖纵队接连派出几批人偷渡到雷州半岛，发挥了非常重要的作用。他们帮助领导熟悉登陆地点的情况，并立即投入到渡海部队的海练热潮中。

这时，马白山副司令员也从北京回到广州。马白山作为琼崖纵队的代表参加了第一届政协会议和开国大典后，10 月下旬接到通知，要他立即回广州，协同大军准备渡海作战。马白山高兴得彻夜未眠，一整夜都在考虑着渡海作战的问题。11 月上旬，马白山和王国兴等人启程南下，回到广州，接受了配合野战军渡海作战任务。

1950 年 2 月初，在中共华南分局书记、广东省军政委员会主席叶剑英主持下，召开高级干部参加的解放海南岛战役作战会议。出席会议的有十五兵团司令员邓华、政委赖传珠、第一副司令员兼参谋长洪学智，十二兵团副司令员兼四十军军长韩先楚、政委袁升平，四十三军军长李作鹏、政委张池明等领导人。从北京回到广州的琼崖纵队副司令员马白山和专程潜渡过海汇报情况的琼崖纵队参谋长符振中也被邀请参加了这次重要会议。

会议首先学习了党中央、毛泽东主席关于解放海南岛战役的重要指示。毛泽东主席就琼岛作战的组织部署和要求给四野前委作了一系列重要指示，指出要"依靠改装机器这个方向去准备，由华南分局与广东军区大力于几个月内装置几百个大海船的机器……争取于春夏两季内解决海南岛问题"。"请 15 兵团与冯白驹建立直接电台联系，并令冯白驹受邓、赖、洪指挥。把琼山、澄迈、临高、文昌诸县敌军配备及海军情况弄得充分清楚，并经常注视其变化。""渡海作战完全与过去我军所有作战的经验不相同”,“海南岛之敌可能较金门敌人战力差些,但仍不可轻敌……以免重蹈金门覆辙。”金门战役是指1949年10月24日,我第十兵团二十八军下属三个团渡海进攻被国民党军队占据的金门岛,苦战三昼夜,因准备不足,对渡海作战不够了解,麻痹大意,致使战斗失利。因此,毛泽东特别强调要总结金门之役的教训。

琼崖纵队参谋长符振中在会上汇报了海南岛党政军组织情况、战役准备情况和敌军的防御部署,要求大军尽快渡海。

符振中转达了琼崖纵队司令员冯白驹的两条建议:一是乘敌人防线不甚严密,先偷渡一批兵力,加强琼崖纵队的接应力量;二是若第一个办法行不通,就派一批军事干部和技术人员把枪支弹药运过海,以充实琼崖纵队的武器装备。

会议具体讨论了渡海作战的方案。经研究,采纳了冯白驹的建议,大家一致认为,海南岛大,登陆点较多,又有琼崖纵队接应,先小批偷渡与琼崖纵队会合,增强岛上力量,就可改变岛上敌我形势,利于接应野战军主力大规模强行登陆。因此会议确定了海南战役的作战方针:“分批偷渡与积极准备大规模强渡,两者并重进行。”

3/ 冯白驹的眼睛湿润了

1950年3月,解放海南战役的一切准备工作就绪。而此时,岛上国民党的11个师封锁琼州海峡,并加紧攻占解放区,抢夺粮食。如不尽早派部队渡海增援,琼崖纵队会面临更大的困难,对我军解放海南岛也会带来不利影响。十五兵团党委决定,趁现在有北风,抓紧时间,分两批四次偷渡。

冯白驹接到电报,立即向兵团报告,建议渡海部队在儋县的海头港至白马井一带登陆,这一带敌人海防力量弱,仅有一个步兵团防守。

部队登陆后，便于向五指山区转移。兵团指挥所同意冯白驹的意见，决定由四十军派出一个加强营率先渡海。

这些天，在琼崖纵队总部机关驻地——白沙县毛贵乡的几间茅草屋里，充满了紧张热烈的战斗气氛，纵队总部机关的大部分领导人已分赴各个战场。纵队司令员兼政治委员冯白驹把政治部副主任陈青山找来，面带笑容地对他说："青山同志，现在交给你一项重要任务，区党委、纵队党委决定派你率领第一总队到琼西去接应四十军渡海登陆部队。琼东接应四十三军渡海登陆部队的任务，由吴克之副司令员指挥三总队和独立团去完成。你过去在琼西地区战斗过，对当地情况和部队都很熟悉，你到那里去很合适。你的意见怎样？"

听了这个喜讯，陈青山毫不犹豫地回答："请领导放心，我坚决完成任务！"

冯白驹摊开一张地图，向陈青山讲述了已进驻雷州半岛正进行海上练兵的四十军、四十三军的情况，介绍了国民党部队在琼西几十公里长的沿海一线的兵力部署，详细地分析了敌我态势。第二天，陈青山带着一部电台和几个机要、警卫人员匆匆上路。走了五天，到达第一总队队部。

3 月 1 日，陈青山收到四十军军部和琼崖纵队总部的电报，命令他们迅速向白马井一带隐蔽运动。接应部队当晚出发。为了不让敌人察觉我军的行动意图，我军晚上行军，白天休息。海岛 3 月，春雨连绵，把他们的衣服都淋湿了。雨夜伸手不见五指，队伍在崎岖小路上行走，不时有人摔倒，但没有一个人掉队。三天三夜后，他们来到了儋县的丰猛村。这是个有 30 多户人家的小村庄，离海边不远。过去陈青山曾带部队在这里与国民党军战斗过，对周围地形比较熟悉。群众基础也很好，便于部队隐蔽。

3 月 5 日下午 18 时，渡海先锋营总指挥一一八师参谋长苟在松和琼纵司令部侦察科长郭壮强登上指挥船。19 时 30 分，14 只帆船载着先锋营四十军一一八师三五二团 799 名勇士，从徐闻县灯楼角起渡，向着海南岛儋县方向进发了。

夜空澄澈，繁星明亮，北风习习，木船破浪前进。

第二天拂晓，先锋营到了临高县峨蔓岭附近。

就在这个时候，风突然停了，大海平静如镜，空气顿时闷热起来。刹时 14 条帆船在海里停滞不前，慢悠悠地荡漾着。

“怎么办？还能继续前进吗？”苟在松参谋长问道。

郭壮强坚决地说：“发动大家划桨，照直前进！”

“好！”苟在松参谋长同意，立刻向军部发电：“我们已经抵达临高县海面，突然停风，我们决定划桨代风，继续前进，按预定地点登陆。”

军部马上复电，同意渡海先锋营的决定，并电告琼崖纵队按原计划接应。

6 日拂晓，风平浪静，海滩一片沉寂。7 点多钟，驻守在峨蔓岭上的敌人发现海上有船，当即开枪射击。从敌人火力密度上看，是试探性火力侦察，于是郭壮强告诉苟在松参谋长不要还击，命部队进入船舱隐蔽。一会儿，空中传来轰鸣，有敌机盘旋侦察，并向渡海先锋营船队投弹扫射。接着从海口方向又来了两批 6 架敌机，对渡海先锋营船队进行轮番扫射轰炸。平静的海面掀起狂澜，水柱冲天，硝烟弥漫。苟在松参谋长一声令下，各条船上的轻重武器一齐开火，敌机不敢低飞，升到几千米高空盲目投弹。

正在这个时候，白马井响起了激烈的枪声，接应部队向敌人发起进攻。先锋营如虎添翼，蛟龙增足，全体指战员奋力划桨，向白马井港岸靠近。岸上原有敌人两连兵力防守，后来又增援两个加强营，全是薛岳的六十四军主力部队，敌人组织双层交叉火力网封锁港口，边打边叫嚷：“解放军上不来，不要害怕！”但是琼崖纵队接应部队气势如虹，战士们发起冲锋，向敌人迂回包围，早已斗志涣散的敌人纷纷弃枪逃跑。

渡海先锋营的勇士们没等帆船靠岸就跳下海里。谁知，海水清澈不见深浅，跳下去水浸到胸部，有些地方没过头顶。这时，海练的本事全用上了，只见勇士们采取各种姿势，极力向岸边游去，水性好的还边游泳边向敌人射击。

前攻后堵，里应外合，琼崖纵队接应部队和渡海先锋营把敌人夹在中间，一阵激战，全歼守敌两个连，打垮两个营。下午2时，先锋营的指战员全部登陆。支前队伍上千人来到，去船上抢救伤员，搬运弹药，送水送饭。随后，部队向白沙阜龙解放区转移。到达阜龙乡后，黎族同胞送来了粮食猪肉、芭蕉芒果。有位老大爷还牵来了一头牛，说是要送给部队宰了吃肉，部队婉言谢绝，老大爷竟把牛牵回去，自己杀了，挑着牛肉给部队送来。

先锋营胜利登陆后，3月10日下午1时，四十三军一二八师三八三团一个加强营1007名指战员登船渡海。在海上，他们遇到了7级大风，各船失去联系，指战员们和狂风巨浪搏斗了20个小时，于次日上午9时在文昌县赤水港海岸登陆。琼崖纵队独立团和文北县支前队伍前往接应，共同击退岸上守敌和追击的敌军，安全转入解放区。

我军两个加强营登陆成功，引起敌军恐慌，他们一方面加强了海上巡逻、海岸防守，另一方面向转移到解放区的登陆部队进攻。为加强岛上力量，十五兵团决定派两个加强团渡海过来。

琼西接应指挥部接到琼崖纵队总部和四十军军部分别发来的电报，要他们在3月25日拂晓前赶到临高县城以西的高山岭附近，准备第二天迎接登陆部队。但当琼崖纵队第一总队3个团和四十军渡海先锋营赶到接应地点时，四十军又发来电报，说因风向不对，登陆改期。

这下他们感到为难了：这一带海边地势平坦，接应部队几千人目标很大，敌人重兵近在咫尺，一旦被发现，自己遭受损失是小事，过早暴露我大军登陆意图，影响登陆任务的完成是大事。怎么办？他们找来当地党组织的负责人一起商量对策，经过慎重考虑，决定依靠群众，就地隐蔽。部队开进附近的几个村子，在当地党组织和群众的帮助下，分散隐蔽在各家各户，有的则隐蔽在树林和地洞里。就这样，我军硬是在敌人的眼皮底下无声无息地潜伏了三天三夜。

26 日，四十军来电，说登陆部队定于当天傍晚启航，第二天拂晓前在预定地点临高角登陆，命令他们做好接应工作。

此时，海峡对面，渡海部队整装待发。韩先楚副司令员决定由一一八师政治部主任刘振华率领一个加强团渡海登陆。2991 名指战员中有一个身份特殊的勇士，他就是琼崖纵队副司令员马白山。

几天前，马白山向韩先楚副司令员提出自己的看法，他说："一个团渡海登陆，是对敌人'伯陵防线'的试探，胜利与失败对于今后主力部队登陆作战关系重大，加强团登陆只能成功，不能失败。因而登陆的地点、时间和气候选择极为重要。要争取在夜间偷渡抵达，登陆点必须在儋县、临高、澄迈沿海选定，从 3 个县的情况看，以临高角西南海岸线为登陆点比较安全。帆船航行依靠风向，速度快慢都要由风向而定，如果风向好，就可以在预定地点登陆，并且得到琼崖纵队部队接应；反之则要靠登陆部队独自机动作战，危险性较大。"为此，他要求参加这次渡海作战，发挥自己熟悉地方情况的长处，以便与敌周旋，选择有利时机带领登陆部队安全进入解放区。

韩先楚副司令员是赞同他的意见的，但是，他又担心马白山是琼崖纵队副司令员，参加一个团的渡海作战，危险一路伴随，必须慎重考虑。而马白山则坚持认为这是关系到整个主力部队渡海作战、解放海南岛的重大问题，因而再三坚持陪同渡海。最后，韩先楚终于同意马白山参加加强团的渡海作战指挥。

3月26日，马白山和刘振华率领加强团登上81只大小帆船。傍晚7时，风向标向西南摆动，是好风向！司号兵吹响了进军号，勇士们像出膛的炮弹，奔向自己的战船，升帆起锚。3发红色信号弹射向天空，81艘战船一齐扬帆，浩浩荡荡向西南方向前进。

天黑了，夜幕笼罩着大海。风力忽强忽弱，浪峰忽高忽低，船的航速也随着忽快忽慢。指挥船上的小马灯照着军用地图，用红铅笔圈了的预定登陆地点分外醒目。马白山站在甲板上，凝望着茫茫夜海，心里默默思念着家乡，思念着战友。此刻，他比谁的心情都急迫，恨不能插上双翅飞过海峡。

深夜11点钟，船队进入琼州海峡中流。突然，最不愿意看到的事情发生了：风停了！船速逐渐减慢，一个小时过去了，天气没有变化，船上鸦雀无声。前进吧，还有一半路程，在没有风的情况下，靠人力划行，船行进慢，天一亮可能遭到敌机敌舰的阻击；返航决不可以！正万分焦急、左右为难的时候，他们收到上级的电报，指示他们积极想办法争取继续前进。

刘振华立即向各船队发出命令：以人力代替风力，摇橹划桨，继续前进！顿时，海面上百舸争流。

次日清晨，大雾弥漫，船与船之间互相看不清，无线电报话机联络不畅。他们只能各自为战，拼命往前划。天又亮了些，迷茫的海面上隐约显现一条朦胧的山廓，他们正在兴奋，突然，右前方传来激烈的枪炮声。

刘振华问马白山："怎么回事？"

马白山说："可能是接应部队在临高预定登陆地点和敌人打响了。我们对面的海岸可能是澄迈县的海岸线。"

船上，海南来的船工插话说，从这里到临高，按这样的风速，至少要3个小时。

话音未落，对面岸上猛然扫过来一梭子弹，显然是岸上守敌发现了他们。已是 5 时 30 分，要继续向临高前进来不及了。而在临高角接应的部队已同敌人发生激烈战斗，敌机敌舰也到临高参战。关键时刻不可犹豫不决，马白山当即向刘振华提出："以变应变，就地登陆！尽管这不是预定登陆地点，但是登陆之后，可以充分发挥我军的战斗力，就是岸上没有接应部队，我熟悉当地的情况，也能自主行动！如果大雾散去，敌机敌舰发现我们，我们就要吃大亏了。快靠岸！"

刘振华铁拳一挥："好，就地登陆！"

刘振华立即命令就近的船只向前方的澄迈玉包港冲击登陆，后边船队加速前进。同时向军部发出开始向澄迈登陆的电报，并告接应部队。

敌方的火力很猛，指挥船两侧的两只战船利用浓雾掩护登陆。200 多名勇士冲上了海滩，攀上三丈多高的峭壁，向敌人发起猛烈冲击，歼灭了正面守敌一个营，占领了滩头阵地。他们发出信号，掩护后面船队继续登陆。经过一小时的激战，消灭了守敌。

指挥船靠岸后，马白山一下子辨不出是什么地方。过了一会儿，有两个渔民模样的人跑来，协同渡海作战的琼崖临时人民政府科长符英华立即迎上去同他们接头，他们得知是大军渡海过来了，立即回村报信。

7 时左右，澄迈县四区区委书记和乡干部带领一批群众来了。挑水挑饭、抬担架的群众也陆续到来，他们喜笑颜开地欢呼着："亲人来了！"虽然语言不通，但渡海战士们都心领神会，热乎乎的手紧紧握在一起。

区委书记说，今天早晨两三点钟，这里一个师的敌人匆匆忙忙向临高开走，留下守敌已被我军消灭，目前玉包地区没有敌人正规军了。

马白山高兴地对刘振华说："原定是到临高登陆，而那里大战激烈，因为无风误登澄迈玉包，歪打正着，天随人愿！”

刘振华也兴奋地说：“这个天就是一贯大力支持、配合拥护我们！”

早上8时，当地党政干部赶来，商定了转移路线，经过一昼夜的转战，渡海加强团安全抵达了美厚解放区。

后来，刘振华总结这次渡海成功的经验，他说：“在突变的情况下转移登陆胜利，是和马副司令员参与指挥的作用分不开的。同时，琼纵一总队在临高与敌激战一整日，牵制了敌军，使我加强团登陆后没有受到敌人二线部队的反击，也起着很重要的作用。”

3月31日夜，四十三军一二七师加强团3733名指战员起渡，琼崖纵队第三总队的接应部队到琼山县塔市乡接应，击垮守敌，打退了敌人的堵截，将渡海部队转入定安县解放区。

国民党海南防卫总司令薛岳部署的海、陆、空立体防线——“伯陵防线”，由于我军两批四次成功登陆，乱了阵脚。我军主力大批渡海登陆条件已经具备。

1950年4月10日，十五兵团发出向海南岛发起总攻的命令。4月16日，这个具有历史意义的一天来到了，300万名琼崖人民盼望的时刻来到了！雄师进发，千帆争渡。韩先楚副司令员率领四十军6个团，共18700名指战员于晚7时在雷州半岛灯楼角起航，17日在临高角的昌拱、美夏一带登陆；与此同时，四十三军副军长龙书金率领一二八师两个团的6968名指战员从雷州半岛的东场起航，在澄迈县玉包港一带登陆。在海上，我军船队遇到敌人的舰队，我们的土炮与敌人的现代化装备的舰船展开激战，突破了敌舰的封锁，以排山倒海之势强行登陆。琼崖纵队及渡海先头部队组成的接应部队在两地及时接应，支前队伍密切配合，不惜一切代价保证我军主力登陆。没有接应任务的琼崖纵队各部队也按照冯白驹的命令，吸引牵制敌人，减轻登陆压力。

1950 年 4 月 16 日，中国人民解放军第四野战军作战部队强渡琼州海峡，

取得了解放海南岛战役的胜利。

渡海大军登陆后抢占滩头阵地。

在渡海部队和接应部队的沉重打击下，敌人吹嘘的“伯陵防线”土崩瓦解。我渡海登陆部队进展迅速，一路摧枯拉朽，势不可当。野战大军和琼崖纵队向残敌麇集地区追击，攻占美台、加来、临高，围歼黄竹、美亭守敌，直捣澄迈县城，解放海口、府城。接着，又兵分东、中、西三路，追歼南下溃敌。各地支前队伍跟着部队翻山越岭，在连天炮火中运送粮食弹药，抢救伤员。我军将士冒着酷暑连续作战，气势如虹，文昌、琼东、乐会、万宁、陵水、崖县、榆林、三亚先后解放，薛岳等人狼狈逃往台湾，残兵败将窜入深山为匪。5 月 1 日，海南岛宣告解放。

四十军全体指战员在《致琼崖人民的感谢信》中写道：“在这次史无前例艰苦的渡海作战的战役当中，我们得到了你们无比热情的帮助，这种亲如兄弟的友情，将是我们永远不能忘记的！我们特以十二万分的兴奋心情，向你们致以衷心的感谢。”

1950 年 5 月 5 日，根据毛泽东主席的指示，中国人民革命军事委员会发来贺电：“我广东前线人民解放军克服敌人陆海空军的抵抗，在我琼崖纵队和海南岛人民协助之下，英勇登陆海南岛，并迅速扫荡残敌，完成全岛的解放。中国人民革命军事委员会特向参加解放海南岛战役的全体指挥员战斗员和支援这一战役的广东军民致以热烈的祝贺，向长期奋斗的琼崖军民致以热烈的祝贺。”

对于这个大结局，中国历史上两位至关重要的人物在此之前就做出了异曲同工的预见。

一位是毛泽东。1950 年 1 月 10 日，正在苏联访问的他从莫斯科致电四野前委：“海南岛与金门情况不同的地方，一是有冯白驹的配合，二是敌军战斗力较差。”另一位是蒋介石。1949 年 12 月 10 日，蒋介石从成都凤凰山机场起飞，逃往台湾。这是他一生中最不堪回首的一刻，他坐在飞机上一言不发。海南战役之前，蒋介石忧心忡忡，他

加强团突破“伯陵防线”，“八一”军旗在敌前沿阵地飘扬

在接应大军渡海作战中，琼崖纵队女战士作战勇敢，始终坚持在第一线。

图为琼崖纵队女战士们的战地合影。

的儿子蒋经国劝他不必为琼崖担心，过于悲观，认为那里有国军 10 万之众，又有与共产党多次交手的薛岳坐镇，共产党如进军琼崖，金门之役定会重演。蒋介石摇头道：经国啊，你这种想法过于天真和乐观了，所谓我国军 10 万之众，不过是一盘散沙，薛岳虽有“老虎仔”之称，但在我们丢掉了整个大陆之当下，他又有何回天之力？我的确为金门的胜利流过泪，真的以为是从此救了台湾，救了党国，救了我，可现在看来，没那么简单……琼崖与金门虽同属孤悬海外之岛屿，且都有我国军之众兵，但亦有重大的不同，金门没有共匪的内应，而琼崖不但有，而且不可小视，据最新的情报，当年经我手释放出狱的冯白驹早已今非昔比了。过去他们与共党中央联系不畅尚能独立生存发展，现在早已直接接受毛泽东的指挥，其形势可想而知。

海南解放了，人民翻身了！最高前线指挥员邓华决定在海口举行一个盛大的入城仪式。他思考再三，认为没有琼崖纵队的大力配合，就没有渡海部队的顺利登陆；没有以冯白驹为首的琼崖党和人民 20 多年的浴血奋斗，就没有海南岛的解放。他征得四十军、四十三军领导的同意，决定由琼崖纵队代表征战海南岛的十几万解放军入城。冯白驹得知后深受感动，他说：“这可是我们坚持海南岛斗争多年来梦寐以求的事情啊！”大家很快行动起来，琼崖纵队指战员多年来条件艰苦，没有统一的军装，穿着各式各样、各种颜色的衣服，有缴获的国民党军服，有老百姓的土布衣，脚上是草鞋，或者干脆打赤脚。在十五兵团的帮助下，迅速做好了统一的军装，专门练习了队列行进。邓华指示，要让海南人民好好看看领导他们战斗了 20 多年的冯白驹同志，于是在五公祠前搭起了阅兵台。

1950 年 5 月 10 日，海风轻拂，艳阳高照，高大的树梢上凤凰花开成一片云霞。五公祠里，古木苍苍，青草茵茵，绿玉树如枯木逢春，通体碧绿，浮粟泉吐出串串珍珠，涟漪荡漾。还是这古老庄严的庙堂，还是这祭拜仁人志士之地，在岛上驰骋数年、满身征尘的冯白驹很久没有到这里来了。这是个风云际会之地。就在不久前，国民党要员大批逃到海南，其广州绥靖公署就设在这里；蒋介石派陈诚由台湾来到海口部署海南防线，也是在这里召开的秘密军事会议。而今，这些匆匆过客已是灰飞烟灭，俱往矣。

上午8时，入城仪式开始。街道上人山人海，各界群众高举着红旗、横幅标语站在两侧等候着自己的队伍。琼崖纵队来了！最前面是毛泽东、朱德的大画像，紧跟着的是四十军、四十三军文工团组成的临时军乐团。在震天的锣鼓声中，在嘹亮的军号里，琼崖纵队排成两路，昂首挺胸走来！人群沸腾了，笑着，喊着，任泪水奔淌。队伍中出现了清一色的女子军连，邓华不明就里，忙问身旁的琼崖纵队领导，当他得知这些女战士为求自身的解放，为求海南人民的解放，作出了莫大的贡献时，他被深深地震撼了。邓华由衷地敬佩这些奋战在孤岛上的英雄们，他和冯白驹紧紧拥抱在一起。阅兵台上的冯白驹深情地注视着昂首而来的琼崖纵队，那一张张被亚热带的阳光晒得黧黑的面孔洋溢着前所未有的豪迈。20多年了！冯白驹仿佛看到，在这支队伍中有25个衣衫破烂、面容憔悴的人，拄着树棍，互相搀扶着，踉踉跄跄从苍苍莽莽的母瑞山走下来，走着，走着，咬紧牙关顽强地走着，渐渐地，化成了滚滚铁流，高擎着23年不倒的红旗，横扫海南！

此时此刻站在此地，冯白驹百感交集。他仿佛感觉到了古代贤者的目光穿过千年悠悠岁月注视着他，当年在这里倒下的自己的引路人李爱春注视着他，王文明、杨善集、徐成章、王文宇、李振亚……千千万万双眼睛含笑注视着他。万里山河，千古英灵。通往五公祠的这条路，荆棘丛生，险峰绝壁，百转千回。300万海南人民筚路蓝缕，胼手胝足，排除万难，几度凤凰涅槃，浴火重生，硬是在没有路的地方辟出了一条通衢大道，走到了这里，走到了今天。今天，面对着生死

1950 年 6 月 5 日，海口市和府城各界人民隆重举行庆祝海南解放大会。

与共的战友，面对着天恩浩荡的父老乡亲，冯白驹的眼睛湿润了……

天若有情天亦老，人间正道是沧桑。

4/ 留得清白在人间

海南岛解放了，历史掀开了崭新的一页。

冯白驹清醒地告诫大家：“海南是经过20余年斗争，而遭受敌人的破坏和摧残的，遍地都是战争的伤痕，今后要在工业上、文化上、国防上建设成一个幸福的新海南，是非常艰难的。因此今后的新任务，比过去的战争任务还要加倍繁重。”海南岛是祖国南疆的屏障，这里稳定与否，事关重大。面对百废待兴的海南岛，以冯白驹为书记的海南区党委领导广大军民经过两年多的大力搜剿，歼灭了残存在岛上的土匪、国民党军队残匪、地方反动武装、台湾国民党当局分批派来的特务共计1.4万余人，缴获了大批火炮、轻重机枪、长短枪支和弹药，粉碎了台湾国民党当局妄图把海南岛经营成“反攻大陆”的根据地的阴谋，使全岛的社会秩序很快安定下来，为建设新海南奠定了坚实的基础，为刚刚成立的新中国牢牢守住了南大门。

剿匪肃特任务结束后，冯白驹意识到，发展生产，繁荣经济，改善民生是当务之急，他务实地指出：“在今后建设新海南的任务上，生产工作是最重要的。”在他的领导下，新海南的建设全面铺开。在广东省政府派来的财经干部的帮助下，海南军政委员会建立了一系列的财政制度，以增加收入。朝鲜战争爆发后，海口一度物价波动，海南军政委员会及时采取对策，平定了物价，并打击外币与银圆的黑市交易，使人民币占领了市场。遭到战争破坏的石碌铁矿、田独铁矿以及盐业、棉纺、汽修等企业陆续恢复了生产。农民在政府的领导下热情高涨，开荒种地，兴修水利，保证粮食增产。中央人民政府要求海南发展橡胶业，冯白驹把它当作政治任务来完成，在军政委员会的支持协调下，海南岛的绝大部分橡胶园迎来了新生，改革技术，提高产量。1952 年，华南垦殖局海南分局成立，冯白驹兼任局长。自此，海南成为中国最大的橡胶生产基地。

解放后，部队进城了，灯红酒绿，香风习习，环境变了，地位变了，新的考验也随之而来。面对荣誉、权利、物质诱惑，冯白驹一如既往，保持艰苦朴素、廉洁清正的作风，他的一身正气无声地影响着身边的同志。在海口市接管敌伪财务时，有人拿了一条金项链想送给冯白驹的夫人曾惠予，冯白驹立即严肃地说："你这是叫我犯错误！一切缴获归公，你们忘了吗？"他厉声告诫接管的同志："你要如数造册上缴，若有差错，军法惩处！"不仅如此，他马上意识到工作中可能会出现的问题，和军管会的领导制定出了《接管人员七条纪律》，及时堵住了漏洞。

鉴于冯白驹为中国革命事业、为海南人民解放事业作出的卓越贡献，党和人民给予他很多荣誉，家乡人也真诚地渴望表达一下对他的爱戴之情。1955 年他回故乡视察工作，有人提出为他修建故居。冯白驹坚决反对，他发自内心地说："我算什么人物呀！我是一个普通的共产党员，一个普通的革命战士，在党的领导下，做了一些应当做的工作，有什么值得纪念的呢？"对方解释道："您领导孤岛斗争 23 年红旗不倒，纪念也值得。"冯白驹严肃起来，他语重心长地叮嘱道："绝不能说孤岛斗争，不能说我一个人领导。海南岛革命斗争的胜利是在党中央、毛主席直接领导下取得的。我活着不能搞个人故居，我死后也不能搞个人故居。"

1950 年 8 月，中央通知冯白驹和叶剑英到北京汇报工作。11 月，冯白驹和叶剑英启程北上。抵京后，冯白驹住在北京饭店。不远处就是雄伟的天安门，那是举行开国大典的地方。与党中央近在咫尺，冯白驹内心格外激动。想起战争年代几次与中央失去联系，与外界隔绝，那种折磨人的焦虑和期盼，至今记忆犹新。而今天，他却来到了祖国的心脏，来到了党中央身边，将要亲耳聆听毛主席等中央领导人的教诲，冯白驹不禁心潮澎湃。11 月 5 日，周恩来陪他去向毛泽东汇报工作。毛泽东仔细听他讲述了海南 20 多年来的奋斗历程，其间，周恩来插话对毛泽东说："1949 年，我在河北西柏坡，听取冯白驹同志派来的代表汇报工作，当时我曾说过，'琼崖坚持二十余年革命武装斗争，红旗不倒，成绩很大'等话。当时我们就坚信，有党中央和毛主席的领导，你们只要高举武装斗争的旗帜，依靠群众，坚持斗争，是一定能取得最后胜利的。"毛泽东说："记得 1939 年 5 月，我们在延安时，决定派一批干部到海南去工作，恩来同志找庄田同志谈话时，就指出'冯白驹是琼崖人民的一面旗帜'的话。我当时说过，第二次国内革命战争时期，红军长征后，中央苏区几乎丧失殆尽，江西、福建及其他红色区域处在极端困难的环境下，只有陕北的刘志丹和琼崖的冯白驹仍坚持着武装斗争。所以党中央和中央红军便长征到陕北来，因为陕北有刘志丹这面旗不倒。南方，就是琼崖有你冯白驹这面旗不倒。所以我赞成恩来同志的说法，你是琼崖人民的一面旗帜。"

在京期间，冯白驹还向刘少奇、朱德、刘伯承、陈毅、贺龙等同志作了汇报。中央拨给海南 6 亿元（旧币）救济款，解决战后恢复和建设中的困难。周恩来在百忙中亲自安排冯白驹住进医院，督促他治好了战争时期落下的疾病。冯白驹带着党中央的关怀，精神饱满地回到了海南。

根据毛泽东的指示，冯白驹制定了今后的大政方针：加强练兵，巩固国防；发动群众，完成全岛的土地改革。1951 年，他领导部队开展了两次大规模军事练兵。土改工作也按照华南分局第一书记叶剑英"稳步加快"的指示推进，至 1952 年秋收前，大部分县乡的土改工作基本结束。

1952年6月，在毛泽东主持召开的中央书记处会议上，讨论广东问题时，有人指出广东省土改委员会主任方方在土改中右倾，在干部问题上犯了“地方主义”的错误。6月，在中共华南分局召开的扩大会议上，方方和叶剑英都作了检讨。华南分局的工作改由陶铸主持。同年夏，在广东党内开展反“地方主义”的斗争中，有人指责海南土改进度慢，还说海南区党委礼堂曾挂过冯白驹的像，出席全国政协会议的海南代表准备提出海南成立一个省的建制的议案，以此为由，给冯白驹扣上了“地方主义”的帽子，对他进行了批判。广东省委派张伟烈等人来到海南主持工作，冯白驹调离海南，到省里工作。

在土改整队中，大批海南基层领导干部受到不公正的待遇，被批判，被撤职，更有原琼崖纵队的战士们复员后，得不到妥善安置，生活无着，报国无门，命运悲惨。有些派来的南下干部受到“左”倾思想的影响，不熟悉本地情况，脱离实际，歧视为革命作出过巨大贡献的老党员、爱国华侨、少数民族干部，乱扣帽子，无情打击。冯白驹得知这些情况后，不顾个人安危，多次向华南分局和中央反映海南的问题。华南分局看到这些意见，也承认冯白驹反映的情况属实，表示要妥善处理这些问题，并打算调时任广东省人民委员会秘书长的林克泽回海南组阁。林克泽把自己的想法和要求写了一封信给冯白驹。冯白驹当时不在，他的妻子就把信交给了秘书。而秘书却违反原则，将这封未封口的信交给了省纪委。上级领导看到信后，认为这是一封阴谋反党的密信，是“以冯白驹为首的海南地方主义反党集团”的证据。1957年12月19日，中共广东省委第八次全体会议通过了《关于海南地方主义反党集团和冯白驹、古大存同志错误的决议》，给予冯白驹撤销省委书记、省委常委、海南军区政委的处分。因此，不仅冯白驹蒙受了极大的冤屈，全省各级党组织因受牵连而被处分的干部也多达2万人。

这一大冤案给党的事业带来不可估量的损失。

1958年1月，冯白驹挂职下放到三水县，名义上担任县委副书记，实际上就是劳动改造。这个在战争时期穿过枪林弹雨的硬汉临行前，抱着小女儿热泪盈眶，他难过，他痛心。难过的是为什么自己的一颗忠心不被理解，痛心的是当年患难与共的老部下、老战友受到了牵连，还有很多跟着共产党打江山的海南人如今却过得那么凄惨……但是，冯白驹就是冯白驹，他的赤胆忠心没有变，他的铮铮铁骨没有变。来到三水后，他要求县委把他派到最艰苦的地方去，农家的孩子回归农村，在淳朴的农民中，在绿色的田野上得到了些许安慰。正值“大跃进”年代，浮夸风四处盛行。冯白驹不改本色，毫不犹疑地抵制虚报粮食产量、砍树炼铁等错误做法，绝不随波逐流。与此同时，他脚踏实地地领着干部群众兴修水利，科学种田，保证了粮食丰收，自己却累得晕倒在田里。直到患了肝炎，才依依不舍地离开了三水。

养病期间，他非常思念故乡，1961年春，他携妻子儿女回到海南，想探望不是亲人胜似亲人的老战友们。可是，一到家乡，就有好心人告诉他，背后有“暗哨”。然而，千山万水也挡不住战火中结下的情谊，有这样一张纸条递到了冯白驹的手中：“冯同志，我们是一群琼纵的战士，听说你回来了，十分高兴，很想看你，却又不便，只好在此向您全家问安。战争年代，你说过一句话，至今我们还记得：黑夜过后，天会亮的。”冯白驹手捧这张纸条，读了一遍又一遍。往事历历，心潮翻滚。什么是生死之交？什么是肝胆相照？全在这短短的字里行间了！

1963年4月，冯白驹给党中央写信，要求调离广东，到别的地方为党和人民做些有益的工作。经中央同意，他调到浙江任副省长，分管文化、教育、卫生工作。当时浙江全省有五六万人患有血吸虫病，冯白驹深入各地调查了解，之后他痛心地说：“共产党要关心人民疾苦，新中国成立已经十多年了，还没有摆脱这个疾苦，怎么向人民交代？”他像当年打仗一样，分析“敌情”后作出判断：既要有长期措施，又要有短期突破口，集中力量打歼灭战，提出以灭螺为突破口的建议报告。省委很快批准了他的报告，决定由他兼任省委血防领导小组组长。冯白驹采取了一系列有效的措施，没日没夜领着干部群众和小小的钉螺展开了斗争。在他的努力下，螺情大大减少，发病率也逐渐降低。仅三年，全省血吸虫病得到全面控制，受到老百姓的交口称赞。

1966年，风雨黯华夏，一场前所未有的浩劫降临到我们这个命运多舛的民族的头上，也如泰山压顶一般向冯白驹砸下来。“走资派”、“黑司令”、“土匪头子”、“叛徒”、“反党分子”一顶顶帽子戴在他的头上。每次挨斗回来，冯白驹都瘫在沙发上，手捂着胸口，身子抖得吃不了饭。1968年的一天，他被强行抓走后，关在潮湿的小屋里，很快得了风湿病。肉体上的折磨，精神上的摧残，依然没有摧毁这位老战士的信仰。女儿冯尔敏赴黑龙江插队前历经周折来看父亲，见到他都不敢相认：冯白驹白发苍苍，形销骨立，衣衫褴褛，站都站不稳，女儿顾不得看守的禁令，上前一把抱住父亲放声痛哭！冯白驹忍着泪，一字一句地说：“敏，当年爸和红军在母瑞山，那么危险和困难，没有一个战士掉过眼泪，爸不是顶过来了？现在不论发生什么事情，爸都能顶住。别哭，万一爸不在了，你们要照样革命到底！”

在两次非法监禁期间，个性耿直的冯白驹毫不畏惧，与林彪、“四人帮”的爪牙顽强斗争，或大声喊冤，或拍案而起，展开辩论，愤怒驳斥对他的造谣诬陷。因为，他认为，这些别有用心的人不仅仅是在侮辱他的人格，而且是在往琼崖纵队、往海南人民身上泼脏水，是在污蔑党领导下的革命武装，他绝不能容忍。正因如此，他也遭到了更残酷的迫害。但是，他始终相信党，相信人民，坚信总有一天会云开雾散，“黑夜过后，天会亮的”！

1971 年 9 月，中共中央通知浙江省委“解除对冯白驹同志的审查”，重病在身的冯白驹长达三年的监禁生活结束。1972 年夏，周恩来总理以党中央的名义通知浙江省委，送冯白驹到北京治病。1973 年 6 月，浙江省委常委会讨论决定，对 1937 年冯白驹被捕的历史问题作出重新审查的结论：仍维持中共中央组织部 1957 年作出的结论：“冯白驹同志此次被捕政治上是没有问题的。”1973 年 7 月 19 日，冯白驹因长期受到摧残，心脏病发作，在北京与世长辞，终年 70 岁。尽管有“四人帮”阻挠，但当时身处逆境的周恩来总理抱病亲自过问，指示对冯白驹的评价要提高，追悼会的规格要提高，一定要在八宝山举行，《人民日报》要将消息刊登在第一版，周恩来送花圈，叶剑英参加追悼会。1973 年 7 月 28 日，冯白驹同志追悼会在八宝山革命公墓举行。1983 年 2 月 9 日，中共中央发布通知，撤销 1957 年 12 月广东省委第八次全体会议《关于海南地方主义反党集团和冯白驹、古大存同志的错误的决议》，撤销对冯白驹、古大存同志原处分的决定，恢复他们的名誉。

冯白驹逝世后，他的家属将他的骨灰从北京八宝山革命公墓移葬到海口。

海南人民优秀的儿子终于魂归故乡，在椰风的抚慰下，在海鸟的鸣唱中，冯白驹和他的战友们在海南岛的怀抱里长眠。

斯人已去，精神永存。这一代共产党人，仰望苍穹，有“虽九死其犹未悔”的信念；脚踏实地，深深扎根于人民的厚土寸步不移。这结结实实的一撇一捺组成了一个大写的“人”字，为千千万万的后来人画出了安身立命的坐标。

V

尾　声

2013 年岁末，我们来到海口市琼山区云龙镇长泰村。

小村子静悄悄的，村口没有玩耍的孩子，树下不见聊天的老人。一排排琼北民居沐浴着午后的阳光。偶尔见到一条狗慵懒地散步。这村子里的人呢？怎么很多人家都门户紧闭呢？正在疑惑，忽然，眼前一亮，有一家的门前，铺了一地的爆竹纸屑，像一朵红云自天而降。我走过去，却见门上挂着大锁，便扒着窗子往里张望。只见堂屋正中摆着一张方桌，方桌正中是一炉香，香虽燃尽，却隐约有依稀的味道留在空气中。除了这炉香和这张桌子，屋子里什么家什都没有，不像有人居住。我正纳闷，走来一位挑着水桶的大嫂，便上前打听。大嫂说，村子里的人大多都到海口市区打工了。放爆竹的这户人家最近在市里买了房子，前两天特意回祖屋——也就是长泰村的这间屋烧香放鞭炮，祭拜祖先。日子过好了，受的是先人的恩惠，不能不声不响自己在那边享福。

辞别大嫂，我绕进一墙之隔的冯白驹故居。他家的房子与邻家完全一样，只是院子被后人围了起来。房子东边，有两棵树龄在百年以上的“见血封喉”，高有二三十米，粗约三人合抱，六七种寄生植物以树为家，欢聚一堂，头顶枝繁叶茂，脚下粗壮的板根从四面八方伸出，牢牢盘踞着大地，似两个巨人并肩而立，静静地俯视着人世沧桑。我正对着大树出神，忽听身后响起孩子的声音：“爸爸妈妈，快来看，好大的树呀！”回过头，只见一个七八岁的小男孩兴奋地挥舞着手臂，后面走来一对年轻的夫妻和一对年迈的夫妻，他们和男孩呼应着，说笑着，显然这是一家三代人。这个下午，除了我们和这家人，没有别的游客。我有些好奇地问孩子的母亲：怎么想到来这里？她说：“这是英烈啊！应该让孩子从小就知道。”

离开长泰村，车一路向海口驶去。成群的高楼、酒店、别墅出现了，一片繁华盛世。

岁月如梭，白云苍狗。长泰村的血雨腥风早已平息，苍翠的母瑞山上不会再有饥寒交迫的志士，五指山上碧空如洗，青山如黛，昔日的战壕已是绿草如茵，树木成林。金戈铁马渐行渐远，风雷激荡的年代变成了一页页文字，一代英雄走进了历史的深处。但是，他们已成为民族的集体记忆，这个民族没有忘记他们，不会忘记他们。不忘前人的恩德，牢记先贤的荣光，是我们民族的性格。历史落幕，精神延续。80多年前，母瑞山上的“现代燧人氏”点燃的火种传到了今天，还会传到明天。薪火相传，血脉不断，生生不已。

∨

后 记

2010年7月初，迎着如火的骄阳，怀着敬仰的心情，我们从海口出发，踏上了考察琼崖革命踪迹的行程，紧张，辛苦，兴奋。

海南恩祥文化艺术传媒有限公司从弘扬革命精神，进行爱国主义教育，建设国际旅游岛，促进社会主义精神文明建设的战略高度出发，制定了拍摄琼崖重大革命历史题材电视连续剧《天涯浴血》、编著有关书籍、打造红色影视基地的一系列宏伟规划，组织有关人员现场考察革命遗址，追寻英烈的足迹，走访尚健在的革命老人或者英烈的后代，座谈收集革命资料。沿东线到三亚，从三亚沿西线回到海口，历时20天，考察了11个市县。亲眼目睹那历尽80多年风雨的琼崖革命发源地——琼崖一大旧址，古树昌茂、庄严肃穆的冯白驹故居，团结抗战的标志——琼崖红军云龙改编旧址，涛声依旧的赤水港渡海登陆点，枪声在耳的椰子寨战斗旧址，英姿飒爽的红色娘子军雕像，艰苦卓绝、两次保存革命火种的母瑞山革命根据地，白沙涛天葬顽敌的白沙起义纪念园，彩云如画的六连岭革命圣地，具有重大战略意义的革命中心根据地五指山，重创日顽的那大和大水战斗旧址，巍峨参天的解放海南战役决战胜利纪念碑和海南革命烈士纪念碑，处处闪现着在琼崖革命斗争中涌出的冯白驹将军和他的战友们冒着敌人的枪林弹雨，前仆后继，英勇冲杀的身影；他们用鲜血生命、大智大勇，用艰苦卓绝、百折不挠，用无私奉献、崇高信仰谱写了二十三年红旗不倒的英雄史诗，让我们激动不已。

于是，我们决心拿起笔，把这些感动我们的故事和我的感想，一一记录下来，让它也同样去感动千千万万对革命先辈怀有崇敬之心的人们。

记忆和遗忘始终伴随着我们，平衡着我们和历史之间的依存关系。

我们想在本书中告诉现在幸福生活着的人们：美丽的海南岛亦有过悲壮的历史，享受和平的阳光下椰风海景的我们，没有权利忘记过去，更没权利不珍惜今天，更有责任以先烈们为榜样，以“红旗不倒”的精神去发展明天。

在本书的写作过程中，参考了一些相关的历史专著，在此对作者们一并表示感谢。

借此书出版之际，再次感谢为本书出版作出贡献的朋友们。

作者于海南海口西海岸紫园

2014 年 10 月 8 日

参考书目

冯白驹将军传

中共海南省委党史研究室编著 | 邢诒孔　彭长霖　钱跃　主编 | 中共党史出版社出版

骁将风范——怀念李振亚将军

中共海南省委党史研究室编 | 南海出版公司出版

常胜将军——怀念吴克之同志

中共海南党史研究室编著 | 中共党史出版社出版

将军的风采——怀念庄田同志

中共海南省委党史研究室中共万宁县委员会编 | 海南出版社出版

永久的怀念——纪念马白山将军

中共海南省委党史研究室编 | 海南出版社出版

冯白驹传

吴之　贺朗　著 | 当代中国出版社出版

全国战斗英雄陈理文

海南省民族宗教事务厅《全国战斗英雄陈理文》编委会编 | 南海出版公司出版

中国共产党早期的海南人

中共海南省委党史研究室编 | 海南出版社出版

王文明传

中共琼海市委党史研究室编 | 冯衍甫　谢才雄　著 | 海南出版社出版

琼崖党史

肖焕辉　著 | 广东人民出版社出版

庄田将军传奇

吴基林　著 | 广东人民出版社出版

红色娘子军研究

中共琼海市委党史研究室编

红色娘子军史

中共琼海市委党史研究室编